积极职业教育研究丛书

丛书主编◎崔景贵

U1013696

职校生心理需求与积极德育策略

张　虎◎主　编

知识产权出版社
全国百佳图书出版单位

图书在版编目（CIP）数据

职校生心理需求与积极德育策略/张虎主编．—北京：知识产权出版社，2018.6
（积极职业教育研究丛书/崔景贵主编）
ISBN 978－7－5130－5573－4

Ⅰ.①职… Ⅱ.①张… Ⅲ.①心理健康—健康教育—教学研究—中等专业学校 ②德育—教学研究—中等专业学校 Ⅳ.①G444 ②G711

中国版本图书馆 CIP 数据核字（2018）第 099967 号

内容提要

全面深化改革创新，办人民满意的职业教育，是当前现代职业教育发展的时代意蕴和实践主题。德育对职业学校学生健康成长和职业学校教育管理服务工作具有重要的导向、动力和保证作用。本书以积极心理学、积极教育学、积极哲学和积极文化学等为理论依据，立足新时期职业学校教育管理实际和发展趋向，全面分析当代职校生心理发展特点和需求，系统阐述职业学校积极德育的基本内涵、时代特征，分析职业学校积极德育的必要性和可行性。论述职业学校积极德育的途径、方法与实施策略以及职业学校积极德育的管理、评价和成效等，理论分析充分、翔实，操作策略切实可行。本书附有部分积极德育典型工作案例。

本书着力科学建构职业学校教育管理的积极德育范式，对深入贯彻教育部《中等职业学校德育大纲（2014年修订）》、全面推进职业学校积极德育理论建设、加强和改进职业学校德育工作具有重要的参考价值。

责任编辑：冯　彤　　　**责任校对：**谷　洋
装帧设计：张革立　　　**责任印制：**孙婷婷

职校生心理需求与积极德育策略
张　虎　主编

出版发行：知识产权出版社有限责任公司　　**网　　址：**http：//www.ipph.cn
社　　址：北京市海淀区气象路50号院　　**邮　　编：**100081
责编电话：010－82000860 转 8386　　**责编邮箱：**fengtong@cnipr.com
发行电话：010－82000860 转 8101/8102　　**发行传真：**010－82000893/82005070/82000270
印　　刷：北京建宏印刷有限公司　　**经　　销：**各大网上书店、新华书店及相关专业书店
开　　本：787mm×1092mm　1/16　　**印　　张：**15
版　　次：2018年6月第1版　　**印　　次：**2018年6月第1次印刷
字　　数：229千字　　**定　　价：**69.00元
ISBN 978-7-5130-5573-4

▲ 全国百佳德育名师张虎在人民大会堂做典型发言

▲ “职教舞台天地宽” 激励职校生志存高远、心怀天下

▲ 红色文化墙弘扬新四军“铁军精神”

▲ 升旗仪式开展爱国主义教育

▲ 德育课堂是开展积极德育的主阵地

▲ 主题班会是实施积极德育的重要渠道

▲ 社团活动发挥学生的兴趣特长

▲ 素质拓展运动激发学生积极拼搏的精神

职校生心理需求与积极德育策略

编委会

主　编： 张　虎

副主编： 吴庆生

编　委： 张亚芝　邹帅武　胡广灯

陈宇容　曹　卫　林　玲

目　录

第一章

绪 论

解放思想，更新理念，与时俱进，用最先进的德育理念指导德育工作，这是职业学校德育工作的中枢。我们主张在职业学校德育工作中倡导积极德育，既是针对职业学校中消极取向德育存在的问题和弊端而提出的德育创新理念和实践策略，也是致力于塑造具有积极道德品质和健康人格的面向未来的职校学生。

第一节 积极德育概述

德育的核心任务是要赋予每个个体实现某种需要、愿望（主要是精神方面的），从中体验满足、快乐、幸福，获得一种精神上的享受，这是最高的德育境界，体现了德育“重视人、满足人、发展人、成就人”的这种积极取向。可见积极应当是德育的核心要义，对职业学校而言尤为重要。

一、走向积极的职业学校德育

心理学有两个著名的定律：一个是期望定律，另一个是木桶定律。

期望定律，又叫皮格马利翁效应或罗森塔尔效应。古希腊有一位年轻的王子，叫皮格马利翁，他很喜欢雕塑。有一次，他用一块洁白无瑕的象牙雕刻了一个美丽的少女。王子对雕塑爱不释手，每天都以怜爱的目光深切地注视着自己雕刻的象牙美女，甚至茶不思饭不想，坐在“她”面前，呼唤着“她”，梦想着她能够成为真正的少女。最后，王子的诚心感动了天神，天神使这位象牙少女拥有了真正的生命，和王子生活在一起。[1]

这里讲的仅仅是个神话，却说明一个现象：我们的热切期望，会使我们期望的人达到我们的要求。美国著名心理学家罗森塔尔称这一现象为皮格马利翁效应，并在教育实践中进行了验证。

1968 年的某一天，美国著名心理学家罗森塔尔和他的同事来到一所小学，说要进行一个试验。他们从 1 ~ 6 年级中各选 3 个班，在这 18 个班的学生中进行了一次煞有介事的“未来发展趋势测验”。测验结束后，他们给每个班级的教师发了一份学生名单，并且告诉教师，根据测验的结果，名单上列出的学生是班上最优异、最有发展可能的学生。出乎很多教师的意料，名单中的孩子有些确实很优秀，但有些孩子平时表现平平，甚至水平较差。对此，罗森塔尔解释说：“请注意，我讲的是他们的发展，而非现在的情况。”鉴于罗森塔尔是这方面的专家，教师们从内心接受了这份名单。而后，罗森塔尔又反复叮嘱教师不要把这名单外传，只准教师自己知道，声称不这样的话就会影响实验结果的可靠性。8 个月后，罗森塔尔和他的同事又来到这所学校，并对 18 个班的学生进行了复试，奇迹出现了：他们提供的名单上的学生的成绩都有了显著进步，而且情感、性格更为开朗，求知欲望强，敢于发表意见，与教师关系融洽，而且更乐于与别人打交道。

罗森塔尔进行的这次期望心理实验，提供的学生名单其实是随机挑选的，罗森塔尔根本不了解那些学生，而且也没有考虑学生的知识水平和智力水平，他撒了一个“权威性的谎言”。

不过，这个权威谎言成真了。为什么呢？这是因为罗森塔尔是著名的心理学家，在教师的心目中有很高的权威，人们对他的话深信不疑。因

[1] 文德．微心理——让你第一时间获得成功的 N 个心理学定律［M］．北京：北京联合出版公司，2014：229.

此，教师们认为名单上的学生很有发展的潜能，因而寄予了他们更大的期望。虽然教师们始终保守着这张名单的秘密，但在上课时，他们还是有意无意地给予这些学生充分的关注，通过眼神、笑容、音调等各种途径向他们传达“你很有发展前途”的信息，这些学生也感受到了这种期望，他们潜移默化地受到影响，内心的积极因素被激活了，变得更加自信、自爱、自尊、自强，变得更加幸福和快乐。

木桶定律是从如下故事得来的。

> 一位老国王给他的两个儿子一些长短不同的木板，让他们各做一个木桶，并承诺：谁做的木桶装下的水多，谁就可以继承王位。大儿子把自己的木桶做大，每块档板都削得很长，可做到最后一条档板时没有木材了；小儿子则平均地使用了木板，做了一个并不是很高的木桶。结果，小儿子的木桶装的水多，最终继承了王位。[1]

这个定律告诉我们，遇到问题时，我们若能先解决导致问题的“短板”，便可大大缩短解决问题的时间。应用在教育上，就是“人无完人”，人性有许多弱点，如恶习、自卑、犯错、忧虑、嫉妒等。这些短处往往是限制我们能力的关键。就像木桶一样，一个木桶能装多少水，并不是用最长的木桶来衡量的，而是要靠最短的木板来平衡，木桶装水的容量受到最短木板的限制，所以，要想让木桶装更多的水，我们必须加长自己最短的板。

这两个心理学定律，是心理学家思想和智慧的结晶，在人们的生活、学习、工作中得到广泛应用，并且都取得了良好的效果。但是，这两个定律观察事物的角度是不一样的。就教育而言，期望定律更多地关注学生的积极潜能，激发学生内心的积极因素，使学生潜移默化地受到影响，从而让学生更好地发展。而木桶定律更多地关注学生的薄弱之处（短板），来平衡学生的发展。反映在德育基本理念和思维方式上，期望定律致力于培

---

[1] 文德．微心理——让你第一时间获得成功的N个心理学定律［M］．北京：北京联合出版公司，2014：4.

养美德、激励善行的扬善取向，而木桶定律则采用控制恶行、矫正问题的抑恶取向。

目前，学校德育，特别是职业学校的德育备受人们的关注，职业学校德育的针对性和有效性受到社会普遍质疑。而当前对职校生的德育普遍存在的问题之一是，教师、家长等教育者普遍关注受教育者身上存在的各种问题（短板），而对他们身上的良好品德、发展潜能和积极愿望关注不够，容易形成重视问题矫正、忽视积极因素激发的消极德育取向。这种消极取向的德育，会使教育者更多地寻求职校生身上的缺点（短板），而采用挑剔、质疑、批评、指责、训斥、惩罚等消极方式对待受教育者，结果不仅恶化了德育过程中的师生关系，降低了教育者的威信和正面教育的影响力，也妨碍了职校生美德的形成。因此，本书提出根据职校生心理需求而开展积极德育的主张，希望通过营造积极的德育氛围和环境，激发职校生自身的发展潜能和积极愿望，通过自身努力，形成良好的思想品德。因此，在职业学校开展积极德育要更多地运用期望定律，让职校生感受到期望（教育者的期望、家长的期望、自己的期望），激发内心的积极因素，从而健康地发展和成长。当然，也要注意适当运用木桶定律，克服职校生身上的不良品德（短板）。所以，我们提倡的积极德育是以扬善为主的扬善与抑恶的辩证统一。

二、积极心理学的基本概念

“积极”（Positive）一词源于拉丁语 Positum，原意是指“实际而且具有建设性的”或“潜在的”意思，因而现代意义上的“积极”既包括人外显的积极品质和积极行为，也包括人潜在的积极愿望和积极潜能。《现代汉语词典》对“积极”的解释有两层含义：一是“肯定的”“正面的”“有利发展的”；二是“进取的”“热心的”。现代心理学对“积极”的解释也有两层含义：一是指“正向的”或“主动的”，如积极情绪、积极认知；另一层含义是指“实证的”。“消极”（Passive）一词源于拉丁语 Passivus，是“消极的”“被动的”意思。《现代汉语词典》对“消极”的解释有两层含义：一是“否定的”“反面的”“阻碍发展的”；二是“不求进取的”“消沉的”。

积极心理学（Positive psychology）是20世纪90年代，以美国宾夕法尼亚大学塞利格曼等人为代表的心理学家，向传统的社会消极、病态的心理学研究取向而提出并倡导的一种心理学思潮。积极心理学利用心理学比较完善的实验方法和测量手段，研究人的潜能与美德等积极心理。研究领域涉及三个层面：在主观水平上，研究积极的主观体验，如幸福和安宁、满足和满意、希望和乐观、流畅和快乐等；在个体成长水平上，研究积极的心理特征，如爱的能力、创造的勇气、积极的人际关系、审美体验、坚持、宽容等；在群体水平上，研究积极的公众品质，如责任、利他、关爱、文明、自制力、容忍力、职业道德等。积极心理学对当代心理学研究的价值取向做出了重要的调整，同时也对影响人的积极心理形成的外在环境的改善提出了自己独到的见解。所以，积极心理学一经提出，20多年来方兴未艾，成为当今时代心理学领域发展最为迅速，影响日益强盛的心理学思想。

长期以来，受“不破不立”观念的影响，人们认为只有把消极的因素消除了，才有积极因素产生的可能，把“积极”看作“消极”清除后的产物。因而在现实生活和教育领域，很多人常把视野局限在消极因素、问题缺陷上，思考的是如何消除缺点、矫正缺陷、改正不足，认为这些问题解决了，人与事物就能回归到正常、恢复到积极的状态。因此，人们也越来越习惯于用挑剔的眼光、问题的视角去看待现实、对待他们，而忽视了事物的积极因素，遗忘了人类与个体已有的积极品质与发展潜能。在这种思想影响下，人们会削弱自己优点美德的注意力和敏感度，使自己缺乏自信，丧失利用优点、美德促进自身和社会发展的机会和条件。

积极心理学认为，积极和消极虽然相互依存、相互转化，但二者并不存在必然的关系。消极品质、消极行为中或多或少存在积极的因素，消极因素中也存在着积极发展的可能。比如，嫉妒是一种消极的心理，但它同时也能激励自身积极进取。但应该看到：积极与消极虽有一定程度的相关，但二者是两个相对独立的变量，消极的消除并意味着积极的产生。比如，把嫉妒这种消极心理消除了，不仅不会有积极的效果产生，还会把激励上进的积极心理也消除了。因此，人类的发展和个体的成长主要还是靠积极的积累而不是靠消极的消除。在积极不断增加和积累的同时，消极因素在个体心理和行为中的比重和影响力也会逐渐下降。比如，个体具有良好的学习目的和学习动机，那么他的学习嫉妒心理就会减弱或者消失。因此，从个体的发展与成长来说，其消极品德的抑制与消除是暂时的、非本质的，其积极品质、积极行为的形成才是长久的、本质的。

三、积极德育的提出

“积极德育是在积极心理学的启发下，反思教育现实和传统观的基础上构想的一种教育理念和方式。”❶“积极道德教育既是积极心理学、积极教育思想在道德教育中的延伸与拓展，同时也借鉴了积极心理健康的研究思路与研究方法，并且整合了相关的哲学、心理学、教育学思想与成果，因此，积极道德教育是积极心理学、积极教育、道德教育创新理念的结晶与融合。”❷“积极德育是积极心理学与德育研究交叉直接产物。”❸ 从上面的叙述中，我们不难看出：积极德育是在积极心理学研究的基础上提出来的，是积极心理学的研究成果在德育方面的应用。

众所周知，20 世纪 90 年代，以美国宾夕法尼亚大学塞利格曼等人为代表的心理学家向传统的西方社会消极、病态的心理学研究取向提出挑战，提出了积极心理学思想。此思想从提出至今，也就只有 20 多年的时间，受积极心理学影响而兴起的积极德育提出的时间就更短了。因此，它很年轻。但是，积极德育思想的发展又是古老的，它不仅借鉴了古今中外心理学的思想，还借鉴了教育学、哲学、心理健康教育等思想和观念，从这一点上说，它又是古老的。

积极德育是积极心理学研究与德育研究交叉结合的直接产物，是针对传统和当代中国消极取向德育的问题和弊端而提出的德育的创新理念和实

❶ 陈振华. 积极教育论纲［J］. 华东师范大学学报（教育科学版），2009（3）：68.

❷ 周围. 积极道德教育——积极心理学视域中的道德教育［M］. 北京：中国文史出版社，2014：16.

❸ 周晓宜. 积极德育理论建构的四维度［J］. 3eda 海量教案.

践策略。积极德育就是指教育者遵循积极主动的干预原则，从受教育者的积极道德品质和潜在的发展愿望出发，加深并强化受教育者的积极德育情感体验，激发并促进自我道德成长能力的培养和发展，促进其道德社会化过程的完善。

积极心理学强调从不同的角度思考如何提升人类的潜能，增强道德品质发展能力。呼吁矫正传统心理学领域的不平衡，它沿袭了人本主义心理学对人的正面本质和价值的强调，并进一步把它推广到社会的每一个个体身上。积极德育是积极心理学研究成果在德育过程中的拓展和运用，因此，它与积极心理学、人本主义心理学有着密切的联系。人本主义心理学强调内在于人的一种自我实现的趋势，积极德育继承了这一思想，它不是要重新再塑造什么新的道德品质，也不是对不良品德进行改造，关键是促进内在潜能得到充分自由的发展。即积极道德品质的培养而不是消极道德品质的矫正，致力于通过自我道德成长塑造和建构积极品德，进而减少、消除和预防不良道德言行与道德品质。

本研究的研究假设是：职校生先天具有善的潜质和禀赋，蕴藏着巨大的德性发展的空间和潜能，如果我们能了解和掌握职校生的心理需求特点和规律，并以此为依据，为职校生提供一个充满信任、接纳和关爱的健康的积极的环境和氛围，职校生就会趋向于德性的良性生长，就能激发他们的发展潜能，形成良好的道德品质，而原有的不良品质也会在积极品质生长的同时趋于减少或消失。相反，如果不能根据职校生心理需求特点和规律进行德育，如果职校生长期处于敌视、压抑、伤害的恶劣环境和氛围中，职校生向善的积极性就会受到打击、压抑，德性不但无法积极健康地生长，而且还有可能向恶的方向发展。但向恶并不是职校生道德发展的本性，而是向善、趋善的积极性和发展力量受到压抑和打击之后扭曲发展的结果。因此，德育首先要做的是通过各种途径彻底了解和掌握职校生的心理需求特点，培育积极健康的德育环境和氛围，以使职校生的善的潜质和禀赋得以萌发、生根、发芽、成长，再通过道德规范的教导、训练，对职校生已形成的美德的积极关注、充分肯定，激发职校生的道德发展愿望，以培养职校生的积极道德品质，形成更多更好的美德，并在此过程中预防和克服不良的道德品质。

第二节 职业学校积极德育研究

职业学校德育要永葆青春，活力四射，离不开德育的研究与创新。尽管积极德育在国内教育领域内有了一定的探索，但由于职业学校与普通学校有本质的差别，因此，在职业学校开展积极德育的研究和实践有其特殊性，有着重大的理论意义和实践价值。

一、职业学校积极德育研究的现状

受积极心理学影响，学术界敏锐地注意到积极心理学在提升人和社会的正能量、发掘人的内在潜能和价值方面的能动作用。一些学者开始在这方面从事相关研究，从目前我们所掌握的资料来说，国外尚没有积极德育的提法，国内也只是为数不多的学者提及积极德育（积极道德教育、积极教育）、消极德育（消极道德教育、消极教育），但由于研究的视角不同，对积极德育、消极德育的概念界定就会有较大差别，对积极德育的实施原则、方法策略就会有不同的要求。

（1）苏奕在《从未成年人道德教育角度看消极德育与积极德育》一文中，明确提出两种对立的德育，即消极德育和积极德育。他认为，所谓消极德育是指“道德教育者遵循自然生长的原则，在道德实践者有道德发展需求的时候，用水到渠成的方式对学生实施的道德教育。一般情况下，在道德实践者有一定的道德认知水平和道德判断能力时，应更多地采用消极德育”[1]。而所谓积极德育，是指“道德教育者遵循主动干预的原则，在道德实践者尚未有道德发展需求的时候，用挖渠引水的方式对学生实施的道德教育。一般情况下，在道德实践者的道德认知水平不高或不足以判断道

[1] 苏奕．从未成年人道德教育角度看消极德育与积极德育［J］．思想理论教育，2004（10）：47－50.

德是非时，应更多地采用积极德育”❶。如孔子的“不愤不启，不悱不发。举一隅不以三隅反，则不复也”的教育方式以及卢梭的自然主义德育观就属于消极德育，而墨子的“叩则鸣”，“不叩亦鸣”的德育观，以奥古斯丁和阿奎娜为代表的中世纪基督教德育观就属于积极德育。

（2）孙光琼、冯文全的论文：《寓“积极”于“消极”，以“无为”成就“有为”——论卢梭的“消极”道德教育思想及其启示》，提出卢梭的道德教育思想是一种“消极教育”思想。卢梭自然教育思想提倡尊重儿童的天性，他认为教育有三个来源：“自然”“人”和“事物”。我们的才能和器官的内在发展，是自然的教育；别人教我们如何利用这种发展，是人的教育；我们对影响我们的事物获得良好的经验，是事物的教育。在这三方面教育中，必然以自然的教育为中心，使事物的教育和人的教育服从于自然的教育。他提出了自然教育的分期理论。婴儿期（0 ~ 2 岁），主要进行体育，促进儿童身体的发展，增强儿童的体质。儿童期（2 ~ 12 岁），是“理性睡眠时期”，主要是进行感觉教育，不要直接进行智育。这一时期要采取摧毁儿童各种错误和恶习的手段，如果让这些错误和恶习发芽滋长以至扎下根，那就永远也拔不掉了。由于儿童在 12 岁以前对一些道德观念还不能理解，因此不能对他们进行道德说教。教育手段中最好的方法是使儿童服从于自然法则，结合具体事例使他们从自己的直接经验中受到教育，强调“自然后果法”。少年期（12 ~ 15 岁），主要是进行智育和劳动教育。青年期（15 ~ 20 岁），主要进行道德教育、信仰教育和性教育。他认为道德教育的任务主要是激发善良的感情，养成正确的判断力，培养坚强的意志。

从卢梭提出的自然教育的分期理论来看，儿童在少年期及其之前是不进行道德教育的，这时期的教育“不在于教学生以道德和真理，而在于防止他的心沾染罪恶，防止他的思想产生谬见”❷，因而是消极的。只有当儿

---

❶ 苏奕. 从未成年人道德教育角度看消极德育与积极德育［J］. 思想理论教育，2004（10）：47 – 50.

❷ 孙光琼，冯文全. 寓“积极”于“消极”，以“无为”成就“有为”——论卢梭的“消极”道德教育思想及其启示［J］. 中国德育，2006（9）：19 – 24.

童对社会关系和抽象的道德概念理解之后，也就是在青年期才能进行道德教育。这种看似“消极”的道德教育思想其实蕴含着尊重儿童天性和主体地位的教育精神，以及注重培养儿童道德习惯等积极主张，是一种“无为无不为”的积极的、有为的道德教育思想。

（3）郑雪在其著作《积极心理学》中，提出了积极教育的概念，认为“积极教育就是指教育要以学生外显和潜在的积极力量、积极品质为出发点，以增强学生的积极体验为主要途径，最终达到培养学生个体层面和集体层面的积极人格。积极教育强调教育并不只是纠正学生的错误和不足，教育更主要的是寻找并研究学生的各种积极力量，并在实践中对这些积极力量进行扩大和培养”❶。他认为，“传统教育虽不能说完全等同于消极教育，但它都具有明显的消极特征。传统教育过分强调教育的矫治功能，习惯从学生的问题入手来开展工作，这使得大多数教师一般都学会了如何使困境中的学生得到改变并生活良好，但却不知道如何发展那些处于良好条件下的学生。这种单一的矫治功能导致教师只会用问题的眼光去审视他碰到的每一个学生，最好的学生在他（她）眼里也可能被看出问题。因此，放大学生的问题已经成为传统教育条件下教师的一大通病。从本质上说，传统教育感兴趣的不是学生，而只是学生身上存在的问题，这是传统教育表现出的典型的非人性化特征，学生的学习又回复成了受外界压力而不得不产生的一种消极适应”❷。“积极教育的立足点放在学生固有的积极能力和积极潜力上，以促进学生的积极体验为核心，以培养学生个体层面和集体层面的积极人格特质为最终目标。它一方面是对传统教育中存在的消极倾向的消解，使教育变得更平衡；另一方面又是理论上和实践上对教育本质的进一步深化，充分体现了以人为本的社会价值理念。”❸ 他同时认为“积极教育与传统教育虽存在一定的差异，但在具体的操作上，实证的理念上还有许多的共同点，都还没有脱离当代教育研究的大范式——教育既要修补又要发展。特别在具体的研究方法、手段上，积极教育和传统教育

---

❶ 郑雪．积极心理学［M］．北京：北京师范大学出版社，2014：260－261.

❷ 郑雪．积极心理学［M］．北京：北京师范大学出版社，2014：264.

❸ 郑雪．积极心理学［M］．北京：北京师范大学出版社，2014：262.

几乎是很接近的。所以我们认为积极教育只是对传统教育的一种补充和发展，是对我国当前教育的一种价值回归，其目的在于使原来具有片面倾向的传统教育变得更全面、更合理”❶。郑雪是在积极心理学研究的基础上提出了积极教育、传统教育以及消极教育的概念，分析了积极教育与传统教育的异同。

（4）刘翔平在《当代积极心理学》一书中指出：“传统的学校心理健康教育通常仅仅关注学生的弱点和错误，这已不符合时代的要求，应该与时俱进，给心理健康教育注入积极心理的因素，更多地关注和建设学生的优势和正面的力量，具体来说，积极心理学取向的心理健康教育应当包括三层含义：其一，关心人的积极的认知加工，积极地看待世界的方法，如乐观、希望、自我接纳、自尊、宽容、逆境中的心理复原力、审美体验、智慧灵性等；其二，关注人的积极的情绪体验，包括人类的幸福感、满足感、流畅感、快乐感等；其三，关注人对社会的积极意识，包括社会凝聚力、利他行为、社会责任感、宽容、仁慈、爱的能力等。”❷ 为此，他提出要对学生进行幸福感教育、感恩教育、优势教育。要增强学生积极的情感，挖掘学生积极的人格特性，引导学生体验与追求人生的价值与意义；要让学生感恩于心，谢恩于言，报恩于行。

（5）周晓宜在《积极德育理论建构的四维度》一文中指出：“积极德育是积极心理学研究与德育研究交叉结合的直接产物，在某种程度上实现了对德育理论的创新。积极德育作为一种德育理念在某种程度上能自成一套体系，具体而言，它是指教育者遵循积极主动的干预原则，将德育目标指导下的德育内容与受教育者的成长过程有机契合，通过对受教育者自我道德成长能力的培养，加深并强化受教育者的积极德育情感体验，促使其道德社会化过程的改善。”❸ 他把积极心理学和哲学作为积极德育的两大理论基础，认为积极德育主张的是积极道德品质的培养而不是消极道德品质的矫正，其致力于通过自我道德成长塑造和建构积极品德，进而减少、消

---

❶ 郑雪．积极心理学［M］．北京：北京师范大学出版社，2014：266.

❷ 刘翔平．当代积极心理学［M］．北京：中国轻工业出版社，2013：240.

❸ 周晓宜．积极德育理论建构的四维度［J］．3eda 海量教案.

除和预防不良道德言行与道德品质。积极德育的目的在于通过教育者与社会的交互作用而建构一种积极的世界观和价值观，促使受教育者在积极思维方式的引导下接受、认可或践行德育的应然理念。为此，他提出积极德育理论建构的四维度，即教育者维度、受教育者维度、教育关系维度和话语建构维度。他认为，“合格的教育者必须善于发现受教育者道德层面的积极因素，采用赞扬、鼓励等方式激励、引导受教育者在道德方面的自我建构”❶。同时他强调，积极德育方法论的运用其前提条件是教育者与受教育者在德性的成长上必须存在着一个发展的落差，这样，教育者才有可能对受教育者产生教育影响，才能使榜样的力量产生实质性的效应。关于受教育者维度，他认为受教育者的可塑性是积极德育建构的又一个前提，受教育者的可塑性是指受教育者在与教育者或社会环境的互动过程中，其价值观念有可能在潜移默化中改造或者受影响。也就是说，受教育者可以通过判断、选择、整合等心理机制，将教育者所传授的价值观逐渐固化为自身的心理结构并逐渐在实践中加以体现和践行，变现为具体方式、方法的选择和运用。关于教育关系维度，他认为教育者应该实现对受教育者真正的关心与尊重，耐心观察和发现他们身上的优点和美德，通过建立良好的道德教育关系而进入他们的内心精神世界。只有真正处于尊重、赏识、激励的德育环境和氛围中，受教育者才能真心实现从“他律”到“自律”的转变，而不是以无道德的冷漠行为或者不道德的言行扭曲地表达和表现自己。关于话语建构维度，他提出三个方面的方法论策略。①在引导态度由消极向积极转变时，教育者需提出能导致对方态度转变的理由，即话语的表达需要有自己的“支持理由”。这种理由一旦引起受教育者的共鸣，就会在对方心中引发赞同的感情。②理由的提出与受教育者的判断之间的关系必须是心理上的，教育者必须“投其所好”，使理由迎合对方的心理倾向。③利用话语解决心理问题可以而且必须使用非理性的方法，即“以情动人”。他认为积极德育理论的建构有三点启示：①要求营造健康向上的德育环境，这个环境必须让受教育者感受到关爱、温暖、真诚、信任、尊

---

❶ 周晓宜. 积极德育理论建构的四维度［J］. 3eda 海量教案.

重、理解、肯定和欣赏；②要采用自我引导的德育方法，如“道德两难问题讨论法”；③激发受教育者积极情感的德育体验。周晓宜就积极德育的理论建构提出了自己的设想，其中积极德育的概念、四难度的建构、三点启示对我们研究和开展职校生积极德育在理论上有一定指导意义。但他只是把积极德育作为一种德育理念提出，没有进行实验和行动研究，而且也未提出具体的方法策略。

（6）孙伟的硕士学位论文：《积极德育价值取向初探——基于中学德育教师角度的思考》，从德育价值取向的角度研究积极德育。他认为“以实际进行德育的不同方式为划分标准，我们将这种忽视受教育者主体性发挥，只重短期德育效果的德育定义为消极德育。与之相对应，所谓积极德育就是以深刻认识并促进受教育者在德育方面的潜在积极性为出发点，使其道德发展能动性充分发挥，激发并促进自我道德成长和能力发展，培养其完善人格的德育”❶。他认为消极德育突出表现在两方面：“一是没有认识到受教育者自身具有趋向人类美德的要求和能力，因此，对其德育往往表现出硬性灌输、处理德育问题中的简单矫正视角和训斥、惩罚等德育做法。二是对德育应真正追求的‘应然’认识不足，集中表现为重德育知识的掌握，忽视最为重要的自我道德判断和选择能力的培养。”❷ 同时他认为积极德育也主要表现为两个方面：“一方面，教育者对德育的认识不论从宏观定位还是到微观具体操作均使学生对德育的认识不仅停留在目前自身与周围环境范围内，同时，把一些对高尚情操、美德培养的认识提高到对人类、社会、自身未来发展的层面。另一方面，不论是对待学生德育过程中出现的问题还是培养学生自我道德成长能力出现的问题，走出单子式个体认知方式，广泛运用各种德育资源中的丰富内涵，能够全面、长远地看待学生德育问题，使学生能够客观看待自身品德成长，真正实现对受教育

---

❶ 孙伟．积极德育价值取向初探——基于中学德育教师角度的思考［D］．首都师范大学硕士学位论文，2008.

❷ 孙伟．积极德育价值取向初探——基于中学德育教师角度的思考［D］．首都师范大学硕士学位论文，2008.

者自我道德成长能力的培养。”❶ 孙伟进一步强调：积极德育价值取向是指教育者以坚信受教育者自身具有趋向德性完善的“积极能力”为基础，在积极学生观、积极目标观、积极方式观、积极环境观和积极教师观的指导下，尊重受教育主体性，培养自主道德成长能力的态度倾向与行为总和。具体包括两方面内容：第一，提升受教育者对德育及自我道德成长能力的认识。第二，树立、形成对德育问题全面积极的思考和行为方式。孙伟还提出形成积极德育价值取向的观念转变策略：①坚持积极情感理论以形成积极的学生观；②坚持积极人格理论以树立积极的目标观；③坚持积极体验理论以探索积极的方式观；④坚持人类美德理论以扩展积极的环境观；⑤坚持积极心态理论以深化积极的教师观。

（7）对积极德育（积极道德教育）进行比较系统研究的是周围教授。她在其著作《积极道德教育——积极心理学视域中的道德教育》中对积极道德教育思想进行了系统和全面的阐述。她从积极心理学的角度研究积极道德教育，认为“积极道德教育，是积极心理学研究成果在道德教育中的拓展和运用，也是针对传统和当代中国消极取向道德教育的问题和弊端而提出的道德教育的创新理念和实践策略。积极道德教育倡导从受教育者的积极道德品质、道德发展愿望与潜能出发，采用以肯定、鼓励、欣赏、强化等积极、正面为主的道德教育方法，营造充满尊重、真诚、理解、关爱、信任、公正的道德教育关系，以增进受教育者的积极情绪体验为教育契机与途径，激发受教育者道德发展的愿望和潜能，促进受教育者积极道德品质的培养，并在积极道德品质形成过程中消除不良的道德品质，预防恶习的萌芽与产生”❷。

周围认为，“消极取向的道德教育无视受教育者已有的积极道德品质、道德发展潜能和愿望，而对他身上的不良品德、存在问题十分敏感、过度关注，因此，多采用挑剔、质疑、指责、训斥、惩罚等消极教育方式对待

---

❶ 孙伟．积极德育价值取向初探——基于中学德育教师角度的思考［D］．首都师范大学硕士学位论文，2008．

❷ 周围．积极道德教育——积极心理学视域中的道德教育［M］．北京：中国文史出版社，2014：6．

受教育者，试图消灭受教育者存在的问题、不良品质。这样的消极德育容易恶化道德教育关系，弱化教育者的威信和正面教育的影响力，妨碍受教育者良好品德的培养，当然也无从实现道德教育的任务和使命”❶。周围从“哲学伦理学、心理学和道德教育层面深刻剖析了积极心理学思想的渊源和理论背景，为积极道德教育提供了一个非常丰富而又有理论深度的价值基础。她对积极道德教育的内涵特征和基本理念的分析，从人性的深度和教育的视角给人带来独特的思想启迪。她对积极品德培养的要求机制和动力机制的阐发，从心理学的视角对品德培养作了富有思想内涵的理论阐发。她对积极道德教育中主体与关系的分析，从教育者和受教育者的视角阐发了师生关系的道德真谛，无疑会给当今时代的教育工作者带来新的思想震撼和价值启发”❷。这是周围导师杨韶刚教授对其《积极道德教育——积极心理学视域中的道德教育》一书的评价。她的研究成果对本论著的研究具有较大的启发和参考。周围在书中总结了积极道德教育研究的问题和不足：第一，未能针对受教育者的年龄阶段与心智特点进行发展性研究。第二，未能根据不同德育领域（学校德育、家庭德育、社会德育）的教育特点进行积极道德教育的差别性研究。第三，未能进行积极道德教育的调查研究和行动研究。而本论著《职校生心理需求与积极德育策略研究》，不仅是对积极德育理论的研究，更是一种应用性研究。它侧重从职校生的心理视角探讨积极德育的理念、原则、策略和方法。笔者所在的学校是一所全国重点职业学校，专门从事职校生的教育和管理工作。因此，对职校生的情况比较熟悉，对职校生的需求比较了解，加之，我们对职校生进行一系列的调查研究，参阅了大量兄弟职业学校在德育方面的经验，在此基础上，对职校生开展了积极德育的行动研究，并取得了较好的成果。我们的研究，是对周围教授研究不足的补充，也是周围教授研究的深化。

以上关于积极德育、消极德育的研究与我们本论著研究既有一定联

---

❶ 周围. 积极道德教育——积极心理学视域中的道德教育［M］. 北京：中国文史出版社，2014：序言1.

❷ 周围. 积极道德教育——积极心理学视域中的道德教育［M］. 北京：中国文史出版社，2014：3.

系，又有很大差别。第一，研究的侧重点不同。本论著研究侧重应用研究，着重运用积极德育的理论指导德育工作的实践，是一种实证研究，而以上研究大多属于理论研究，着眼于概念界定等。第二，研究对象不同。本论著研究的对象限定在职校生，这是一批特殊的群体，依据他们的心理需求实施积极德育，是本论著研究的重点。而上述研究均没有针对受教育者的年龄阶段和心理特点进行研究。第三，研究的内容不同。本研究是在调查、访谈、观察和文献研究的基础上，针对当前我国职业院校德育的现状和存在的问题，借鉴积极心理学、积极教育、积极道德教育以及积极心理治疗等研究成果，针对职校生心理需求，开展实施积极德育，主要是行动研究，上述研究的内容大多探讨的是积极德育的概念、理念等理论上的内容。第四，研究的方法不同。本研究虽采用了文献研究法等多种方法，但侧重于行动研究“教师即研究者”的基本特点，把研究工作与教学工作结合起来，一是促进教师研究水平的提高，提高教师素质；二是改进德育态度和方法，增强德育效果，提高职校生身心健康水平。而以上研究方法虽多，但都没有行动研究。当然，以上研究关于积极德育的基本理念还是值得借鉴的，特别是周围教授的研究《积极道德教育——积极心理学视域中的道德教育》对本论著的研究有较大的指导意义。在以后有关章节，我们借鉴、引用并整合了该书中关于积极道德教育的部分内容和观点，特此说明并鸣谢。

二、职业学校积极德育研究的内容与方法

本研究以积极心理学为指导，以调查观察为依据，积极探寻职校生的心理需求内容和特点，借鉴整合之前积极德育的研究成果，积极构建积极德育的基本理论和实践策略。并在此基础上，积极开展实证研究，把积极德育的理论运用于职校生的德育实践，促进职校生身心健康发展，形成良好的道德品质，提高职校生整体素质。

第一章“绪论”，主要阐述了本论著选题缘由、基本概念、研究的目的和意义，研究的主要内容、方法，研究的创新之处与存在的问题。同时探讨了积极德育提出的背景和研究的现状。

第二章“职校生的心理需求分析”，主要是通过问卷调查、访问、谈话、观察分析，积极探讨职校生目前心理需求内容和特点，为积极实施积极德育提供依据。

第三章“职业学校积极德育的基本理论”，主要论证了积极德育的理论基础和思想来源，探讨了积极德育的基本理念。

第四章“职业学校积极德育的实施原则、途径与方法”，探讨了在积极德育理念指导下，开展积极德育应遵循的原则、实施的途径和方法。

第五章“职业学校积极德育的实施策略”，介绍了在职校生中开展积极行为支持策略的行动研究，开展依据心理需求探寻职校生心理积极调适策略的行动研究的实施情况，均取得了较好的研究成果。

第六章“职业学校积极德育研究的实践探索”，主要介绍开展积极德育研究的要求和措施，评价了本论著研究的地位和作用，指出了论著研究中存在的问题与不足，对本论著研究的发展方向进行了展望。

本研究采用文献研究法、问卷调查法、访问谈话法、观察分析法、行动研究法、经验总结法等研究方法。

（1）文献研究法。检索并认真学习教育学、心理学、哲学等学科的相关文献、资料，归纳分析并总结已有的研究成果，厘清积极德育的理论基础与思想来源，在继承前人研究成果的基础上，提出积极德育的理念。

（2）问卷调查法。制定心理需求问卷调查表，在职校生中开展心理需求的调查，掌握职校生需求的第一手资料，以便于制定积极德育的实施策略。

（3）访问谈话法。通过研究者与职校生面对面的交谈，深层次了解职校生的心理需求及其原因。通过研究者与家长、社会成员的交谈，了解家庭、社会、职校生的要求以及对学校开展积极德育的想法。

（4）观察分析法。对职校生日常学习生活中的行为表现进行观察分析、总结和反思学校教育现状与存在问题，提出积极德育的途径和方法。

（5）行动研究法。在调查、观察、分析和总结反思的基础上，根据职校生的心理需求，制定积极德育的实施策略。全员参与研究并组织实施。

（6）经验总结法。研究过程中，要求参与者根据自己的研究情况，写出经验总结，进行交流，互相学习、反思，将比较成功的成果进行推广，从而不断改进研究实施方案，使研究深入开展，促进职校生健康成长。

本论著研究的创新之处主要体现在研究对象、研究内容和研究方法上。第一，研究对象的创新。本研究是专门针对学校中一批特殊的群体——职校生，从他们的心理需求来探寻实施积极德育的方法策略，这是目前为止国内积极德育研究还没有触碰的领域，为当今中国职业教育的德育改革和创新提供了新的实践策略。第二，研究内容上的创新。本研究在调查观察和文献研究的基础上，针对当前我国职校德育的现状与存在问题，借鉴积极心理学、积极教育、积极道德教育以及积极心理治疗等研究成果，在职业教育中提出了一种全新的德育理念与方法，为职业学校德育改革和实施提供了新的理论视角。第三，研究方法的创新。本研究不仅整合了教育学、心理学、哲学等学科的理论、方法，还进行了实证研究（行动研究），将积极德育理论具体运用到职校生的德育实践中，并取得了较为满意的成果，一定程度上实现了德育理论与实践研究方法的创新与突破。

本研究存在的问题与不足主要体现在：一是侧重于积极德育的行动研究，对积极德育的理论缺乏深入研究，掌握的有关文献资料也有限；二是职校生心理需求调查的问卷设计有待提高，调查的职校生对象范围不广；三是行动研究中，学校与家庭、社会“三位一体”的德育体系构建的研究不够深入。

三、职业学校积极德育研究的意义

职校生入学时普遍文化基础相对薄弱、理想信念滞后、价值取向失衡、感恩之情缺乏、自律意识淡薄的状况，客观上给学校的德育工作造成较大难度。学校研究并开展积极德育，不是回避职校生存在的不良品性，而是强调在德育中应首先关注学生身上的积极品质，通过营造积极的德育环境，激发学生自身的资源与潜力，引导他们充分利用教育环境中的积极因素，改善自身的道德品质，并逐渐克服自身的不良品行。因此，在职业院校开展积极德育研究并实施积极德育，有助于学校更新德育工作理念，改进德育工作方法，增强德育工作的针对性和实效性，努力构建具有职教特色的德育工作新格局；有助于更好地贯彻国家教育方针，弘扬社会主义核心价值观，提高职校生的综合素质；也有助于职业院校的发展，增强职业教育的吸引力。

本研究的理论意义和实践价值主要体现在以下几个方面：

（一）是全面贯彻育人方针的需要

党的十八大将“立德树人”作为教育的根本任务。习近平总书记指出，要树立正确的人才观，着力提高人才培养的质量，弘扬劳动光荣、技能宝贵、创造伟大的时代风尚，要坚持培育和践行社会主义核心价值观，作为职业教育第一位的要求，坚持立德树人，全面贯彻党的教育方针，强化实践育人环节，坚持正确的育人方向，培育积极实践、勇于探索、善于创新的人才。

我国正处于经济转型和多元文化碰撞的特殊时期，令人遗憾甚至痛心的是，这生生不息、绵延千年的人类传统美德，却因市场经济大潮的冲击而出现了严重的理念缺失与信感危机。“积极德育”正是基于新理念下的德育载体的创新，它的取向性在于诱发生命的感动，唤醒心灵的真善，催生责任的承担和行动的回报。实施积极德育，是为了深入贯彻落实《中共中央国务院关于进一步加强和改进未成年人思想道德建设的若干意见》和全面实施《公民道德建设实施纲要》的需求，进一步弘扬以“富强、民主、文明、和谐，自由、平等、公正、法治，爱国、敬业、诚信、友善”为内容的社会主义核心价值观这一主旋律。

（二）是职业教育发展的需要

职业教育，关系国计民生。职业学校，是现代学校的重要类型，也是我国职业教育的主要形式。当前，职业教育面临更大的机遇和挑战。一方面，党和国家非常重视职业教育的发展，全国人大制定了《职业教育法》，国务院出台了《关于加快发展现代职业教育的决定》，设立了“职业教育周”，教育部、各省市也都出台了促进职业教育发展的相关规定。但另一方面，职业教育在人们心目中的地位偏低，相当于“工读学校”“婚姻介绍所”“坏学生集中营”❶，“职中、职中，三年白功”❷，便是人们对职业学校的认识和评价，职业学校的发展步履维艰。

《国家中长期教育改革和发展规划纲要（2010—2020年）》指出：“坚持德育为先，立德树人，把社会主义核心价值体系融入国民教育全过程。……创新德育形式，丰富德育内容，不断提高德育工作的吸引力和感染力，增强德育工作的针对性和实效性。”职业教育要努力培养、造就数以亿计的高素质劳动者，使我国从人力资源大国向人力资源强国迈进，必须深入探索职业教育的德育工作、创新育人管理方略。在当前竞争激烈的时代，职校生面临的问题比以往任何时候都多。因此，教育工作者必须以创新的意识来研究、探讨职业学校的德育工作，要让职业学校的德育符合现代职业教育的要求。因此，如何在经济全球化和信息时代对职校生开展富有针对性和实效性的德育研究便成了教育实践和教育理论研究关注的焦点。

近年来，职业学校历经攻坚克难，在困境中闪亮转身，在曲折中奋力前进，在负重中实现跨越，办学规模在高中阶段实现了“半壁江山”，面向市场专业设置更趋合理，培养技能的功能得到加强，职校学生“多证在手”，具备一定的市场竞争力。但总体来说，人们对职业学校的观念并未得到彻底改变，优生进普校、差生进职校的现象仍然没有较大改变，职校流生率偏高的现象没有改变，职校学生难管的现象没有改变，职校毕业生就业难、工资低的现象没有改变。因此，职业学校要彻底改变人们的传统认识，必须提高职业教育的质量，而首要的是提高职校生的思想品质和道德品质。积极德育着眼于学生美德和积极品质的培养，激发学生道德发展的愿望和潜能，改善职校生的思想品质和道质品德，提高职校生的整体素质，实现这样的目标，就能改变人们对职业学校和职校生的认识和评价，从而促进职业教育的良性发展。

---

❶ 张建林，姜峻．中国职业教育名校/名校长创新管理评析·特色德育卷［M］．重庆：西南师范大学出版社，2012：59．

❷ 张建林，姜峻．中国职业教育名校/名校长创新管理评析·特色德育卷［M］．重庆：西南师范大学出版社，2012：161．

（三）是职业学校传统德育改革和创新的需要

在职业学校，由于学生素质问题，教育者往往较多关注职校生问题行为的矫正，因而忽视美德的培养，这种消极德育的取向在职业学校尤为突出。如果我们的教育工作者长期沿袭这种消极取向的德育，只看到职校生身上的缺点，看不到职校生身上的优点，只会采取批评、指责、挑剔、惩罚等消极方法对待学生，就会造成师生关系的紧张，从而导致教育的失败，妨碍职校生良好品德的形成。因此，必须对这种消极取向的传统德育进行改革和创新。

《中等职业学校德育大纲（2014 年修订）》在具体要求中强调：学生要养成自尊、自信、自强、乐群的心理品质，提高心理健康水平和职业心理素质，人格健全，乐观向上。德育引领人生，学校德育必须与时俱进，给德育注入积极心理的因素，更多地关注和建设学生的优势和正面的能量。具体地说，积极心理学取向的德育应当包括三层含义：其一，关心人的积极认知加工，积极看待世界的方法，如乐观、希望、自我接纳、自尊、宽容、逆境中的心理复原力、审美体验、智慧灵性等；其二，关注人的积极的情绪体验，包括人类的幸福感、满意感、福乐体验、快乐感等；其三，关注人对社会的积极态度，包括社会凝聚力、利他行为、社会责任感、仁慈、爱的能力等。本研究整合积极心理学、积极心理治疗、积极教育的方法与理念，以及相关的心理学、德育学研究成果，提出根据职校生心理需求开展积极德育的主张，将立足点放在职校生固有的积极能力和积极潜力上，以促进职校生积极体验为核心，以培养职校生个体层面和集体层面的积极人格品质为最终目标。它不仅是对传统德育中存在的消极倾向的消解，使教育变得更加平衡，更是在理论上和实践上对教育本质的进一步深化，充分体现以人为本的社会价值观念，是职业学校德育研究视角和传统德育方法的改革和创新。

职业学校德育的基本任务是把学生培养成热爱祖国、遵纪守法，具有社会公德和文明行为习惯的公民，进而成为报效祖国、积极进取、诚实守信、敬业乐群，具有社会责任感和创业精神的高素质劳动者。这就要求职业学校要把德育放在首要位置，能够做到解放思想、更新理念、与时俱进，用最先进的德育理念来指导学校的德育工作。

有效的德育能对学生精神体验与生活实践产生正迁移的影响。传统德育模式下，职业学校德育的途径与方法过于单一，常常把德育游离于学校教育的其他工作，采取的途径与方法也不外乎开设德育课程、德育宣传、德育讲座等说教式的教育。而积极德育则强调，应在尊重学生心理发展特点和规律的基础上，积极转变观念，改革德育模式，从而不断增强德育对学生的吸引力和感染力。在职业学校实施积极德育，有助于学校更新德育工作理念，改进德育工作方法，增强德育工作的针对性、实效性，努力构建具有职教特色的德育工作新格局。

（四）是促进职校生健康成长的需要

当前，职业学校招收的学生总体素质偏低。一项调查显示：（1）作为应试教育的失败者，对学习缺乏兴趣和信心。中职生 90% 以上是被基础教育淘汰的，10% ~20% 的学生根本没有参加中考。即使参加中考，大多数学生成绩在及格线以下。（2）家庭教育缺失、畸形或不科学。父母文化素质低，父亲的文化程度 14% 是小学，60% 是初中，高中以上仅占 26%，母亲的文化程度 40% 是小学，35% 是初中，高中以上仅占 25%。43% 的学生来自离婚或父母出外打工家庭，16% 的父母溺爱孩子。（3）道德素质偏低。在校中职生，80% 的学生的业余爱好是上网，其中 50% 的学生沉溺于网络游戏，20% 的学生整天上网看电影，16 岁学生中至少 30% 抽烟，70% 以上的学生爱讲粗话。[1]

积极的学校德育，不是回避职校生存在的不良品性，而是强调在德育中应首先关注学生身上的积极品质，通过营造积极的德育环境，激发学生自身的资源与潜力，引导他们充分利用教育环境中的积极因素，改善自身的道德品质，逐渐克服自己的不良品行。积极德育主张面向每一个学生，尊重、关心、教育引导每一个学生，最大限度地满足每一个学生成长的需要，最大限度发挥学生的创造潜能。换句话说，就是要引导学生充满信心

---

[1] 张建林，姜峻. 中国职业教育名校/名校长创新管理评析·特色德育卷［M］. 重庆：西南师范大学出版社，2012：276 - 277.

地生活、充满智慧地学习、充满快乐地成长。

通过实施积极道德教育，可使学生具有振兴祖国、服务人民、奉献社会的使命感、责任感，让学生在远大志向中进取；使学生树立正确职业观、择业观、就业观和创业观，具备职业选择、正确就业和创业能力，让学生在生涯规划中发展；使学生知荣知耻、明辨是非、有为非为、乐观向上，让学生在规范守纪中收获；使学生在活动中达到知、情、意、行的统一，让学生在活动实践中成长。其目的是培养中职学生高尚的品德、健康的心理和健全的人格，帮助学生树立正确的世界观、人生观、价值观，能够正确认知、回归情感、重塑自我、再拾信心，进而成为社会的有用人才。

小结：本章主要针对职业学校道德教育中轻美德培养、重问题矫正的消极取向，借鉴积极心理学和其他学科理念和方法，在对职校生心理需求分析的基础上，提出实施积极德育的策略主张。本章共两节，第一节主要对选题缘由做了说明，诠释了积极德育的基本概念，对本论著研究的主要内容、研究方法、创新之处等进行了分析；第二节主要表述积极德育理论提出的过程，并对理论研究的现状及意义作了详细的介绍。

第二章

职校生的心理需求分析

促进职校生心理发展是积极德育的核心目标。践行积极德育，需要科学认识职校生的心理发展特征，遵循职校生心理发展规律，自觉维护职校生心理权益，以着力创造和实现最优化的最近心理发展区。

第一节　职校生的心理世界

积极德育直接受积极心理学的影响与启发，是积极心理学研究成果在德育中的拓展和运用。积极德育的理念、目标、原则、途径、方法等无不体现积极心理学的思想。因此，在职业学校开展积极德育，必须了解职校生的心理世界，掌握他们的心理需求，在尊重职校生心理发展特点和规律的基础上，积极转变观念，改革德育模式，从而不断增强德育对学生的吸引力和感染力，增强德育的针对性和实效性。

一、职校生心理发展的基本认识

（一）心理的本质与心理发展的基本规律

人的心理，从汉语字面上解释，心理就是心思、思想、感情等内心活动的总称。用现代心理学的语言解释，它包括三点：①人的心理是人脑对客观现实的反映，客观现实是人的心理活动的源泉。②人脑是人的心理活动的器官，心理是脑的机能。如果人脑由于外伤或疾病而遭受破坏，人的心理活动就会部分或全部失调。③人的心理是在人的实践活动中人脑对客观事物的积极的能动反映，具有主观的性质。心理学就是研究人的心理现象及其发生发展规律的科学。

心理构成因素包括智力因素和非智力因素。智力因素包括记忆、想象、观察、注意、思维等因素，非智力因素包括意志、性格、兴趣、情感、爱好等因素。心理活动结构包括心理过程和个性心理。心理过程包括认知过程、情感过程和意志过程，个性心理包括个性特征、个性倾向和自我意识。

人的心理发展规律，就是随着人的年龄增长，心理变化中普遍存在的特点。人的心理发展与身体成长一样，也是从不成熟到成熟的过程。

（1）顺序性。在人的发展过程中，心理的发展表现出一种稳定的顺序。如认知和思维能力的发展，从感知动作思维到具体形象思维，再到抽象思维，是一种连续的、不可逆转的过程。

（2）阶段性。在人的发展的连续过程中，在不同年龄阶段会表现出某些稳定的、共同的典型特点，体现量变到质变的过程。例如，儿童的认知能力主导特征为抽象思维，但到了青年时期，认知能力的根本特征体现为逻辑思维。

（3）不平衡性。不平衡性，是指在连续不断的发展过程中，在不同的年龄段，其心理发展的速度和水平是有明显差异的。一般认为，青春期是心理的高速发展期。

（4）个别差异性。是指个体发展在具有整体共同特征的前提下，个体发展速度、最终发展水平和发展的优势等方面往往是有差别的。例如，在智力上，有的儿童早熟，有的儿童则晚熟；有的儿童表现出对数字有特殊敏感度，有的儿童则表现出对艺术形象有深刻的记忆。

（5）协调性。是指在心理发展过程中，个体心理的各个方面相互关联，某个心理机能的发展会影响其他心理机能的发展。例如，儿童的认知机能与情绪的发展往往是紧密联系在一起的。

（二）研究职业学校学生心理发展特点的必要性

职业学校在读的学生正处于身心急剧发展的转折时期，学生的学习生活由普通教育向职业教育转变，发展方向由升学向就业转变，自然在自我意识、人际交往、学习和生活等方面出现巨大的转变，在这过程中必然会有很多学生产生心理上的困惑或问题，同时因为年龄、家庭、专业等的特殊性，心理会呈现出各种各样的特点。学生的心理影响学生的学，制约教师的教，也关系学校其他各项工作的开展，只有了解、掌握了学生的心理特点和状况，我们才能进行正常、有效的教学，才能实施对学生全面的管理和德育工作，才能保证职业学校学生的成人成才。

开展职业学校学生的心理发展针对性研究，主要目的是从学生的实际出发，充分认识到学生心理特点在社会发展和学校教学管理中的重要作用，帮助学生正确地认识自己，认识环境；根据职业学校的特点，从自身的条件出发，确立有益于社会进步与个人发展的目标，克服成长中的障碍，增强并维持学生的心理健康，使其在学习、工作和人际关系中做出良好反应。我们只有紧紧围绕这一主题，才能使我们职业学校源源不断地培养出大批身心健康、专业合格、献身社会的职业技能人才，保证职业教育的持续、和谐发展。

二、职校生心理健康的基本标准

（一）健康与心理健康

长期以来，人们认为健康就是指人体生理机能正常，刚健而无缺陷和疾病。但随着现代科学技术的发展和大量的医学实践证明，很多疾病不是由纯生物学的因素造成的，而是由紧张的社会压力所致。比如，由恶劣生活条件所导致的疾病如结核、痢疾、伤寒等已大大减少，而由情绪紧张造成的疾病如高血压、冠心病、精神病、头痛等都大大增加了。国际卫生组织于 1946 年提出，健康是一种生理、心理与社会适应都臻于完善的状态，而不仅仅是没有疾病和摆脱虚弱的状态。1989 年世界卫生组织进一步深化了健康的概念，要求人们以“躯体健康、心理健康、社会适应良好和道德健康”四个方面综合评判一个人的健康。可见，健康是随着人们生活水平的不断提高而逐渐增加其内涵和外延的。

心理健康是指个体在社会环境中，智力正常发展，具有协调环境和适应环境的能力，情绪稳定，行为、反应适应自己的社会角色，人格完整，愉快乐观。心理健康是人的基本心理活动协调一致的过程，即认知、情感、意志、行为和人格完整协调，是一种积极、高效、满意、持续的心理状态，能适应社会，与社会保持同步。

（二）职校生心理健康标准

（1）智力正常。这是职校生学习、生活与工作的基本心理条件，也是适应周围环境变化所必需的心理保证。具有健康心理的职校生，目标明确，学习热情高，精力旺盛，朝气蓬勃，不畏困难，孜孜不倦，具有强烈的求知欲和浓厚的学习兴趣，在学习中经常体验到满足与快乐。而“六十分万岁，多一分浪费”的学生终日懒洋洋，糊里糊涂混日子，体验不到成功的喜悦。

（2）情绪乐观。其标志是情绪稳定和心情愉快。良好的心情使职校生经常保持愉快、开朗、自信、乐观、满足的状态，对生活充满希望。心理健康的职校生积极的情绪总是多于负面情绪，在痛苦、忧伤等不良情绪来袭时，能控制并合理地宣泄不良情绪，能调整情绪并保持情绪的稳定与周围环境的平衡。

（3）人格完整。人格指的是个体比较稳定的心理特征的总和。人格完整是指职校生人格要素的气质、能力、性格、理想、人生观等各要素完整统一，均衡发展，具有正确的自我意识，不产生自我同一性混乱，以积极进取的人生观作为人格的核心，并以此为中心，有效地支配自己的心理行为，将自己的需要、目标和行动统一起来。

（4）意志健全。意志健全的职校生在行动的自觉性、果断性、坚持性和自制力等方面都表现出比较高的水平。在各种活动中有自觉的目的性，在困难和挫折面前，能采取合理的反应方式去应对，能在行动中控制情绪和言而有信。在竞争的时代，在众多选择面前，职校生要有独立处理自己生活的能力，要学会自己作决定。能辨别是非真伪，信守原则，勇于改正坏习惯，养成较好的学习习惯和生活习惯。

（5）自我评价正确。正确的自我评价是职校生心理健康的重要条件。职校生能够客观地认识与评价自我，又能够坦然地认可和接纳自我，既不自卑，又不自负；既不以自己在某些方向高于别人而自傲，也不以某些地方弱于别人而自惭；既不妄自尊大做力所不能及的事情，也不妄自菲薄而甘愿放弃可能的发展机会。正视现实，积极进取，建立的生活理想和目标符合实际，并能够根据变化调整目标，理想我和现实我基本一致。

（6）人际关系和谐。良好的人际关系，是心理健康的润滑剂，是事业成功与幸福生活的前提。职校生只有学会与人合作，善于与人交往，才能获得自身的精神快乐与成功发展。既有广泛而深厚的人际关系，又有知心朋友；在交往中保持独立而完整的人格，有自知之明，不卑不亢；尊重和接纳他人，善于发现与学习他人的优点与长处，宽以待人，乐于助人，正确处理个体与群体的关系。

（7）社会适应正常。适应社会是职校生心理健康水平的标志。职校生要与客观现实环境（如学习环境、生活环境、自然环境、人际环境等）保持良好秩序。既要较快地适应环境并保持心理平衡，以有效的办法对应环境中的各种困难，不退缩；还要根据特点和自我意识的情况努力进行协调，或改革环境适应个体需要，改造自我适应环境。

（8）心理行为符合年龄特征。职校生是特定年龄阶段的特殊群体，应该具有与年龄、角色相应的心理行为特征。因为不同年龄阶段有不同的心理行为，不同的角色也会有不同的心理行为。如果严重偏离应该体现的心理行为特征，就是不健康的表现。在此，对于各种刺激的反应，应该恰如其分，该激动时就激动，该冷静时就冷静，与外部环境刺激的强度及变化基本保持一致。

（三）职校生心理健康等级

职校生心理健康水平大体可分为四个等级：健康状态、一般心理问题、心理障碍、心理病态。

（1）健康状态。达到或基本达到八条心理健康标准的要求，智力正常发展，保持积极乐观状态，善于与别人相处，人际关系和谐，人格完整，能较好完成学校、家庭布置的任务，正确认识自我，能控制自我情绪，偶有不快，也能及时适当排解，恢复到常态。

（2）一般心理问题。这是正常人群中常见的一种亚健康状态。不同的职校生会出现不同的心理问题，有的对新环境不太适应，有的对学习不感兴趣，怕做作业，有的怕与同学交往，等等。这些问题持续时间较短，损害轻微，出现这些问题的职校生一般都能正常工作、学习与生活，只是心情愉快感不高。大部分职校生通过自我调节能使这些问题得到改善，不需要专业人员帮助。

（3）心理障碍。如果一般心理问题得不到缓解就会加重，形成心理障碍。比如，情绪忧郁压抑，不愿与同学交往的职校生，如果经常处于紧张、焦虑、不平衡的负面感觉，他们的身体就可能出现头痛、失眠等症状，这就是心理障碍了。如果这些症状比较轻，职校生能主动调适，就能恢复常态。如果这些症状是中度或重度，职校生自控能力又差，就需要专业人员主动帮助，才能使他们慢慢恢复。

（4）心理病态。主要表现为严重的心理适应失调，不能维持正常的生活、学习和工作。对于这类职校生，需要及时治疗，否则可能恶化为严重精神病。对于这类职校生，不仅需要学校心理专业人员的帮助，而且需要药物治疗，严重的需到正规医院接受封闭治疗。

（四）正确理解心理健康标准和等级

有了心理健康标准和等级，不少职校生可能会对照自己，给自己的心理健康状况做一个评估，经过评估，会有相当一部分同学会觉得，本来认为自己心理很健康，对照标准后，反而觉得自己不健康了，甚至产生了压力。因此，有必要对心理健康标准有一个正确的理解。

（1）现实中不存在绝对的心理健康或心理不健康。心理健康等级水平只是相对地划分，它们是一个动态发展的连续谱。如图 2－1 所示：

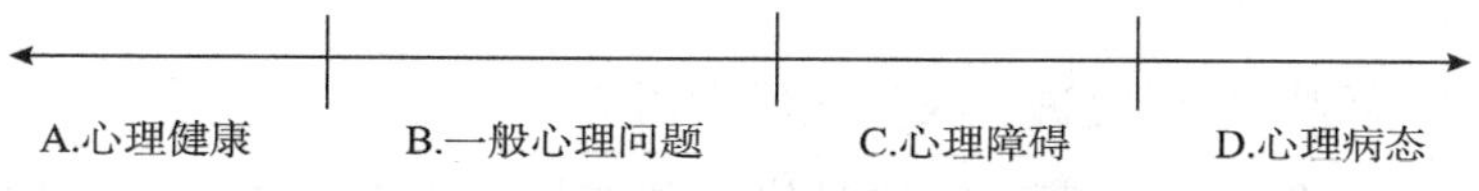

图 2－1　心理健康水平示意图

一个原本心理健康的职校生，如果环境突然发生变化或发生天灾人祸，自己又不注意调适，那么很可能就由状态A变成状态B或状态C或状态D。反之，如果职校生注意自己的心理状况，及时调适，那么就可能避免向坏的方面发展，有的即使处于不良状态，也可以向好的方向转化，重新获得心理健康状态。因此，职校生必须弄清楚心理状况是一个缓慢转化的渐进过程，要经常关注自己的心理状况，并及时调适，才能保持积极乐观的良好心理状况。

（2）心理不健康是指一种持续的不良状态。偶然出现一些不健康的心理和行为，如某次考试成绩不理想而感到难过，与同寝室同学发生争吵而苦恼，因环境改变而感到压力加大，等等，这些情况是绝大多数人都会出现的正常反应，它并不是心理不健康的表现，更不是患了心理疾病。因此，不能以一时之事而简单地给自己或他人贴上心理不健康的标签。

（3）心理健康的标准是一个理想的状态。很多职校生对照标准会感到自己还存在着一些差距，这是一种正常的情况。只要职校生经常关注自己的心理状况，认真学习心理学知识，掌握自我调节的方法，及时调适自己情绪，包括保持积极乐观的情绪和疏导与宣泄自己的不良情绪。必要时，还要学会寻求心理帮助，这样才能使自己的心理健康水平不断提高。

通过以上分析，教育者要让职校生认识到：①心理有问题不等同于精神病，几乎每个人都有心理问题，但发展为精神疾病的人极少。②心理不健康不等同心理变态。心理病态是心理不健康的极端情况。③心理问题可以康复。心理是动态的，是随时变化的，是可以康复的。④心理问题重在预防。不要等心理出现问题后才进行治疗，应贯彻“预防为主”的原则，早发现，早预防，平时就关注自己心理健康，提早调适，使心理问题最小化。

三、心理健康对职校生成长发展的意义

1. 心理健康可以促进职校生全面发展

当今社会是一个充满竞争的时代，既有机遇也有挑战，健康的心理品质是职校生全面发展的基本要求，也是将来走向社会，应对竞争激烈、生活节奏加快、价值取向多元化环境的重要条件。职校生德、智、体、美、

劳等方面的全面和谐发展，必须以健全的心理品质为基础，没有心理健康就谈不上全面发展。

2. 心理健康是职校生取得事业成功的心理基础

职校生毕业后，大多面对的是择业竞争。供需见面、双向选择、择优录用等竞争方式需要职校生保持良好的健康心态，锻炼自己的社会交往能力，培养自立、自强、自律的良好心理品质，敢于面对困难，挫折与挑战，勇于表现自己，善于推销自己，这样才能在复杂的社会环境中做出适合自己的正确抉择，为今后事业成功奠定坚实的心理基础。

3. 心理健康有利于职校生个性心理的完善

职校生个性的形成和完善有赖于两个条件，一是个人心理的发展水平，二是个人所处的一定社会关系。因此可以说，个性是人的心理发展到一定水平后形成的稳定的、有社会意义的心理特征。职校生心理健康，能够正确地认识自我、评价自我、悦纳自我，具有自我反省能力，表现出思想活跃、独立思考、朝气蓬勃的精神状态，就能以乐观的态度，进取的精神正视现实、正视自己，以社会的道德规范来约束自己，形成完美的个性。

4. 心理健康有利于职校生潜能的开发

现代科学研究表明，一个正常健康的人，终其一生只用了他固有能力的10%，也就是说，人的大部分能力还没有得到开发。职校生更是如此，他们中的大部分人之所以与同龄人相比成绩较差，缺乏自信，产生自卑，就是因为潜能没有得到较好开发。因此，在当今社会，对职校生而言，潜能开发尤为重要，健康的心理会促进他们开发自己的潜能，提升他们的学习能力和交往能力，实现自我价值。

5. 心理健康有利于职校生提升学习能力

大家都知道，学习活动需要智力。而智力就是人的智慧能力，它可以表现为观察力、记忆力、思维能力、想象能力等各种认识方面能力的综合，也可以理解为一种系统处理和加工信息的综合心理能力。因此，要提升学习能力，就要强化智力活动，促进智力的发展。有研究表明：积极健康的心理能够促进智力的发展，不良的情绪则会抑制人的智力活动。就是说，在学习活动中，只有在愉快的情绪下，思维才会活跃，创造力才会提升，学习效率才会提高。而职校生入学成绩整体不高，学习兴趣不浓，因此，摆在他们面前的任务就是提高学习兴趣，养成良好的学习习惯，提高学习效率，提升学习能力。而要做到这些，必须具有良好的健康心理，才能克服学习上的困难，自觉学习，为完成上述任务打好心理基础。

6. 心理健康有利于职校生提高身体素质

人的身心发展是统一的。心理健康和生理健康是互相联系、互相作用的。生理健康会影响人的心理健康，心理健康也时时刻刻在影响人的生理健康，而且在生理健康中占有重要地位。如果一个人经常处在抑郁状态，人的抵抗力就会下降，疾病就会乘虚而入。如果一个人看问题总是从悲观方面考虑，会使人产生愤怒、抑郁、焦虑和失望情绪等不良心理状态，这时也可能导致生理上的异常，产生身体疾病。因此，职校生只有形成积极的、良好的健康心理，才能降低身体的患病率，提高身体素质，促进个体健康成长。

7. 心理健康有助于职校生的日常生活

心理健康在职校生的日常生活中发挥着重要的作用。(1) 职业学校的学生参差不齐，个人素质有高有低，进校后不可避免会发生磕磕碰碰，如果不能正确对待，遇上挫折就会心灰意冷。(2) 进入职校，生活上没有了家长的照顾，学习上没有了老师的督促，彷徨寂寞等不良心理就会随之而来。(3) 在同学中，会发现很多比自己强的同学，他们有的能说会道，有的成绩较好，有的多才多艺，这时往往容易产生自卑感，缺乏自信心。(4) 人际交往是职校生活不可避免的事情，职校生有的胆小怯懦，不敢和别人说话；有的对别人无意间的一句话如鲠在喉；有的为了一件小事，火冒三丈，发生摩擦，等等。这时有些人就会选择封闭自己，不和人交往，久而久之就会形成一种不合群、孤僻的心理。所有这些对职校生的日常生活必然会产生消极的影响。因此，必须高度重视职校生的心理健康，指导职校生勇于克服心理障碍，保持朝气蓬勃的精神状态，让职校生活变得充实而有意义。

四、职校生常见的心理问题

研究职校生常见的心理问题，不是让教育者通过消极的方法去克服，而是希望教育者在培养职校生积极心理品质的过程中，消除不良的心理品质，并预防其他心理问题的萌芽与产生。

1. 自我认识问题

自我认识偏差是职校生中较为常见且普遍的心理问题。在当今教育体制下，职业教育的作用没有被充分认识，职校生大多是应试教育制度下的考试失利者，他们大部分学习基础较差，学习方法、学习能力、学习动力比较欠缺，他们读职校并不是自身渴望学习，而是就业压力或出于家长的要求。因而不少职校生认为读职校没有出息，他们是带着自卑走进职校的。看到昔日的同学进了较好的学校，感到自己很没面子，看不起自己。同时，家长和社会对其期望值也不高，自然导致他们产生失落感和自卑心理，因此在职业学校，有自卑感者比例较大。也有一些职校生由于家庭、相貌等方面优于其他同学，因而自我感觉太好，由于盲目的心理优势而过于自负。相当一部分职校生不能正确认识自己、不能恰当评价自己。

2. 入学适应问题

现在的许多职校生，对家庭有强烈的依赖性，缺乏必要的生活经验与自信心，自理能力较差。当他们改变“衣来伸手，饭来张口”的生活习惯，面对生疏的人群和陌生的环境，一切全要靠自己独立处理时，一些职校生会感到无所适从，难以适应而产生孤独、压抑、焦虑、不安等心理问题，这就是环境不适应，正所谓“美丽的校园容不下我”。也有些职校生对职业学校的管理模式不适应，自嘲着“刚脱离苦海，又进入了牢笼”。也有些职校生“角色错位”，一是仍把自己当作普通学校的中学生，缺乏独立性；二是把自己看作社会成员，淡化学生意识，抽烟、酗酒、哥们儿义气，这就是角色不适应，不知道“我是谁”。也有些职校生对职业学校的学习方式不适应，缺乏自主学习、独立思考的能力。凡此种种，都会造成职校生压抑焦虑等心理问题，所以职校生要主动花时间去适应，而不要盲目地做出退学、休学等决定。

3. 人际交往问题

荀子说“人生不能无群”，交往是人的基本需要之一。职校生正处于生理上、心理上逐渐成熟的阶段，是人生观、价值观、世界观逐渐形成发展的阶段，他们渴望交往，特别是远离父母的同学，更希望与同学建立友谊，产生强烈的人际交往的愿望。可以说，绝大多数职校生主观上都是想和同学搞好关系的，但是，有的职校生缺乏必要的交往技巧，和同学相处不好，导致产生烦闷、抑郁、痛苦等情绪。有的缺乏自信，认为自己交往能力不行，产生一种消极的自我暗示，导致生活紧张。有的职校生家庭生活条件优越，以自我为中心，不适应群体生活，导致不快、不满的情绪。有的职校生整天埋头读书，独立生活能力差，不愿与人交往，产生孤独、抑郁心理。当然也有少数职校生长期将自己的思想、感情与周围隔离开来，自我封闭，形成“另类”。所有这些现象，如果不能很好地进行调适，将会影响到今后的学习和生活。

4. 学习心理问题

学习方式的转换是职校生面临的一个很重要的问题。职业教育学习的特点是学习的自主独立性，课堂内容多、信息量大、辅导少、练习少，教师只是学习的指导者，要求职校生自主学习、独立学习，要成为学习的主体，加之职校的学习内容与中学也有较大差异，不仅有文化课教学，还有技能培训，还要开展各方面的活动，自由安排的时间较多，不少职校生一时找不着目标了，不知道该怎么学，久而久之就会产生一定的心理压力。有的职校生自我管理及约束能力较差，感到没人监督就自由了，选择网络，玩纸牌，沉迷于小说、黄色作品。有的职校生缺乏良好的学习态度，他们不是比成绩，而是比表现，比消费。有的职校生缺乏积极的学习动机，对读书价值产生错误的认知，认为进了职校，目标已实现，就要好好轻松轻松，导致学习动力缺失。有的职校生不喜欢自己所学的专业，无法调动学习积极性，但又觉得不学习就是荒废了时间，对不起父母，由此引发冲突。有的职校生对自己要求不严，考试作弊，面临校级处分，导致情绪低落。家里有权有钱的职校生，认为平时根本不用学，交点钱，混几年，拿个文凭就可就业，等等。这些不良现象不但严重影响职校生学习的积极性，还会影响平时勤奋学习同学的学习积极性。有的调查表明，职业学校有43.98%的学生平时根本学不进去或者厌学情况严重，以至于出现上课不听讲、迟到、早退、旷课等现象，随心所欲，不服从教师管理。长期下去，必然产生学习心理问题。

5. 情感与性问题

职校生正处于青春期，生理上已基本发育成熟，尤其是性器官和第二特征的发育成熟，使他们的性意识不断增强，对情感产生了强烈的需求，对接近异性产生强烈冲动和愿望。然而许多职校生对寻找什么样的爱情，如何正确面对性等问题，缺乏理解，因而产生问题。有的职校生仅把恋爱目的指向短期效应，并未把恋爱动机指向“将来结婚成家”。只注重过程，而轻视结果，体现了这些职校生对恋爱态度是不负责任的。有的职校生谈恋爱不考虑地位、经济、职业、家庭等社会性问题，情感性强，理智性弱，自主性强，约束性差，表现为恋爱率高，巩固率低。有的职校生将友情当作爱情，暗恋上某个同学，明知不可能却无法自拔，显得非常痛苦。有的职校生无法承载失恋的痛苦而自我消沉，甚至对恋爱对象采取报复等极端手段。有的职校生整天沉溺于男女之情，不思进取，置学习于不顾。有的职校生既想恋爱又怕影响学业而产生困惑。有的职校生存在校外同居等问题，而引起担忧、焦虑，等等。当然也有些职校生认为自己对异性没有吸引力，不敢坦然与异性交往，只好用回避与异性接触的办法保持自己的自尊心，并极力掩饰内心深处的痛苦与失落。总之，职校生谈恋爱比较普遍，如果不能正确对待，出现上述问题就会影响他们今后的成长和发展。

6. 上网成瘾问题

目前，网络已经成为人们生活、学习和工作中不可或缺的工具，但由于一部分职校生上网成瘾，痴迷网络不能自拔，不仅影响他们正常的生活和学习，还损害了他们自身的健康，严重的甚至造成被迫退学。网络成瘾已经成为国内外心理学家研究的重点课题之一。有的职校生每天上网超过4小时，影响正常的学习生活，交际范围变小，适应性较差，人际关系淡漠，形成孤僻等不良心态。有的职校生上网打游戏、聊天，严重影响学习。有的职校生上网看一些暴力或黄色的东西，盲目模仿，严重影响身心发展，甚至造成犯罪。

7. 职业生涯规划问题

职业生涯规划现在已成为职业学校共同关注的话题，自然也是职校生关注的热点之一。但不少职校生对职业生涯规划的意义认识不足，对职业生涯规划茫然无所适从，产生焦虑等不良心理。有的职校生过分依赖社会和父母，自主能力差。有的职校生对自己没有信心，惧怕职业选择。有的在职业规划中，不切实际，眼高手低，过分高估自己的实力，在求职中错失良机。有的对自己的职业兴趣、职业气质、职业能力缺乏了解，不能把握就业机会。有的嫌工资低、环境差，与自己的期望值不相符合。这些问题不仅会成为职校生顺利就业的障碍，也会影响到职校生今后的成长和发展。

第二节　职校生的心理需求

对职校生开展积极德育，必须针对职校生心理需求，为此，我们在观察访谈的同时，设计了调查问卷并展开调查。现将本次问卷调查数据分析归纳如下。

一、职校生心理问卷调查数据

本次调查共发放问卷 1071 份，回收 1066 份，其中无效问卷 31 份，有效问卷 1035 份。男生 643 人，女生 392 人；单亲家庭的 58 人，留守家庭的 165 人；单亲家庭男生 44 人，单亲家庭女生 14 人；留守家庭男生 102 人，留守家庭女生 63 人。职一学生 415 人，职二学生 328 人，职三学生 292 人。我们对有效问卷数据初步归纳如下。

1. 自身需求方面

（1）在总数上，职校生的第一需求是学习和人身安全需要，他们渴望自己“文化和专业成绩优异”“人身安全有保障”，分别占总数的 29. 28% 和 20. 97%；在第二需求选项中选择比例最高的是“与父母关系融洽”，占总数的 21. 35%；第三需求选项中选择比例最高的仍是“与父母关系融洽”，占13.90%。其他选择较多的是“交一些好朋友”和“吃好、睡好、玩好”。（2）不同年级学生心理需求有一定差异。如第一需求选“文化和专业成绩优异”的比例职一为31.33%，职二为20.12%，职三为36.64%。职一最高选项是“文化和专业成绩优异”，比例为31.33%，职二最高选项是“人身安全有保障”，比例为27.44%，职三最高选项是“文化和专业成绩优异”，比例为36.64%。在最不需求选项里，选择“恋爱成功”的比例职一为52.99%，职二为28.05%，职三为44.14%。（3）男女学生需求存在较大差异。如第一需求选“文化和专业成绩优异”的比例男生为21.46%，女生为42.09%。（4）单亲与留守家庭的学生需求总体上与其他同学没有较大差异。如第一需求选“文化和专业成绩优异”的总比例为29.28%，单亲为25.86%，留守为24.85%；选“人身安全有保障”的总比例为20.97%，单亲为15.52%，留守为18.79%；选“吃好、睡好、玩好”的总比例为11.30%，单亲为10.34%，留守为10.91%；选“与父母关系融洽”的总比例为9.37%，单亲为13.79%，留守为12.73%。第二需求选“文化和专业成绩优异”的总比例为12.56%，单亲为8.62%，留守为13.94%；选“与父母关系融洽”的总比例为21.35%，单亲为24.14%，留守为13.76%。但有几个数字值得注意：①在第二需求选项中，留守男生选“吃好、睡好、玩好”的比例为15.69%，总比例为9.66%。②在第三需求选项中单亲女生选“吃好、睡好、玩好”的比例为28.57%，总比例为7.29%。③在第一需求选项中，单亲女生选“人身安全有保障”的比例为35.71%，总比例为20.97%，而单亲男生的比例为9.09%。

2. 辅导培训方面

（1）职校生第一需求选择比例分别为：“人际沟通与交往”29.37%，“学习方面的辅导”20.19%，“情绪管理与控制”13.24%，“自信心培养”11.21%，“就业创业方面的指导”6.38%。（2）不同年级学生辅导需求有所侧重。如第一需求排在前三位的，职一是“人际沟通和交往培养”37.11%、“学习方面的辅导”24.10%和“自信心培养”11.08%，职二是“人际沟通和交往的培养”32.01%、“学习方面的辅导”17.38%、“情绪管理和控制”13.11%，职三是“就业创业方面的指导”18.49%、“学习方面的辅导”17.81%和“情绪管理和控制”16.78%。

二、职校生心理需求的基本特点

通过以上数据，我们大体可以归纳出以下几点：

1. 立足现实，但高层次追求较少

中职学生的自身心理需求比重较高的是：学习需求、人身安全需求、交往需求和生理需求。辅导需求比重较高的是：人际交往、学习、情绪控制、自信心、就业等方面。对自我实现、尊重需求比例较少。

2. 不同年级的学生心理需求有一定差异

在自身需求方面，职一、职三学生倾向于学习需求，而职二学生倾向于人身安全需求。在辅导方面，职一学生倾向于人际交往、学习和自信心方面，职二学生倾向于人际交往、学习、情绪控制方面，职三学生倾向于就业、学习、情绪控制方面。

3. 男女生需求存在较大差异

女生更倾向于学习需求，男生则倾向于学习和人身安全需求。

4. 单亲和留守家庭的学生需求总体上与其他同学没有较大差异

单亲家庭女生、留守家庭男生对生理需求比例较高，单亲家庭女生对人身安全需求比例较高，值得注意。

三、职校生心理调查数据分析启示

1. 鼓励职校生对高层次需要的追求

按照马斯洛的需要层次论，职校生的需求选择较多的是安全需要、爱和归属的需要层次，而对高层次的需要如尊重需要、自我实现的需要选择较少。一方面说明职校生能立足现实，对自己有正确认知，不好高骛远；另一方面也说明职校生缺乏自信心，不敢追求高层次的需要。因此，教育者要根据这种情况，第一，要满足职校生安全需要，深入排查校园内外不安全因素，排除安全隐患，让职校生生活在安全、有序的环境里。第二，要指导学生的学习方法，培养学生人际交往的技巧，满足学生学习和交往的心理需求。第三，要培养学生自信心，激励学生积极潜能的发挥，使他们不断地希望、向往和有所追求，成为一个比较完美的受人尊重的自我实现的人。第四，需要注意的是，单亲家庭女生、留守家庭男生对生理需求比例较高，说明他们在这个层次还未得到满足，因此，教育者要了解他们家庭的经济情况，如有困难，应帮助他们解决，以提高心理需求的层次。

2. 根据年级学生不同心理需求开展德育

不同年级职校生的心理需求有一定差异，给教育者提出了因材施教的要求。根据中职的德育课程，可以开展不同形式和内容的德育活动。如职一学生可以加强人际沟通方面的活动，开展感恩责任活动和红色文化活动，帮助学生协调人际关系，有效防范和解决各种人际冲突，锻炼学生的意志，满足学生的学习、交往等需求。职二学生可以加强自信心培养和情绪控制方面的教育，如素质训练、心理辅导等。职三学生除了加强学习方面的辅导外，还要增设就业创业方面的指导，以适应他们就业创业和学习的心理需求。

3. 根据男女生不同心理需求开展德育

男女生心理需求存在较大差异。特别是女生学习需求比例接近男生的2倍，说明女生更倾向于学习，应该积极鼓励。同时要解决男生存在的人身安全等问题，把男生的注意力也要引导到学习上来。有人做过调查研究，学生心理行为中，80%的品行问题源于学习不良，80%的学习障碍是动机性学习障碍。因此，要强化学生学习动机，培养学科专业兴趣，保持积极、端正的学习态度和强大的学习动力，激发学习成功感。

小结：积极德育理论主要来源于积极心理学的研究成果，探讨职业学校的积极德育就要从职校生的心理需求分析入手。本章共分两节，第一节探讨职校生的心理世界，介绍了职校生心理健康的标准，分析了职校生几大常见的心理问题，强调了心理健康对职校生成长发展的意义；第二节通过职校生心理问卷调查数据，归纳出职校生心理需求的一些特点，引申出德育工作的一些思考。

第三章

职业学校积极德育的基本理论

职业学校积极德育强调采用自我引导等积极、正面为主的德育方法，激发职校生的积极体验，促成其积极认知和增进其积极行为。积极德育的基本理论包括积极德育的理论基础、核心内涵、本质特征、根本目标、主体关系等，这是致力于挖掘职校生自身积极资源、改善道德品质、提高德育实效的一种新型德育理念和方式方法。

第一节　积极德育的理论基础

职业学校积极德育的提出有其理论基础与思想来源，是在整合积极心理学、哲学、教育学、中国传统文化思想等方面的研究成果的基础上，对职业学校德育研究的理论创新和实践探索。

一、积极德育的心理学基础

积极德育与心理学渊源深厚。积极德育是积极心理学研究成果在德育中的拓展和运用，而积极心理学与人本主义心理学存在着重叠的部分，积极心理学沿袭了人本主义心理学对人的正面本质和价值的强调，并进一步把它推广到社会的每一个个体身上。因此，积极德育与人本主义心理学、积极心理学有着密切的联系。

（一）积极德育的人本主义心理学依据

人本主义心理学强调个体具有自我成长的能力、自我选择命运的权利和积极的品质。人本主义心理学家相信，每个个体都有能力应对压力，控制自己的人生，以及实现我们的欲求，每一个人都有能力突破和理解我们自身和这个世界。按照人本主义心理学的观点，我们都有能力破茧成蝶。

人本主义观点批判心理动力学观点，认为后者总是基于冲突、破坏性的驱动力，并对人类本性抱着悲观的看法。人本主义同样反对行为主义，认为它把人性极端地降低和简化到仅仅是奖励和惩罚的傀儡。人本主义心理学发展的一个推动力就是超越弗洛伊德的精神分析学说和行为主义，以找出能反映人性中某种丰富而具有潜力的正面部分。

1. 马斯洛的需要层次理论

人本主义运动的其中一名先驱者便是亚伯拉罕·马斯洛（Abraham-Maslow，1908—1970）。马斯洛将人本主义心理学称为心理学的“第三势力”，这是因为他既不认可弗洛伊德的驱力理论，也不遵循行为主义的刺激—反应原则。

马斯洛的需要层次理论认为，在我们的高级需要被满足前，我们的基本需求必须先得到满足。他认为个体的主要需求是按照从最基本到最高级的顺序得到满足的：生理需求、安全需求、社会需求、尊重需求和自我实现需求（见图3-1）。

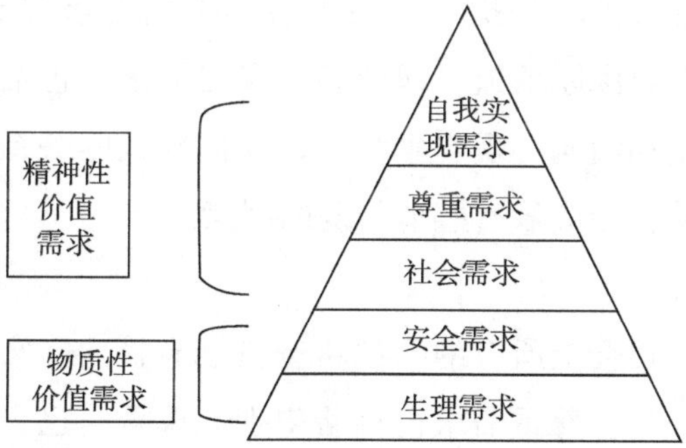

图3-1 马斯洛的需求层次理论❶

❶ ［美］亚伯拉罕·马斯洛．人类动机理论［M］．许全声，等，译．北京：中国人民大学出版社，2007.

(1) 生理需求

马斯洛认为，属于基本生理需求一览表内的项目很多，如食、性、渴等。当一个人受某种生理需求支配时，他的理想的境界也可能会变化。例如，长期处于极端饥饿状态的人，他的追求目标首先是食物，为此，生活的目的被看成是填饱肚子。但是，一旦这种需求被满足了，就不再是一种需求了。

生理需求是属于最低层次的人类的基本需求。在现实生活中，人的正常的生理需求是应该满足的，但绝不能局限于此，而是应该去追求更高层次的需求。

(2) 安全需求

马斯洛认为，人们喜欢一个安全的、有秩序的、可以预测、有组织的世界，在那里他有所依靠，不会发生意外、难以控制或其他危险的事情。

安全需求的含义是广泛的，从世界和平、社会安定直至个人的安全。在现实社会中，健康、正常、幸运的人的安全需求基本上可以得到满足，人们不希望发生不安全因素的威胁，但目前不安全因素仍然到处存在，因此保障与满足人的安全需求，仍有现实意义。

(3) 社会需求

马斯洛认为社会需求是指个人在生活中感到需求朋友、爱人、孩子，渴望与同事之间有着深厚情谊，即爱和归属的需求，包括给别人的爱和归属和接受别人的爱和归属。现实生活中，要搞好人际关系，不能简单地就事论事，组织服从，而应该有感情与爱的因素。

(4) 尊重需求

马斯洛认为，社会上所有的人都希望自己有稳定、牢固的地位，希望得到别人的高度评价。尊重需求包括希望别人尊重自己，自己也表现出非常自重、自尊。

在现实社会中，人的自尊需求的满足会使人有自信的感情，觉得在这个世界上有价值、有实力、有能力、有用处。一旦人的自尊需求受到挫折，就会产生自卑感、软弱感、无能感，最后导致失去基本的信心。

（5）自我实现需求

马斯洛认为，他在说到自我实现需求时，就是指促使人的潜在能力得以实现的趋势，这种趋势就是希望自己越来越成为所期望的人物，完成与自己的能力相称的一切事情。为此，音乐家必须演奏音乐、画家必须绘画、诗人必须写诗，这样才会使他们感到最大的快乐，是什么样的角色就应该干什么样的事，我们把这种需求叫作自我实现。

自我实现就是使人的潜能现实化，也就是说要使这个人成为有完美个性的人，成为这个人能够成为的一切。自我实现这个概念是演绎性的，在不同的方面包括心理健康、自主性、创造性等。这说明，在人的内部存在着一种向一定方向成长的趋势需求，这个方面一般地可以概括为自我实现或心理的健康成长。

在现实社会中，人的高层次需求应该是自我实现。人们千方百计地通过工作实践，将自己的潜能现实化。现代人应该不断地希望、向往和有所追求，使自己成为一个比较完美的自我实现的人。

马斯洛认为，这五种需求像阶梯一样从低到高，只有当低层次的需求相对满足了，才会向高一层次发展。比如，人们在满足对爱的需求之前，会先有动机去满足他对食物的需求和安全的需求。当然，同一时期内，可能同时存在几种需求，因为人的行为是受多种需求支配的。但是，每一时期内总有一种需求是占支配地位的。自我实现是马斯洛需求层次中最高级也是最难理解的需求，是个体作为人充分发展自己潜能的动机。根据马斯洛的观点，位于宝塔尖端的自我实现只有当层次中的其他需求都得到满足后才可能实现。马斯洛认为，这五种需求不可能完全满足，越到上层，满足的百分比越少，大部分人在发展出高水平自尊后就停止成长了，因此，很难完成自我实现。

任何一种需求并不会因为下一个高层次需求的发展而告消失，各层次的需求相互依赖与重叠，高层次的需求发展后，低层次的需求仍然存在，只是对行为影响的比重减轻而已。比如，爱的需求发展了，并不表示他就不需求生存和安全的需求了。当然，低层次需求满足了，就不再是一般激励力量，只有未满足的需求才能激励人的动机，去发展一个人的潜能。

人类动机按层次排列的观点引起了人们的兴趣。马斯洛的理论激发我们思考生活中的需求等级。可是，马斯洛对需求的排序是有争议的。一些人为了实现自我价值在职业生涯中追求成功而中断了对爱和归属的需求。历史上有许多人在面对艰难环境时，依然可以坚持无私和仁慈。研究表明穷人最倾向于慷慨施与。

2. 罗杰斯的人本教育理论

人本主义心理学发展中的另一个关键人物是卡尔·罗杰斯（Carl Rogers，1902—1987）。他在开始做心理治疗师时试图理解在治疗过程中所遇到的病患们内心的不快。罗杰斯开创性的工作为当代对自尊、个体成长和自我决定的研究提供了支持。

和弗洛伊德一样，罗杰斯也是从遇到心理障碍的人入手研究人类本性的。在病人纠结、焦虑而防御性的语言中，罗杰斯注意到似乎有一些东西在阻止他们去抱有积极的自我概念并发挥他们作为人类的最大潜能。

罗杰斯相信大部分人在接受自己真实、原本的正面感受时都有相当的困难。他强调我们生来就具有内在的成长倾向和本能地做出正确选择的天赋。也就是说，我们的内心生来就有一颗完美人的种子。然而，在成长过程中，我们生活中的关键人物会迫使人们远离自己先天的感觉。很多时候，我们听到父母、兄弟姐妹、老师和同伴们对我们说，“不要那么做”“你那样做不对”和“你怎么会做这样的傻事”。当我们做了某件错事时，我们常常被处罚。父母也许会威胁不再爱我们，除非我们所达到他们所制定的标准，罗杰斯将其称为价值条件。他认为长期处在这样的环境中，我们会逐渐地疏远自己的先天感觉，从而距离内心中自己想要成为的那个人越来越远。我们也许会开始鄙视我们原本的样子，以塑造一幅我们“被认为应该”是的样子的理想图画。这些由他人施加在我们身上的价值条件逐渐变成我们评价自己的标准。尽管弗洛伊德和罗杰斯在很多方面都不同，但他们都认识到病人的自我及其责任之间的冲突是解决他们问题的关键。

罗杰斯认为，通过个体对世界所产生的各种经验，一个自我——对“我”的概念会浮现出来。自我是一个整体，由一个对自身的认知（我有多大魅力，我能和他人相处多好，我是一个多出色的运动员等）和我们对这些认知的其他价值观（好或坏、值得或不值得）构成。自我概念是罗杰斯和其他人本主义者的中心观点，指的是个体对自身能力、行为和人格的全面认知和评估。在罗杰斯的观点中，一个自我概念不清晰的人将可能会表现出对环境的不适应。在讨论自我概念时，罗杰斯将真实自我，即由我们的经验所造就的自我和我们所想要成为的理想自我进行了分区，真实自我和理想自我之间的差距越大，罗杰斯称为不协调的状态，也就是对环境的不适应就越强烈。为了提高我们的适应性并变得“协调”，我们可以对我们的真实自我做出更积极的认识，少去担心一些别人的要求，并增加我们在世界中的积极经历。

罗杰斯推荐了三种方法来帮助一个人发展出更积极的自我概念：无条件积极关注、共情和真诚。罗杰斯认为因为人们不管他们做什么，都需要被他人接受，所以，我们必须不受其他条件约束地去接受他们。无条件积极关注是罗杰斯发展术语，指的是无论一个人做出什么样的行为，都要接受、重视、积极对待他。当一个人做出不当、可憎或难以接受的行为时，这个人依然应该获得他人的尊重、安慰和爱。罗杰斯坚信无条件积极关注能提升个人的自我价值。罗杰斯同样认为如果我们能够共情和真诚，那我们就能够帮助他人建立一个更积极的自我概念。共情意味着成为一名敏感的听众并理解他人的真实感受，而真诚则意味着展现我们的感受并放下我们的保护和伪装。这些都体现了罗杰斯对人性的积极特质的坚定信念。

根据罗杰斯的理论，无条件积极关注、共情和真诚是健康人际关系的三个核心因素。我们能运用这些技术来帮助他人获得更好的自我感觉，以及帮助自己来和他人相处得好。

虽然有些批评者认为，人本主义心理学家对人类本性太过乐观并且高估了人类的自由和理性，还有人认为人本主义者鼓励人们把自己看得如此积极也许会宣扬过度自恋。但人本主义观点让心理学家注意到我们认知自己和周围世界的方法是人格中的一个关键因素。人本主义心理学家同样提醒我们需要去考虑完整的个人以及人类本性中的积极部分。他们对意识经验的强调向我们展现出人格所包含的一个我们可以去不断完善、充分的潜能空间。人本主义心理学关于积极心理的探讨，包括对幸福感的研究，乐观主义的研究，以及提出了善良、优美、爱、高峰体验、自我实现等精彩的概念，为我们开展积极德育提供了铺陈，并给予积极的启示。

（二）积极德育的积极心理学导引

世纪之交，国际心理学界兴起了一个新的思潮——积极心理学。积极心理学的研究对象是普通人，它要求心理学家用一种更加开放的、欣赏性的眼光去看待人类的潜能、动机和能力。积极心理学主张人类要用一种积极的心态对人的心理现象，包括我们常说的心理问题和心理病态，做出新的解读，并以此激发个人自身现有的或潜在的积极品质和积极力量，从而使每个人都能走向成功的彼岸并获得自己的幸福。

马丁·塞利格曼（Martin Seligman）是美国著名的心理学家，被公认为积极心理学之父。1998 年，他当选为美国心理学会会长，并在美国心理学年会上明确提出要创建积极心理学。他呼吁矫正传统心理学领域的不平衡，强调从不同的角度思考如何提升人类的潜质，确定了积极心理研究的三大主要内容：在主观水平上研究积极的情绪体验，如幸福与安宁、满足与满意、希望与乐观以及流畅与快乐；在个体成长水平上，研究积极的心理特征，如爱的能力、创造的勇气、积极的人际关系、审美体验、坚持、前瞻、天才、宽容和智慧灵性等；在群体水平上，研究积极的社会公众品质，如责任、利他、关爱、文明、自制力、容忍力以及职业道德。从此，掀起了积极心理学的研究热潮。2002 年，《积极心理学手册》正式出版，该书对积极心理学在各个方面的研究成果做了系统的总结，构建了积极心理学的基本框架，从而标志着积极心理学正式形成。

积极心理学的产生源于对传统心理学研究的批判和反思，不仅代表着从对病态心理的研究偏好到对以人的积极心理品质为重要内容的完整人研究的重要学术转向，而且也代表着一种人性高峰和生活理想追求的价值观。

塞利格曼认为，传统心理学（亦称消极心理学）的确对人类和人类社会的发展做出了很大的贡献，但它背离了心理学存在的本意，将难以实现研究的应有价值和社会使命。塞利格曼认为，当一个国家或民族被饥饿或战争所困扰的时候，社会科学和心理学的任务主要是抵御、和谐创伤，但在没有社会危机与战争的和平年代，致力于使人们生活得更美好则成为他们的主要使命。因此，在这种和平和发展为主题的时代背景下，积极心理学的概念一经提出，就受到广泛的关注。虽产生时间不长，但已取得大量研究成果，从而逐渐形成了一场积极心理学运动。

积极心理学体现以下几个主要特征：第一，积极的价值观取向。积极心理学主张，心理学应把自己的工作重点放在研究和培养人固有的积极潜力上，用一种更加开放的、欣赏性的眼光去看待人的潜能、动机和能力等。关注健康、勇气、乐观、希望、快乐、信仰、毅力等，通过培养或发掘人的这种积极力量使之成为真正健康并生活幸福的人。甚至对于心理疾病，积极心理学也提出了积极的取向，认为积极预防是应对心理疾病的重要途径，而预防的关键则来自对人内部积极潜力的塑造或唤醒。第二，注重群体和社会心理的研究。积极心理学试图摆脱主流心理学过分偏重个体层面研究的缺陷，强调心理学研究的视野要兼顾个体层面和社会层面，在关注个体心理研究的同时，重视对群体和社会心理的探讨。第三，注重实证研究。积极心理学具有以实证研究为主的方法论倾向，有关积极情绪、主观幸福感、积极人格特质的研究大多采用访谈、调查、量表等研究方法，有关积极情绪与身心健康的关系研究以及有关创造性思维的脑机制研究等，则采用实验法、访谈、量表相结合的方法，具有可信的资料来源，这是科学方法论的基础。❶

积极心理学强调对人的积极心理品质的理解，但并不是从一个极端走向另一个极端。在积极心理学家的眼中，并不是说整个人类都只具有美好的品质，只有善良和宽容，积极心理学承认，有关人类消极心理品质和积极心理品质的关系，目前还没有得以澄清。例如，消极品质和积极品质可能是相互独立的，一个人消极品质少并不意味着他就是具有积极品质的，同样，个体积极品质多也未必意味着这个人消极品质少。积极心理学倡导更加全面完整的评价人的模式，我们既要诊断心理疾病，关注负面情绪，同时也要了解积极的心理品质，关注积极的情绪。

在现代社会，积极的认知和情绪在适应过程中具有前所未有的意义，

❶ 况志华，任俊．积极心理学：人性的理性复归［J］．南京林业大学学报，2007，7（6）．

它可引发人的创造性和灵活性，扩大注意的范围，使人主动卷入环境，乐观而有效地探索环境中的人和事。积极的情绪还可以扩大人的思考和行动的范围，使人更加有创意和灵活性，愿意接纳新经验，它还可以建立持久的个人资源，使人长寿和有力量，而消极的症状和情绪使人逃避现实，具有悲观的偏见，缩小注意力，使人僵化。积极的情绪还有助于消除消极情绪，扩大人的心理资源，使人在逆境中具有容忍挫折的心理弹性。

人的积极心理品质和幸福感不是从外部输入的，而是我们自身固有的。我们每个人身上都有积极的品质，即我们与生俱来的快乐和乐观的潜能，但这些美好的积极品质却不像焦虑、恐惧、抑郁等消极情绪那样具有自动化的功能和行为模式。作为消极，受其影响的行为通常具有强烈的本能性，如恐惧使人远离威胁（见到老虎就会害怕而逃跑），恶心使人远离有毒物质，等等。但自我满意、求知探索等情绪和行为的力量都是非常小的，人人都希望自己生活幸福，都愿望珍惜生命的第一天，但这种积极情绪很微弱。在日常生活中，如果外部环境险恶，人们容易压抑乐观和幸福的潜能，而消极情绪很容易显现出来。只有当一帆风顺时，积极情绪才能淋漓尽致地表现出来。但有些人已经经历了失败，即便是顺利时，也不能发现自身的积极品质，还是担心会再次失败。这就需要心理工作者的帮助，职校生为什么大多自卑，自我认识较差，就是因为经历过失败而难以发现自身的积极品质。

预防的心理基础在于强调人性中本来具有的抵御疾病的因素，它不是我们从外部注入力量，而是动员了本身的力量。比如，一个接受吸烟者的青少年，他自身内部就有对吸烟的是非判断，预防只是让他领悟到自身抗拒诱惑的力量，领悟到自己是能够把握未来，选择正确生活方式的人，使他自己选择了远离吸烟，选择了远离吸烟的人，心理工作者或德育工作者只是让他认识了自己的积极力量。

二、积极德育的哲学基础

西方思想史上有众多的思想家相信善良和理性是人的本质，从柏拉图到康德，都承认人性是善的，人类有能力辨别是非善恶，具有从善去恶的理性能力。近代，约翰·穆勒作为哲学家，首先反对边沁的快乐主义哲学，指出知识和爱本身独立于功利享乐，可以成为单独的产生幸福的核心因素。在边沁的理论中，人类行为是输赢式的，我多即你少，我有则你无，所以人与人之间是竞争的关系。人的所有动机都是为了满足体内平衡，人类的基本动机是以焦虑和恐惧为特点的消极性动机。人是一个被动反应的有机体。知识只是手段，是为了生存和有用才存在的。培根也指出，知识就是力量，即知识因为有用，能解决问题才得以发展。而穆勒则指出，人的本性比追求功利和享乐更多，人的本质特点并不是为了生存，而是活着本身的意义。人类有自我实现的需要，有求知的需要，有追求自由的需要，这些高级特点也是人的本能。穆勒反对人是被动地反映环境的这一观点，认为人是主动的，人类的行为具有自主性和自发性的特点。知识不是财富，如果我得到了知识，并不意味着你失去了知识。爱也不具有功利性，如果我爱更多的人，并不意味着你失去了爱别人的机会，我的爱并没有夺走你的爱。而自我完善是生活本身的目的，不是达到其他的幸福目标的手段。自我完善的功能不在于使自己有魅力，能赚得更多的财富，而是人性的高峰和人生的丰富性。这种浪费主义哲学反对的正是功利主义哲学。

“意向性建构”一词是胡塞尔关于现象学哲学的核心概念。它认为客体对象的含义既不是主体先天具有，也不是在对象上现存着的，主体建构对象即是给予对象意义。随着人类历史的长期发展，带有或褒或贬，或抑或扬等诸如此类感情色彩的道德判断早已深入人心。进入哲学实践层面的“话语”能够建构出各种现实（包括心理现实），德育过程中教育者的话语将以一定的方式或结构影响受教育者对道德的塑造，德育的目的在于通过教育者与社会的交互作用而建构一种积极的世界观和价值观，促使受教育者在积极思维方式地引导下接受、认可或践行德育的应然理念。

三、积极德育的德育学背景

德育是有意识地促进个体道德自主建构的价值引领活动。德育目的是“培养有理想、有道德、有文化、有纪律的一代新人”。但在当今德育实践活动中，消极德育取向现象比较严重，有相当一部分教师、家长等教育者，特别是职业学校的教师以及职校生的家长，他们习惯于关注职校生身上存在的各种问题，特别是品德问题，而对职校生身上的积极品质、发展潜能关注不够。这种单一的矫治功能导致教育者只会用问题的眼光去审视他碰到的每一个受教育者，最好的受教育者在他眼里也可能被看出问题。因此，放大受教育者身上的问题已经成为消极德育条件下教育者的一大通病。在这样的德育情境下，教育者感兴趣的不是受教育者，而是受教育者身上的问题，这是消极德育表现出的典型的非人性化特征。

一个人生命中20%的时间要在学校度过，大多数人真有那么多或那么大的问题需要用20%的生命时间在学校接受矫治吗？一个人一辈子要在家庭、社会度过，难道人一辈子都要在接受矫治的状况下度过吗？事实上，每一个受教育者都是一个自我的决定者，他们都有为自己做出合适选择的愿望和能力。另外，德育并不仅仅针对那些有问题的受教育者，正常健康的受教育者也需要指导，他们也需要使自己的生活变得更幸福。消极取向德育的受教育者总是把自己全部注意或绝大部分注意放在应付受教育者的各种外显或潜在的问题上，并以病理学的范式来对待这些问题。在这种德育理念的指导下，教育者对待受教育者就像医生对待病人一样，把自己的工作重心全部放在了解决受教育者所存在的各种问题上，这种失去平衡的“类医学”式的德育不仅导致了直接的后果——受教育者存在抑郁情绪，悲观变得流行，受教育者的生活满意度普遍较低，使得教育关系变得紧张，而且间接使得受教育者的许多正常的积极功能受到了极大的限制，如自我完善、自我提升、自我激励等。

中国有着悠久的道德及道德教育的文化传统，中国人习惯于谨言慎行、防微杜渐的思维方式，习惯于对人对事进行道德评判、善恶分析，因此，受教育者身上的问题很容易成为教育者首先关注的焦点，而且有时候会对问题泛化、甚至放大。加上传统的德为先、才为后的人才观和教育观，又会在某种程度上强化品德在人才成长中的作用，增强教育者对品德问题关注的范围和强度。在这种消极德育理念的影响下，教育者往往会采用批评、指责、惩罚等消极方式对待受教育者，致使教育关系恶化，降低正面教育的影响力，妨碍受教育者良好品德的形成。在职业学校，这种状况更加普遍。因为职校生是同年龄中相对较差的群体，他们身上或多或少存在着这样那样的缺点和错误，有的职校生甚至是多次进校（被一所职校开除或退学后再进入另一所职校），问题多多。在这些教育者看来，他们是屡教不改、冥顽不化、不可救药，是问题学生。在学校就想方设法将其开除，开除不了就放任自流、任其堕落，家长也无可奈何，出现家庭、学校不管，让社会（派出所）帮着管的现象。德育缺乏实效，不能不说与教育者的消极德育观点有关，与家庭、学校、社会消极取向的德育有关。

针对消极取向传统德育存在的弊端，世界范围内的德育研究却正显现一种积极的走势。研究者们更加相信受教育者自身的道德发展潜能和发展愿望，更加尊重受教育者道德发展的主体地位，相信通过主体性和谐德育关系的建构、环境的改善、受教育者的积极的体验，一定能形成符合主流社会道德规范的积极品质。比如，科尔伯格采用“新苏格拉底法”——道德两难问题讨论法，以道德两难故事为基本材料，让受教育者对教育中的道德问题进行讨论，并回答围绕该故事提出的相关问题，以此判断受教育者所处的道德认知发展阶段并引导和促进其进一步发展。诺丁斯提倡学校教育者应淡化职业意识，不应以老师的身份而是以关心者的身份对学生进行德育，形成积极的关心关系，当学生体验到自己被关心而不是被帮助、被教育时，就会产生教育共鸣，愿意接受教育者所传递的一切信息。

当代中国德育研究中也存在着一种积极取向的潮流与趋势，不仅有理论的探索，也有实践的创新。比较典型的有情感德育、生命教育、和谐德育、快乐德育等。在职业教育领域，也有不少学校在积极探索积极取向的德育，进行有益的尝试。例如：广州市天河职业高级中学经过多年的探索，构建了以情感为纽带的“激发自尊、树立信心、发展个性、健全人格”的“期望教育”模式❶。他们的灵感来自“皮格马利翁效应”：教师对学生无言的爱，会使师生间心理相容、情感共振，使学生“亲其师，信其道，乐其学”的连锁心理反应。教育过程中，教师的“会心的微笑、赞

---

❶ 张建林，姜峻. 中国职业教育名校/名校长创新管理评析. 特色德育卷［M］. 重庆：西南师范大学出版社，2012：77－97.

许的目光、亲切的关注、耐心的倾听”等非语言行为能引起学生的情感共鸣，使学生从教师的教育中得到一种“爱”的信息，进而朝着教师期望的方向努力。教师若能时时、事事、处处向学生巧妙地传递一种信任、关怀、期望和尊重，我们的教育的有效性将得以提高。

为此他们提出：善于用发展的眼光去评价学生，树立“人人是可造之才”的观念，积极看待学生违反“标准”和“条条框框”的行为，充分挖掘学生的闪光点，“千方百计”地表扬学生，多鼓励、支持、欣赏学生，自觉成为学生潜能发展的欣赏者、激发者和培养者，尊重学生，平等民主地对待学生。教师要善于进行“移情换位”，以同龄人的心态理解、接纳、信赖学生，设身处地体会学生的心理处境，贯彻机会均等原则，给学生创造一种平等的外部环境，公平公正地对待每一个学生。

期望自己所教的学生成功，从发展的角度关爱学生，才能营造和谐的师生关系，才能让学生按照教师期望的方向发展。树立正确的学生观、人才观，坚信“人人有才，人无全才，扬长避短，个个成才”，才能发自肺腑地期望学生成功，才能正视差异、尊重差异、善待差异，才能换一种眼光看人才，换一种眼光看教育，换一种眼光看学生，才能引导学生形成“天生我材必有用”的成才观。天河职高构建的“期望教育”模式，有其扎实的现实根基，在德育实践中又取得令人欣慰的效果，是一种积极取向的德育模式。

山西省灵石县第一职业高级中学提出由问题德育走向欣赏德育，这是德育观念的质的提升，是由消极德育向积极德育的积极转变。他们感到，问题德育让教育者看到很多问题，整天解决德育问题，但学校的德育工作还是出现问题。教师很苦恼，产生了职业倦怠；学生很烦恼，失去了应有的自信。而欣赏德育就是多关注学生的优点和闪光点，赏识和激励学生；运用多元智能理论，用多把尺子评价学生；引导学生学会赏识自己，树立学习和生活的信心。[1]

---

[1] 张建林，姜峻. 中国职业教育名校/名校长创新管理评析. 特色德育卷［M］. 重庆：西南师范大学出版社，2012：222.

河南省巩义市第二职业中专要求德育工作把握好三个重点环节，“在养成教育中铸就，在传授知识中渗透，在日常生活中培养”，通过“看得见的德育”落实“三贴近”，让德育回归生活。他们以养成教育、赏识教育为主要手段，引导学生学会做人、学会感恩，形成“我能成功，我要成功，我一定成功”的信念。通过感恩教育，让学生感谢父母的养育之恩、老师的教育之恩、社会的关爱之恩、祖国的呵护之恩。这既是做人的根本，也是回报社会的有效手段。❶

山东省烟台信息工程学校提出的学生观是：“学生是孩子，他们需要关爱和教育；学生是顾客，他们需要尊重和服务；学生是朋友，他们需要理解和合作；学生都有特长，要发挥他们的特长，因材施教。”这一学生观让人感到亲切易懂，既具有鲜明的职教色彩，又具有极强的操作导向作用，也为进一步加强和改进德育工作奠定了扎实的基础。❷

江苏省南京工程高等职业学校把“以人为本”思想全面贯穿于德育工作之中，主要通过充分调动两大德育主体即学生、教师的主观能动性。“以人为本”思想在教师工作中的运用主要体现于德育工作管理模式的构建，着力于调动全体教职工全程育人、主动投入的积极性和创造性，把“以人为本”的德育理念转化为教师的信念和行动。“以人为本”在学生工作中的运用主要体现于丰富多彩的德育实践活动的开展，使学生在主动参与中得到体验和感悟，并让每个学生都有展现自我的机会，引导学生在自觉参与中自主提升。此外，还通过家长学校、关爱学生中的特殊群体等途径，让学生感受到来自学校的关爱。❸ 以上这些积极取向的德育实践为积极德育的实施奠定了现实的根基。

---

❶ 张建林，姜峻．中国职业教育名校/名校长创新管理评析．特色德育卷［M］．重庆：西南师范大学出版社，2012：301－302.

❷ 张建林，姜峻．中国职业教育名校/名校长创新管理评析．特色德育卷［M］．重庆：西南师范大学出版社，2012：279－280.

❸ 张建林，姜峻．中国职业教育名校/名校长创新管理评析．特色德育卷［M］．重庆：西南师范大学出版社，2012：184－185.

四、积极德育的中国文化背景

积极德育倡导培养人生的高级心理品质和积极情绪及其价值，培养德、智、体、美全面发展的人，与中国传统文化思想不谋而合，即追求真、善、美、勇、忍、义、礼、达等高尚人格特点和高级需要。其目标为：使人成为一个高尚的人、一个纯洁的人、一个脱离低级趣味的人、一个有益于人民的人、一个乐观的人、一个有创造力和想象力的人、一个有爱心的人、一个宽容的人、一个具有感恩之心的人、一个有追求的人，总之，具有一切积极美好品质的人。积极德育倡导积极主动的干预原则，更是中国传统教育一贯的教育思想。

1. 孔子的“仁爱”思想

中国古代的孔子是伟大的教育家、思想家，他认为，社会的稳定和繁荣、个体的成长和发展离不开教育的作用。他率先提出“己所不欲，勿施于人”的宽容精神和行为准则，倡导理解和体贴他人的重要性，反对自私自利的价值观。他倡导人性的积极品质，其具体内涵为仁、义、礼、智、信等美德。他把“仁”视作最高的道德，其要义就是“爱人”，就是对他人有同情之心、关爱之情；义就是责任和正义；礼则是指对他人有礼有节，谦逊与自制；智则表示智慧与知识；信则是指诚信与忠诚。孔子相信这五种美德可以使人幸福，使人性得以升华。孔子第一个提出“性相近，习相远也”这个较为科学的命题，“性相近”，表明人的天赋素质并没有悬殊的差异，造成人的后天差别的主要原因是“习染”的结果。所谓“习染”就是指后天的环境的影响和教育的作用。教育作为一种有目的、有计划、有安排的特殊环境，当然比一般自发的环境作用更大。孔子的“仁爱”和“习染”思想与积极德育倡导的目标和注重环境影响的思想有相似之处。

2. 孟子的道德内发说

孟子是我国古代著名的哲学家和教育家。认为，人性是人类所独具的本质特征。他提出了“性善论”的观点，他认为，人先天就具有四种善的萌芽（“四端”）：恻隐之心、羞恶之心、辞让之心、是非之心，这四种善端是后天仁、义、礼、智四种道德发展的基础与条件。“恻隐之心，仁之端也；羞恶之心，义之端也；辞让之心，礼之端也；是非之心，智之端也。”说的就是后天完善的道德其实就是先天“四端”的展开。

孟子认为人性是善的，一个人的道德及其他方面的发展动力来自内部。但他同时认为，善的萌芽并不等于完善的道德，如果由于外围的不良影响及自身的自暴自弃，人就会陷溺其心，泯灭其善端，乃至可能作恶。他认为，人心日日夜夜产生新的东西，但由于某些内外因的肆意摧残，善的萌芽也会失去赖以生长的土壤。教育的作用，一方面是将固有的善端保存并扩而充之，使其成为善德；另一方面担负着把已丧失的良心寻找回来。孟子性善论的道德内发说，尤其强调了道德主体的作用，认为真正的道德行为是自觉的，人们只要选择正确的人生道路，并且按照道德规范的要求去做，追求道德上的真、善、美，任何人都可以成为圣人，关键是人应该对自己的命运、行为负责。积极德育提倡在唤醒学生积极心理的基础上培养美德，在学生的自我实现中内化道德。孟子性善论的道德内发说，无疑对开展积极德育具有一定的启示。

3. 《学记》的教育思想

《学记》是《礼记》中一篇专门论述教育的作品，是世界文化教育史上最早的一部专门论述教育问题的著作。

《学记》说：“禁于未发之谓预。”“预”的意义是未发先预。要求教育工作者在教育过程中应具有超前性，预防一些可能发生的现象。如果教育者不能未雨绸缪，防患于未然，到学生养成一定成见，或不良习染后，再进行教育，其结果将“扞格而不胜”“事倍功半”，会降低教育的效果，浪费时间和精力。

《学记》说：“当其可之谓时。”其意义是说，教育应抓住最佳时机，适时而进行。如果施之过早，它就不适合学生的接受能力和需要；相反，如果施之过迟，则学生的需求可能已经消失，也不容易使他们接受。这种不合时机的教育，必然是“勤苦而难成”，达不到教育的预期效果。这里涉及教育中学生的年龄特征、心理需求等问题。

《学记》说：“学者有四失，教者必知之。人之学也，或失则多，或失则寡，或失则易，或失则止。此四者，心之莫同也。知其心，然后能救其失也。”这是说，有人因务博闻而所习贪多，有人因重视守约而所习太少，有人因勇往前进，把学习看得太易，有人则因自信不强，过分谨慎，容易畏难中止。这些都是心理差异造成的。作为教育者首先要了解学生的不同心性，然后才能有针对性地施教。其次，教育者还一定要全面看问题，要懂得事情总有两个方面，如多则知识渊博，寡则精确专一，易则充满信心，止则认真对待。即多博、守约、勇进和谨慎。这些不能认为是缺点，相反甚至可以说是优点。所以，教育者应辩证地看待学生的优缺点，注意培养学生的积极因素，克服消极因素，将缺点转化为优点，即所谓长其善而求其失。

4. 道家朴素的辩证法思想

《老子》书中有朴素的辩证法因素，它揭露了事物对立面相互转化的关系。譬如它说：“祸兮，福之所倚；福兮，祸之所伏。”又说：“善人者，不善人之师；不善人者，善人之资。”它并引申出“反者，道之动”这个原则。道家把世界理解为阴阳两个对立统一的方面，承认世界本身是一个复杂的地方，有痛苦也有快乐，痛苦与快乐是相辅相成的，具有辩证的思想。

道家强调无为，但无为不是被动接纳命运的安排，而是“无为无不为”。这等于承认生活中有不幸福的方面，有苦难的方面，但也有希望，人们应当顺其自然，接纳发生的一切，然后才能心平气和，为所当为。道家倡导不直接与命运抗争，但这仅仅是手段，其目的在于灵活地有所作为。一切要顺乎自然，最好能像水那样，“以辅万物之自然而不敢为”。它还主张“行不言之教”，以不言不教，由人自然地发生变化，还含有尊重人的自然发展的意义。这种辩证的思想和尊重人的观点给了积极德育以启示。

5. 墨家的主动教育思想

墨子在教育方面主张主动说服，与儒家“礼闻来学，不闻往教”的思想是截然不同的。《墨子》中曾记载了一段儒、墨两家在此问题上的对话。儒家学者公孟子认为，“譬若钟焉，叩则鸣，不叩则不鸣”，即要在学生主动学习、主动求教的前提下，教师才能予以启发，予以教授，其目的在于要求学生能够“自求自得”。墨子认为这种做法太消极，积极的应该是“叩则鸣，不叩亦鸣”，即教师要主动送教上门，出去宣讲，这样的功用也更大。当时曾有人嘲笑墨子：美人深居不出，而人们争着追求她，如果她到处去卖弄自己，便无人理睬他，同样，像你这样到处强力为教，不是吃力不讨好吗？墨子回答道：乱世，求美女多，而求善者少，不主动劝说，就不懂什么是善；主动、积极地“上说下教”也是“有道则勉以教人”的兼士所应尽的职责。

墨子要求教育者发挥主动性和主导作用，采取主动说教的教育方法，显然较儒家信守“礼闻来学，不闻往教”的思想，采取“拱已以待”的教育方法更具积极意义。这种主动说教的思想也值得我们开展积极德育时以借鉴。

第二节 积极德育的基本理念

积极德育就是指教育者遵循积极主动的干预原则，从受教育者的积极道德品质和潜在发展愿望出发，加深并强化受教育者的积极德育情感体验，激发并促进自我道德成长能力的培养和发展，促使其道德社会化过程的完善。积极德育独特的教育理念，体现在德育的方方面面，落实在具体的积极德育实践过程中。

一、积极德育的核心思想

“德育是教育工作者组织适合德育对象品德成长的价值环境，促进他们在道德认知、情感和实践能力等方面不断建构和提升的教育活动。简言之，德育是促进个体道德自主建构的价值引导行动。”[1] 其核心任务是要赋予每个个体实现某种需要、愿望（主要是精神方面的），从中体验满足、快乐、幸福，获得一种精神上的享受。这是最高的德育境界，体现了德育

[1] 檀传宝. 德育与班级管理［M］. 北京：高等教育出版社，2007：6.

“重视人、满足人、发展人、成就人”的这种积极取向。

积极德育要求教育者遵循积极主动的干预原则。主动干预不是指干预受教育者的问题行为，而是指受教育者身心尚未成熟时，在他们尚未有道德发展需要时或他们的道德认知水平不足以判断道德是非时，这时教育者就要采取积极主动的方法，一是激发他们潜在道德发展的愿望，二是提高他们道德认知能力，从而促使他们自我道德的发展，形成良好的品德。墨子的“叩则鸣”“不叩亦鸣”的德育观体现了积极主动的原则，《学记》中“禁于未发之谓预”体现了主动提前干预的思想。

积极德育主张对人性的积极看法与信念，认为人性有善，同时人性又趋善。人性有善，是道德成长和发展的基础，是潜能；人性趋善，是道德成长和发展的愿望，是动力。因此，积极德育认为，一方面，人性之中蕴藏着巨大的德性发展空间和潜能，人的品德的实际发展与潜在可能之间存在巨大落差，人的道德发展的潜能再怎么高估也不为过。另一方面，人的本性是趋善的，如果能提供一个能够使受教育者感到充满信任、接纳、真诚、理解、尊重和关爱的健康的环境和氛围，受教育者道德发展的潜能就能被激发，道德发展的愿望就强烈，道德发展的动力就增强，受教育者就能趋向于德性的良性发展，使潜在的德性发展转变为现实的优良道德品质。原有的劣行和不良品质也会趋于减少、消失。相反，如果长期处于敌视、压抑、嫉妒、嘲讽和伤害的恶劣环境与氛围中，受教育者向善的愿望就会受到打击、压抑，德性不仅无法积极健康的生长，而且还有可能向恶的方向发展。但向恶并不是受教育者道德发展的本来面目，而是向善、趋善的发展愿望和发展动力受到打击和压抑后扭曲发展的结果。

积极德育强调要加深并强化受教育者的积极德育情感体验。通过自我引导的德育方法仅仅发展的是受教育者的道德选择和判断能力，完善受教育者思想品德结构还需要在道德情感的基础上形成自主性的道德践行能力。积极德育认为增进学生的积极体验是发展积极品质的主要途径。因为环境和方法所提供的知识是外在的，而只有当个体产生了积极的情感体验，才能促进个体道德知识的掌握、道德动机的内化、道德意志的发挥和道德行为的自律，从而促进个体良好品德的培养。在此基础上，要使得这种积极的道德行为经常化、习惯化，积淀为个体积极的道德品质，这是美德形成的标志和德育终极评价依据。

积极德育的根本目标是培养人的美德，而不是消除人的恶习；致力于培养受教育者更多更好的道德品质，而不是致力于剔除不良品德、矫正恶习。因此，它是一种以“扬善为主、抑恶为辅”的教育活动。它希望充分发扬个体人性中善的因素、积极的因素，促使个体良好品德增长与发生，使其道德境界得以提升，道德人格得以完善，成为一个具有更多更好道德品质的人。在“扬善为主”的同时，它不是对受教育者自身的消极品德视而不见，它也希望“抑恶”，即消除个体人性中恶的东西，去除受教育者身上的不良品行和恶习，使其不良品德日趋减少。可见，积极德育首先关注、重点强调的是受教育者已具备的积极道德品质，致力于激发受教育者潜在的积极道德发展愿望，使受教育者在原有道德素养的基础上得到进一步的发展和提升，并在形成美德的过程中克服和预防恶习。

积极德育对教育者、受教育者、教育关系有着独特的积极的认识和理解。第一，积极德育认为，教育者不仅要“学高”，而且要“身正”。即不仅要提高道德教育能力，更要积极实现自身的德性成长，而且教育者与受教育者在德性的成长上必须存在一个发展的落差，这样教育者才有可能对受教育者形成教育、影响的力度与作用。“高山”使人“仰止”，品德高尚方能彰显人格魅力与教育影响力。同时，教育者必须随着受教育者的成长和发展，不断进步与提高，这样才能使榜样的力量持续产生实质性的效应。第二，积极德育认为，受教育者是具有外显的积极品质以及内在的道德发展愿望和潜在自主发展的个体。他们具有可塑性，在其社会化过程中，个体并非消极地接受社会经验的积累，而是积极地以自己的行动建构社会经验，他们不是被动地接受教育者或社会环境所传授的价值观念，而是受教育者在与教育者在社会环境的互动过程中，其价值观有可能在潜移默化中改造或者受影响。受教育者可以通过判断、选择、整合等心理机制，将教育者所传授的价值观逐渐同化为自身的心理结构并逐渐在实践中加以体现和践行，变现为具体方式、方法的选择和运用。因此，他们可能产生良好的道德认识和道德行为，也有可能产生不良的道德认识和道德行为。教育者发现受教育者的道德发展问题，首先要做的，不是对他的身上存在的不良道德言行与品质直接进行批评、指责，或者简单地进行惩戒、规训，而是要对自己的道德教育理念与方法做出深刻的反省、积极的改变。第三，积极德育认为，建立均衡和谐的主体性的德育关系，是教育者实现对受教育者价值引导的媒介和纽带，是受教育者自主建构道德的必备条件和土壤。主体间德育关系充满尊重、真诚、理解、关爱、信任、公平、公正等关系品质，一旦形成，能让双方共同心灵敞开、精神开放，教师走进学生的心扉，学生的向师性被激励，对道德的追求被激发，对德性的渴望被激发，受教育者的道德学习动机由此被启动，从而加深对道德的理解，增强对道德生活的真实体验，对美德培养产生积极影响。

积极德育倡导激发并促进自我道德成长能力的培养和发展。受教育者自我道德成长能力的培养和发展，与其心理动力机制有关。人的需要、动机和自我调节等心理动力因素及其动作方式，在自我道德成长能力的培养和发展过程中具有积极的意义和重要的作用。第一，道德需要是自我道德形成的动力源泉与根本原因。教育者要通过一些积极有效的策略和方法，了解受教育者的心理需求，理解他们因不能满足基本需求而带来的心理问题和思想问题。同时，要根据受教育者的需求特点，利用学校、家庭、社会的资源和条件，发挥教育者自身的力量，努力促成受教育者基本需求的适度满足，从而减轻受教育者的心理焦虑和紧张，减少一些异常心理和消极行为。在此基础上，提升受教育者需求层次，引导受教育者的道德需要等成长性需要，并将道德需要强化、巩固为受教育者实践道德行为，形成道德品质发展的主要源动力。第二，内在道德动机是自我道德形成的直接动力。动机是推动人从事某种活动，并朝某个方向前进的内部动力，是为实现一定目的而行动的原因。仅有需要还不足以使人产生行为，需要只是人行为产生的根本源泉，而动机才是人行为活动的直接动力。引起动机的内在条件是需要，引起动机的外在因素是诱因，而自我调节是需要与动机之间的重要的中介和桥梁。人的道德动机是多样的，有外部动机，也有内部动机。比如，为了利益和奖励、为了社会和他人的好评、为了增强自身吸引力、为了得到关注和爱、为了不受到惩罚等，这些为满足自己缺失性需要而产生的道德动机属于道德行为和道德品质的外部动机，有人称之为“不为善而善”。“为善而善”的道德动机来自成长性需要，如助人为乐、道德理想、实现社会福祉等。这些属于道德行为与道德品质形成的内部动机。研究表明，受教育者的内部动机越高，越有利于美德的形成，而内部动机跟环境有密切关系，积极的环境对受教育者内部动机有助益，而消极的环境会损害受教育者的内部动机。虽然两种动机都是人行为活动的直接动力，但从伦理学的角度看，“不为善而善”的道德行为与品质是不道德的，“为善而善”才是道德的，是真正的善。积极德育倡导关注受教育者的道德动机，辨别其道德行为背后的真正动因，并提供充满信任、接纳和关爱的积极心理氛围和环境，采用积极的道德教育方式方法，引导受教育者“为善而善”的道德动机的产生，并促使受教育者“不为善而善”的外部动机向“为善而善”的内部动机的转变，成为推动道德行为、培养美德的主要动力。第三，自我调节，特别是自我效能发挥了需要与动机之间重要的中介与连接作用。自我效能既是对自我能力的判断，也是对自我能力的信念。而积极品德则是个体道德能力的集中和稳定的表现。因此品德的形成与个体对自己道德能力的自我效能有很大的关系。自我效能影响个体道德发展和品德形成过程中的自信和力量、目标与期望、情感与意志、反馈与归因。因此，积极德育倡导，教育者不仅要通过对受教育者的尊重和信任，来增强受教育者对自己的积极评价与体验，还要通过对受教育者已有的积极品德的肯定和欣赏，对其积极道德行为的巩固和强化，来增强其自我效能，激发其力量和自信。

总之，需要是行为产生的根本原因，动机是行为产生的直接动力，而自我调节，特别是其中的自我效能则是需要转化为动机的连接与中介，三者之间的相互联系、相互影响的作用机制共同推动了个体行为的发生与变化。积极德育倡导在教育过程中人的道德需要引导和道德内在动机的激发，并强调通过积极德育的理念与方法，提升受教育者道德发展的自信和勇气，激发受教育者道德发展的潜能、力量和积极性，促进受教育者自我道德成长能力的培养和发展。

积极德育强调采用自我引导等积极、正面为主的德育方法，激发受教育者的积极体验，促成受教育者的积极认知和增进受教育者的积极行为。例如科尔伯格“道德两难问题讨论法”的关键就在于诱发受教育者的道德认知冲突，通过角色采纳和观点采择刺激受教育者对道德问题和道德决策进行思维，从而促进受教育者道德认知尤其是道德判断能力的发展并形成稳定的道德发展心态和良好的道德品质。积极体验法关键就在于引导受教育者对社会、对现实生活中对道德现象的关注、思考与体验，目的是形成对道德现象的积极情绪与情感体验。如对自身积极道德思想与言行的自尊、自豪、成就感，对他人积极道德思想与言行的崇尚、敬佩、认同和亲切感，受到他人关心、爱护和帮助后对他人的充满感激、希望回报的情绪体验，等等，从而为积极认知和积极行为打下情感基础。

二、积极德育的本质特征❶

（一）积极性

积极性是积极德育的本质与核心特征，体现在积极德育的方方面面，包括确立积极的德育目标，遵循积极的德育原则，选择积极的德育途径，构建积极的德育关系，采用积极的德育方法，培养积极的道德品质。

确立积极的德育目标，就是在德育过程中，教育者要树立正确的道德价值观，要始终把培养受教育者的良好品德作为首要和主要的教育目标，重点是关注受教育者已有的积极道德品质和积极道德发展潜能，致力于积极道德品质的形成和培育，而不是矫正、消除不良的道德品质。如果教育者把矫正不良道德品质、纠正不良道德言行当作德育的根本目标，把培养良好的道德品质作为矫正不良道德品质的手段，这样的德育就是消极德育，就是“病理性”的德育，它不符合积极德育的教育宗旨与根本精神。

遵循积极的德育原则，主要就是遵循积极主动的干预原则。主动干预不是指干预受教育者的问题行为，而是指受教育者身心尚未成熟时，在他们尚未有道德发展需要时，或他们的道德认知水平不足以判断道德是非

❶ 周围．积极道德教育——积极心理学视域中的道德教育［M］．北京：中国文史出版社，2014：序言1.

时，这时教育者就要采取积极主动的方法，一是激发他们的潜在道德发展的愿望，二是提高他们道德认知能力，从而促使他们自我道德的发展，形成良好的品质。

选择积极的德育途径，主要是要把受教育者的积极体验作为积极德育的主要渠道。积极德育的根本目标是培养积极道德品质而不是矫正不良的道德品质，因此，必须把积极情绪体验对受教育者的品德培养所产生的影响力和感染力放在德育的首要位置。在积极德育过程中，教育者要采用有效的道德资源与德育情境，以自身的积极情绪与情感、积极认知与思考，感染、激发和带动受教育者，使其产生积极的道德体验与积极的道德认知。同时，受教育者在德育过程中，要能够感受到被尊重、关爱、理解、信任和肯定，获得自尊，产生道德发展的积极力量和自我效能感。教育者和受教育者的积极体验都是非常重要的和不可或缺的。

构建积极的德育关系，就是要建立主体性和谐的德育关系，这是教育者实现对受教育者价值引导的媒介和纽带，是受教育者自主建构道德的必备条件和土壤。主体间和谐的德育关系，充满尊重、真诚、理解、关爱、信任、公平、公正等关系品质，一旦形成，能让双方共同心灵敞开、精神开放，教师走进学生的心扉，学生的向师性被激励，对道德的追求被激发，对德性的渴望被激起，受教育者的道德学习动机由此被启动，从而加强对道德的理解，增强对道德生活的真实体验，对美德培养产生积极影响。

采用积极的德育方法，就是采用自我引导等积极、正面为主的德育方法，激发受教育者的积极体验，促成受教育者的积极认知和增进受教育者的积极行为。为此，教育者要在积极德育目标的指引下，首先提升自己的道德素质与道德境界，完善自己的道德人格，为实践积极德育方法打下自身的人格基础和心理基础。同时，还要反思自己的教育实践，借鉴和掌握先进、有效的积极德育方法，以提高德育能力，增强德育实效。

培养积极的道德品质，是指在德育过程中，无论是德育目标的制定、德育途径、方法的选择，还是德育关系的建构，都要始终把培养受教育者积极的道德品质放在首要和主要的位置。

（二）体验性

积极德育强调要加深并强化受教育者的积极德育情感体验，激发受教育者道德发展的积极愿望和潜能，培养受教育者的积极道德品质，因此积极德育十分重视德育过程的体验性。体验具有亲历性、个体性、缄默性等特点。体验的亲历性包括实践层面的亲历和心理层面的亲历。实践层面的亲历，即主体通过实际行动亲身经历某件事、某个活动，产生相应的认识和情感。而心理层面的亲历，又称类亲历，是主体在心理上，虚拟地“亲身经历”某件事、某个活动，因而产生相应的认识和情感。因此，作为教育者就需要通过一定的道德教育活动，让受教育者亲身经历，以激发相应的道德情感与道德认知，或者创设一定的道德生活情境，让受教育者如同身临其境，感同身受，以激发类亲历的道德情感和道德认知。这样才能引发受教育者的真情实感，激发他们的道德体验，光有晓之以理的说教是不够的。体验的个体性是指主体的不同与差异，对于同一情境，会产生不同的体验认知和体验情感。因此体验是个人的，不能相互取代。然而个体性的体验又是可以分享的。正因为主体的体验存在差异，他们之间才有交流和分享的必要和可能，而且经过交往和沟通，不同主体所体验到的不同的方式、不同的感受、不同的理解，才可以碰撞出心灵的火花，实现情感的融通、认知的互补，达到视界的融合。根据个体性特点，教育者首先要尊重每个受教育者个体体验的不同，理解和接纳他们在体验方式、水平和层次上的差异。同时，教育者要努力创造条件，让不同体验者进行平等的对话与充分的交流，以分享个体体验所产生的不同感受和认知，从而达到体验的丰富多样和认识的深刻全面。在此过程中，教育者还要对存在消极情感的受教育者进行积极有效的引导教育，使消极情感向积极情感转变。体验的缄默性是指主体体验的不可言说性。一是指体验的内心感受只能意会，不能言传；二是指体验的内容隐约模糊、无法记清、不能道明，但会进入主体的潜意识，以便在未来的某次体验中，被激活、被唤醒，使主体豁然开朗、恍然大悟，这时缄默性体验就可以转化为明确的、清晰的体验和感悟而发挥其更加积极、强大的作用。缄默性特点说明，德育的效果常常不是立竿见影的，往往需要经过长期不懈的努力才能看到成效，有时还会经历倒退和反复。因此，要求教育者要有足够的耐心，经历长期的坚持，在不懈的努力中等待受教育者逐步改变与成长；教育者要有足够的信心，相信受教育者经过道德教育和自己的努力，终究会实现道德发展与品德改善；教育者要有足够的细心，发现受教育者身上的点滴进步、细微转变，并通过肯定、鼓励、欣赏等积极方法强化受教育者身上的积极转变。体验性还要求教育者首先有体验，并与受教育者分享自己的体验，用自己的道德体验和情感，引导、激发、影响、感染受教育者的道德体验。

（三）示范性

积极德育非常注重教育者在教育过程中的积极示范作用。这种示范性主要体现在以下几个方面：第一，示范性是由德育内容、方法和手段的主体化及其与德育结果的一致性决定的。教育者要通过自己的理解把德育内容融会贯通，把其中包含的知识、技能、世界观和思想感情转化为自己的东西，并在了解受教育者心理和品德发展状况的基础上进行加工，并借助一定的德育手段通过自己言传身教为受教育者所掌握。所以，教育者是通过自己知识、能力、世界观和思想感情，是用教育者的人格感染、影响、启发和带动受教育者，使受教育者在耳濡目染之中将教育者作为自己学习的榜样。第二，示范性也是由人的认识过程和心理过程的特点决定的。人的心理发展和品德发展都是以感性活动为基础的，具体的现实的事物最容易在心理中引起反映。教育者以自己的语言、形象、活动和激情表现德育内涵，能帮助受教育者对德育价值观的把握，并留下深刻印象。第三，示范性也是由青少年心理特征决定的。青少年儿童富于模仿性和易受暗示，他们会把教育者（特别是教师）看作高尚人格的代表，是天然的模仿对象。他们的思想行为、思维方式都对受教育者起着榜样作用。所以，教育者在积极德育过程中不仅要实践积极德育理念、达成积极德育目标、培养积极德育关系、遵循积极德育原则、采用积极德育方法，更重要的是培养教育者自身良好的道德品质，提高教育者自身的人格魅力。这不仅是教育者德育专业成长和个人德性成长的最基本、最持久、最有效的手段和方法，也是决定德育关系的形成质量、德育方法使用效果的关键因素，更是积极德育目标能否实现的决定性因素。

三、积极德育的根本目标

积极德育的根本目标是培养人的美德，而不是消除人的恶习；致力于培养受教育者更多更好的道德品质，而不是致力于剔除不良品德、矫正恶习。因此，积极德育是一种“扬善为主、抑恶为辅”的教育活动。所谓扬善，即发扬个体人性中善的因素，促进个体良好品行的增长与发生，使其道德境界得以提升、道德人格得以完善，成为一个具有更多更好道德品质的人。而抑恶，即消除个体人性中恶的存在及其可能，去除受教育者身上的不良品行和恶习，使其不良品德日趋减少。

积极德育提倡“扬善为主、抑恶为辅”，就是首先注重发扬受教育者的积极道德品质和发展潜能，主要采用积极的、正面为主的德育方法，致力于促进受教育者积极品质的增长与提升。同时针对受教育者存在的不良品德与恶习，采用批评、限制、惩戒的方法，致力于减少受教育者不良道德品质的存在与发生。因此，积极德育以扬善为目的，抑恶为手段，抑恶的最终目的还是扬善，扬善才能真正抑恶。所以，抑恶是治标而不治本的德育，扬善才是标本兼治的德育。

大家都知道，消极品德的矫正并不意味着积极品德的必然产生，积极品德的培养也并不意味着消极品德的必然消除。因此，如果对受教育者身上存在的明显的和严重的道德问题视而不见，也不利于受教育者的身心健康成长。所以，积极德育提倡在扬善为主的同时，也要注意抑恶为辅。但值得注意的是，即使受教育者身上存在诸多不良品德，但我们也仍然要挖掘受教育者身上存在的哪怕是很不起眼的一点点良好言行，对之进行肯定、赞赏、激励，并努力把这星星之火呵护培育成燎原之势。当受教育者在德育过程中获得了一定的自信和尊严，并看到了自己道德的成长，也就是说，在他们身上，不复过去消极自我暗示的阴霾，那么，再对他们进行不良品行的矫正，将会更加容易，效果也更加明显。这一点对职校生尤为重要。

实施积极德育，第一，教育者要抱有积极的人性观，要相信受教育具有积极道德发展愿望和潜能，对教育者要有足够的爱心、耐心和信心，特别是当教育者身上存在严重的不良品行时，仍要以发展的眼光、积极的态度，相信他们有改善自我的积极愿望和潜在能量，这是积极德育的首要条件。第二，积极德育的关键在于受教育者是否具备看待自己的积极态度、超越自我的自信心和效能感。特别是对那些长期处于消极德育影响下的受教育者，如何让他们改变自己的消极期待，提升自信心和自尊感，树立改善自我的积极愿望，是积极德育的关键要素。第三，积极德育摒弃消极德育中通常采用的比较简单、直接的，以限制、惩罚为主的教育方式，采用更加积极、正面的人性化的方式方法，既能促进受教育者良好道德品质的形成，又能帮助受教育者不良品行的矫正。因此，这也将是一个十分艰辛的过程。需要教育者不断反省自己的道德教育实践，并付出更多的创造性劳动。

四、积极德育中的主体关系

（一）积极德育中的教育者

“学高为师，身正为范”，是对积极德育中的教育者提出的要求。首先，青少年是长知识的时期，他们的身心尚未完全成熟，在日新月异的现代信息社会，他们处理信息的能力还不强，判断是非的能力还很弱，需要教育者的指导和帮助。因此，需要教育者“学高”。心理学领域的“皮格马利翁效应”是由美国著名心理学家罗森塔尔等人在小学教学上验证后提出来的，并在教育实践中得到了广泛应用。它表明教育者对受教育者的积极期待具有积极的暗示作用，能够增强受教育者的自我价值感并在潜移默化中巩固强化受教育者的自我道德认同。因此，“学高”的教育者必须善于发现受教育者道德层面的积极因素，采用赞扬、鼓励等方式激励、引导受教育者方面的自我建构。“皮格马利翁效应”的实践是积极德育理论在方法论上的运用。其次，真正的教育者不仅要培养受教育者的美德，而且首先要培养自己的积极道德品质与健全人格，不仅要提高道德教育能力，更要积极实现自身的德性成长，即不仅要“学高”，还要“身正”。教育者与受教育者在德性的成长上必须存在一个发展的落差，这样，教育者才有可能对受教育者形成教育、影响的力度和作用。“高山”使人“仰止”，品格高尚方能彰显人格魅力与教育影响力。虽然在德育中依然存在教学相长，教育者可以在某些方面向受教育者学习，但其前提和条件是，教育者总体的德性发展水平应高于受教育者，其道德境界应高于受教育者，而且与受教育者形成的落差越大，对受教育者产生的积极影响也越大。同时，教育者必须随着受教育者的成长和发展，不断进步与提高，这样才能使榜样的力量持续产生实质性的效应。

（二）积极德育中的受教育者

消极德育是一种以问题为取向的德育。这种消极德育感兴趣的不是受教育者，而是受教育者身上的问题，即各种品德问题和不良言行，而且有可能被放大，他们只是不良品德与言行的“症状表现者”，恶习和劣行的病毒“携带者”，因此，德育变成了一种对受教育者进行改造、规劝、惩戒为主的教育活动，方法更加简单。教育的正面导向功能被抑制和削弱，而负面的约束惩戒作用却在不断加强和放大。受教育者得不到尊重、信任，看不到希望、未来而自暴自弃。

积极德育看到的不是“问题”的存在，而是受教育者所具有的积极品质以及内在的道德发展愿望和道德发展潜能的自主发展个体。强调对受教育者每个个体的关注和尊重，要充满关爱、充满耐心、充满积极的期待和充分的信心，要看到和挖掘出每个受教育者身上的美德、优点和闪光之处，并以此作为起点培养受教育者更多更好的积极品德。如果教育者发现受教育者的道德发展问题，首先应做的不是对他们身上存在的不良道德言行与品质直接进行批评、指责，或者简单地进行惩戒、规训，而是要对自己的道德教育理念与方法做出深刻的反省、积极的改变。

积极德育认为受教育者具有可塑性。他们在其社会化过程中，个体并非消极地接受社会经验的积累，而是积极地以自己行动建构社会经验，他们不是被动地接受教育者或社会环境所传授的价值观念，而是受教育者在与教育者或社会环境的互动过程中，其价值观念有可能在潜移默化中改造或者受影响。受教育者可以通过判断、选择、整合等心理机制，将教育者所传授的价值观逐渐同化为自身的心理结构并逐渐在实践中加以体现和践行，变现为具体方式、方法的选择和运用。因此，道德规范与道德知识的传授必须与受教育者的心理发展、认知能力相契合，必须能够使受教育者的情绪与情感得到体验，这样教育者的价值观念才能为受教育者认同，并形成相应的道德行为。

（三）积极德育的教育关系

德育关系是决定德育效果的一个关键性参量，德育关系的质量是影响德育效能的决定性因素之一。在德育实践中，德育主体对德育关系的建构与选择直接制约着道德教育的效果。要倡导公正、人道、自由的价值理念就必须实现德育关系的民主化、人道化、公正化、道德化的转变。

在历史上，德育关系经历了一段不断演进与变革的历程：在传统社会，主客体关系、主从关系是德育的本质内容；在现代社会，主体间关系、平等对话关系是德育关系的本质内容。主客体关系是一种非人道、不科学、不合理的德育关系，主要代表有赫尔巴特的教师中心关系、杜威的学生中心关系。在这种关系形态中，师生之间是主动—被动的关系，具有不均衡性、非民主性、不和谐性的特点。如赫尔巴特的教师中心模式的德育关系不利于学生道德自主性、创造性、能动性的发挥，而杜威的学生中心模式的德育关系则不利于发挥教师的德育主导性和德育过程的特殊优势。主体间关系认为，师生都是德育关系中的主体，师生之间是主体与主体的关系，师生之间平等参与、对话理解、交互作用。这是一种新型德育关系，是一种平等共生的关系，一种共通性、交互主体性关系。为了帮助学生把自己最佳的潜能充分发挥出来，教师必须把学生看作为具有潜在性与现实性的特定人格。这种德育关系是“我—你”的关系，不是主从关系，而是双声和鸣、和谐共振、相互协作、共存共生的主体间关系。

积极德育倡导建立均衡和谐的德育关系。这种关系是教师实现对学生价值引导的媒介和纽带，是学生自主建构道德的必备条件和生成土壤。主体间德育关系的形成，能让师生共同的心灵敞开、精神开放、相互打开，让教师走进学生的心扉，学生的向师性被激励，对道德的追求被激发，对德性的渴望被激起，学生的道德学习动机由此被启动。从而加深对道德的理解，增强对道德生活的真实体验，提升自身的道德理解力。

正如教育家诺尔特所言：如果孩子生活在嘲讽里，他将学会害羞；如果孩子生活在羞耻里，他将学到罪恶感；如果孩子生活在鼓励里，他将学会自信；如果孩子生活在赞美里，他将学会欣赏；如果孩子生活在公平里，他将学会处事公正；如果孩子生活在安全感里，他将学到自信；如果孩子生活在肯定里，他将学会喜爱这个世界。因此，受教育者只有处在良好的主体性的德育关系氛围中，才能获得积极的道德生活体验，才能真正获得尊重、关心、体谅、真诚、公正等积极的思想品质。

教育力量的核心在于重新确立、整合教育者和受教育者之间的教育关系，教育者应该以一种信任、肯定、包容的态度发挥对受教育者的积极引导作用，应实现对受教育者真正的关心与尊重，耐心观察和发现他们身上的优点与美德，通过建立良好的主体性德育关系而进入他们的内心精神世界。只有真正处于尊重、赏识、激励的德育环境和氛围中，受教育者才能真正实现从“他律”到“自律”的转变，而不是以无道德的冷漠行为或者不道德的言行扭曲地表达和表现自己。

良好德育关系的建立和维护，虽然也需要受教育者的配合、协作与支持，但主要依靠的仍是教育者的人格力量和教育能力。而加强教育者与受教育者之间的交往，是建立良好德育关系的基础。一般情况下，要经历“接触、亲近、共鸣、依赖”四个阶段，才能建立起积极的亲密无间的德育关系。教育者与受教育者初次接触难免有生疏之感，受教育者难免有敬畏心理。经过多次良好地接触，受教育者感到教育者平易近人，公平公正，真诚信任，感到被尊重而产生与教育者亲近的感情。有了亲近的感情，在学习生活中教育者的诚挚关怀、耐心引导被受教育者理解，或在共同活动中激发起受教育者的浓厚兴趣，从而产生感情上的共鸣，尊重信任教育者。再坚持教育者与受教育者之间的交往，把受教育者引上学习与进步的成功之路，受教育者必然信赖教育者。这时教育者的价值观就很容易为受教育者所接受，从而促进受教育者良好道德品质的形成和发展。

在这四个阶段中，需要教育者尊重、真诚、理解、关爱、信任、公正等这些关系品质。尊重受教育者、真诚对待受教育者是建立良好德育关系的第一步，在此基础上，教育者付出关爱、给予理解，进一步拉近与受教育者的心理距离，加深与巩固德育关系。最后，信任受教育者，公正对待受教育者，对受教育者充满积极期待，体现了德育关系更高的层次与境界，也最能发挥教育者通过教育关系而产生的教育影响力。

小　结： 本章重点论证了积极德育的基本理论。共分两节，第一节分析了积极德育的理论基础和思想来源，从心理学渊源、哲学基础、德育学来源和中国文化背景几个方面加以论证，重点分析了积极心理学对积极德育产生的直接影响，总结了当今德育研究的积极走向和趋势，为积极德育提供了重要的理论支撑。第二节在对积极与消极的概念进行界定，并对它们之间的关系进行阐述的基础上，提出积极德育的核心思想、本质特征、根本目标，特别是明确了积极德育中的参与主体及相互关系。

第四章

职业学校积极德育的实施原则、途径与方法

目前，职业学校德育工作方法与途径有许多不尽如人意之处，这其中不仅有社会和家庭的因素，更主要的是职业教育本身存在着一些误区。通过分析新时期职业学校德育工作现状和问题，根据职业学校实施积极德育的新要求，确立科学的积极德育实施原则和目标，探索积极德育的实施途径，改进积极德育的实施方法，构建多元立体的积极德育工作网络，全面增强职业学校德育工作的效果。

第一节　积极德育的实施原则

德育原则是根据德育目的、德育目标和德育过程规律提出的指导德育工作的基本要求。职业学校积极德育的实施原则对确定德育内容、选择德育方法、运用德育组织形式等具有指导作用。

一、职业学校德育的一般原则

德育原则是德育规律的体现，是古今中外德育实践的经验总结，它受德育任务和学生身心发展规律的制约。德育原则是制订德育计划、选择德育内容、确定德育方法和组织德育过程的重要依据。我国目前学校比较普

遍运用的德育原则有：共产主义方向性和社会主义现实性原则、坚持正面教育和对比教育原则、渗透和熏陶原则、集体教育和个别教育相结合原则、知和行统一原则、发扬优点和克服缺点原则、尊重学生和严格要求原则、教育和自我教育原则、教育的一致性和连贯性原则、适应学生的年龄特征和个性差异原则，等等。

职业学校与普通学校既具有共性，也具有自己的独特性。因此，职业学校的一般德育原则既遵循学校德育普遍运用的原则，也有自己特殊的要求，这是职业学校的特性所决定的。

（一）职业性原则

职业性原则是指职业学校的德育要把职业道德放在职业教育的重要地位，并贯彻落实到职业学校全部工作的每一个环节。职业的内涵和特征决定了职业学校具有职业性。贯彻职业性原则要注意以下几点：

（1）营造职业氛围。在职业学校的日常教育活动、环境布置上要处处体现职业精神，演绎职业道德，让职校生在职业氛围中体验、感受、熏陶，起到潜移默化、日积月累的效果。

（2）体验和遵守职业道德。职业学校要按照职业的要求，制定出详尽的“作业指导书”和“质量检测标准”，并进行合理的检查监督，让职校生亲自体验到职业的存在和自觉遵守职业道德的积极意义。

（3）教师以身作则，给学生以职业道德的示范。教师在任何时候，都要把敬业放在首位，给学生以示范，让他们“亲其师，信其道”。

（二）方向性与时代性原则

方向性与时代性原则是指职业学校的德育既要坚持正确的政治方向和育人导向，又要紧密结合时代发展的实际对专业知识和岗位技能的要求，为职校生就业、立业、创业打好基础。贯彻方向性与时代性原则要注意以下几点：

（1）坚持正确的育人导向。我国是社会主义国家，当前正处在发展的初级阶段，实现“两个一百年”的奋斗目标是我们目前共同的理想，长远的最高理想是实现共产主义，它决定了培养人才的政治方向。因此，我们培养的人才应该是社会主义事业的建设者和接班人。

（2）紧密结合时代发展的需求。职业学校是为经济社会发展培养一线生产骨干和普通劳动者的教育机构，因此，职业学校的德育要紧扣大众就业、万众创业的时代要求，为经济发展培养专业对口、技能过硬的生产者，为职校生就业、立业、创业打好基础。

（3）把远大理想与现实要求结合起来。要引导职校生把共产主义的最高理想和自己的学习、工作、生活、劳动、技能训练、思想修养等联系起来，使他们认识到现在好好学习，就是为未来的建设者和接班人打好基础，就是为实现远大理想做出了贡献。

（三）企业性原则

企业性原则是指职业学校的德育应该和企业制度、企业文化、企业管理相衔接，培养企业所需要的合格员工。贯彻企业性原则要注意以下几点：

（1）坚持质量第一的思想。质量是企业的生命，一个好的企业必然把产品的质量放在第一位，职业学校的德育必须贯彻质量第一的思想，让他们在学校形成重视质量、遵守规范、科学管理的理念。

（2）坚持校企合作。要让职校生走进企业，接受企业管理，接受企业文化的熏陶，感受体验理解企业规范和制度，才能真正成为企业所需要的合格员工。

（3）坚持正确导向。当前国内外企业既相互竞争，又相互协作，寻求共赢。我们既要学习国外企业的先进管理理念和经验，也要注意国内企业用工实际，培养职校生的民族精神、品德修养。

（四）法纪性原则

法纪性原则是指职业学校的德育要培养职校生遵纪守法的意识和行为。这是现代社会对人的基本要求。贯彻法纪性原则要注意以下几点：

（1）培养职校生首先做一个合格的公民。遵纪守法是对公民的基本要求，是公民参与社会政治、经济和文化活动的基础，也是公民一切活动的出发点。

（2）遵纪守法是职校生获得职业发展的基础和保障。社会主义市场经济既是信用经济，需要普遍的道德基础，更是法制经济，需要全面的法律保障。对职校生来说，遵纪守法是责任和义务。一个不遵守国家法律规章的职校生是不可能获得良好的职业发展的。职校生要成为合格的员工，必须严格遵纪守法。

（3）学校各项工作必须依法办事。要保障教师、学生的合法权益，让职校生体验遵纪守法的氛围，形成遵纪守法的意识，养成遵纪守法的行为。

二、职业学校积极德育的实施原则

积极德育倡导从受教育者的积极道德品质出发，采用接纳、理解、说理、欣赏、赞美等积极的、正面为主的更加人性化的教育方法，营造尊重、信任、公正的德育关系，激发受教育者道德发展的愿望和潜能，增进学生的积极体验，促成受教育者积极品质的形成，帮助受教育者不良品行的矫正。积极德育这种独特的教育理念，体现在积极德育的方方面面，并落实在具体的积极德育实践过程中。积极德育的实施原则既有目前学校中比较普遍运用的德育原则，也有当今德育实践中一些比较成功的经验总结，它既是德育规律的体现，也反映了积极德育这种独特的教育理念。

（一）积极性教育原则

积极性教育原则是指教育者在积极德育过程中，要培养积极的德育关系，创设积极的德育环境，采用积极的德育方法，激发积极的情感体验，实现积极的德育目标。积极性是积极德育的本质与核心特征。在积极德育过程中，要自始至终贯彻积极性教育原则，要把培养受教育者积极道德品质作为首要和主要的教育目标，而不是矫正、消除不良的道德品质。贯彻积极性教育原则要注意以下几点：

（1）培养积极的德育关系。积极的德育关系是激发积极的情绪与情感体验，进而产生积极的德育影响的前提和条件。教育者在培养德育关系时，要通过自己的言行所折射出来的道德人格魅力与影响力开展积极德育，要满腔热情，要通过充满人性和人文精神的教育理念巩固和增进德育关系。

（2）创造积极的德育环境。学生的成长离不开环境的影响，“近朱者赤，近墨者黑”讲的就是这个道理。积极心理学认为，积极的德育环境有利学生积极的认知、积极的情绪体验、表现出积极的行为，消极的环境不利于学生形成积极道德品质。因此，必须为职校生的成长发展创设良好的、积极的德育环境。

（3）采用积极的德育方法。这是积极德育最直接的特征表现，教育者应主要采用以积极的、正面为主的教育方法，使用积极的语言来表达对学生的肯定、欣赏、信任等，提升学生自尊，增强其道德发展的动力和积极性，强化其更多积极的道德行为和行为习惯。

（4）激发积极的情感体验。积极的情感体验能促进学生道德知识的掌握、道德动机的内化、道德意志的发挥和道德行为的自律，有利于积极人格的形成和培养，能增进个体积极品质。因此，在积极德育过程中，要激发学生积极的情感体验，尽可能避免消极的情感体验。

（5）关注积极的德育目标。积极德育的首要目标是激发学生的积极道德发展潜能，关注学生的积极道德品质的形成和培养，而不是矫正、消除不良的道德品质。因此，教育者在积极德育过程中，要关注学生积极的方面，把培养学生的积极道德品质作为根本和目标，否则就不符合积极德育的根本精神。

（二）扬善为主原则

扬善为主原则是指教育者在积极德育中，要相信学生身上的潜能，善于发现欣赏他们身上已具备的良好品质，致力于激发学生自身和积极向善的愿望，促进学生美德的形成和发展。积极德育就是一种扬善为主、抑恶为辅的教育，首先关注、重点强调的是学生已具备的良好品德。《学记》提出：“教也者，长善而救其失者也。”意思是说，好的德育方法首先要发扬学生的优点，要扬善，其次才是纠正学生的缺点。贯彻扬善为主原则要注意以下几点：

（1）发现欣赏优点是前提。在职业学校，职校生的缺点表现较多，而优点表现较少，需要教育者有足够的爱心、信心、耐心去发现、去挖掘、去放大他们的优点，并不断强化，特别是对那些存在严重不良品行的职校生，仍要以发展的眼光、积极的态度，相信他们。只有这样，才能激发他们的自尊和向善的愿望。

（2）发扬优点是目的。如果教育者能看到职校生身上的潜能，欣赏他们身上已具备的良好品质，就要创造各种德育环境，采用积极的德育方法让他们发扬光大。这样，不仅能形成良好的德育关系，增强教育者的说服力和影响力，实现即时的德育效果，更能激发职校生的道德发展愿望和潜能，使他们能利用自身的力量和积极性，去克服自身的缺点，促进自我德性成长的强劲动力，实现长久的德育效果。

（3）鼓励学生增强自信。积极德育的关键在于受教育者是否具备看待自己的积极态度和自信心。当前，受消极德育的影响，职校生普遍对自己评价过低，教育者要鼓励职校生让他们改变对自己的消极期待，提升自信心和自尊感，树立起改善自我的积极愿望，这样才能达到扬善的效果。

（4）扬善是目的，抑恶是手段。积极德育是一种扬善为主、抑恶为辅的教育。扬善是目的，抑恶是手段。因此，教育者要深刻理解扬善与抑恶的关系。教育者的责任是创造条件，让职校生的优点充分发扬出来，即扬善，同时也要注意让职校生依靠自身的力量和积极性，克服自身的缺点，即抑恶，促进职校生在“扬善”的过程中实现“抑恶”。

（三）正面教育原则

正面教育原则是指教育者要以正面的事实、道德、榜样等对职校生进行启发、引导，激发职校生道德发展的积极愿望和潜能，从而形成良好的道德品质。积极德育倡导采用接纳、理解、说理、欣赏、赞美等积极、正面为主的更加人性化的方式，因此，坚持正面教育，启发学生自觉，激发学生潜能是积极德育的重要原则。贯彻正面教育原则应注意以下几点：

（1）讲清道理，进行疏导。进行正面教育，一定要充分摆事实、讲道理，要多用有说服力的有典型性事实。要多讲正面的道理，把事情的本质分析清楚，分析透彻。坚持正面教育，要发扬民主，要相信学生的积极发展愿望。要以理服人，疏通思想，反对采取强制和压服的方法。

（2）表扬先进，树立榜样。榜样富有形象性、感染性和可信性，在实践中很容易采用，具有可行性。树立榜样的目的就是把高尚的思想、良好的品德具体化、人格化，使学生在不知不觉中、潜移默化中模仿，具有

"润物细无声"的功效。当然对榜样的选择要慎重，要选择具有时代性、正面性和积极性的榜样。教师和家长要提高自身修养，要以身作则，当好学生的表率，这会引起学生心理"惊涛骇浪"的感触，根深蒂固。

(3) 扬长避短，激励学生。积极德育相信每个学生都是向善的，相信每个学生都有优点。教师在运用正面教育原则时，要充分发扬学生的优点，要鼓励学生的优点和进步。对职校生而言，更要教师善于发现他们身上的优点，哪怕是微小的、点滴的优点和进步，教师都要给予充分的肯定，及时给予鼓励。

(四) 积极体验原则

积极体验原则是指教育者在实施德育时，要让学生积极投入现实生活，进行体验，感受愉悦与心理享受，从而增进学生积极品质。积极心理学认为，个体处于积极的情绪体验，会感觉到认知高效、动机激发，无比的快乐和幸福，十分有利于他们积极道德品德的培养。贯彻积极体验原则应注意以下几点：

(1) 提供积极的体验环境。研究表明：如果个体的某种行为经常受到他人的赞赏、好评或奖励，并因而产生幸福、愉悦、满足、自尊等情绪体验，就会将这些情绪注入该行动之中，产生积极的情绪充予。如果个体的某种行为经常受到他人的指责、批评或惩罚，也会将这些情绪注入该行为中，对之产生消极的情绪充予。消极的情绪体验虽然可以限制个体的不良道德行为及习惯的形成，有助于个体的道德自律，但却无益于积极道德行为和品质的培养。因此，要培养积极的道德品质，离不开积极的情绪体验。所以，教育者要提供积极的体验环境，才有助于积极品质的形成与培养。

(2) 体验要有挑战性。在体验中，如果感受到挑战的难度过高，会感到十分受挫，然后担心不能完成任务，最后会怀疑自我的能力，从而产生焦虑的情绪；如果感受到挑战太过容易，完成此挑战是轻而易举的事，那么在完成任务的轻松之后，只会觉得十分无趣。一般认为，在挑战的难度刚刚高出个人能力的时候，最容易使当事人产生快乐的情绪。这有点类似于维果斯基的"最近发展区"的概念，也就是说"最近发展区"式的活动最能够让人产生积极的体验，产生积极的情感。

> 小敏正在学习打乒乓球，她练习比赛的对象是比她打得更好的小明。她经过一段时间的努力练习，终于能够和小明打得难分上下，旗鼓相当。此时每次练习比赛都让她感到十分兴奋、投入并且忘我。她热爱打球，并寻找一切机会去练习和比赛，在一段时间后，小敏发现在比赛中赢过小明并不能让她感到兴奋了，因为她每次都能赢她。比赛变得乏味而无趣，甚至让她对乒乓球本身开始产生倦怠，她开始怀疑，是不是自己并不喜欢打球。直到某一天，她在和小丽的比赛中，重新找到了振奋的感觉，因为她必须尽全力去做好每一次击球，根本无暇顾及比分，因为她全部的注意力都在那一颗小小的乒乓球的运动轨迹上。当比赛结束，她终于明白，她并不是不爱打球，只是需要一个水平相当的对手，需要去体验那种意念完全协调合一的极佳感受。之后小敏不断地追求新的挑战，并在挑战中又不断进步，这使得她能够一直提高自己的球技，一直向前迈进。❶

（3）体验目标要清晰。目标给人以方向感，但是它一定要先受到重视，才能发挥作用。积极心理学认为，个体在面对着明晰的目标之时，内心会呈现一种非黑即白的明晰状态，他知道该做什么、该如何做。在尽全力地挑战之时，他能够完全明白自己做得好不好。他把注意力都凝聚在这唯一的活动上，身心都发挥到极致。任务完成后，他得到了充分的满足，体验到了深刻的愉悦，获得积极的体验。

（4）尊重体验的个体性特点。要理解和接纳学生在体验方式、水平和层次上的差异，尊重个体体验的不同。要有足够的耐心，让学生在长期的潜移默化的过程中逐渐改变和成长；要有足够的信心，相信学生终究会实现道德发展和品德改善；要有足够的细心，发现学生的点滴进步，细微转变，并通过肯定、鼓励、欣赏等积极教育方法强化学生身上的积极转变。

---

❶ 刘翔平．当代积极心理学［M］．北京：中国轻工业出版社，2010：38.

（五）积极行为支持原则

积极行为支持原则是指教育者创设一种安全有效的学习生活环境，支持并促使学生表现出积极、良好的行为，预防问题行为的发生。积极德育的根本目标是为了培养学生良好的道德品质，使学生真正成长为有道德的人，即形成美德。积极行为是指个体有利于自身正当目标实现的行为与行为习惯，是无损于他人、社会的行为，是符合社会基本道德要求的道德行为和行为习惯，即善行。培养学生积极行为，并积淀为学生的积极道德品质，既是积极德育不可或缺的重要教育环节，也是检验积极德育成效的关键性因素。贯彻积极行为支持原则应注意以下几点：

（1）积极支持、强化积极行为。美德是通过反复实践合乎美德的行为而获得的一种心理习惯。因此，当学生经过道德教育、自我反省而表现出自觉的道德行为或者表现出偶然的、无意识的道德行为时，教育者都要通过敏锐的观察、积极的关注、有效的奖励，对学生的积极行为进行正面的、积极的强化和支持，以呵护学生道德行为的积极性，激励更多积极行为的出现，并且力争使积极行为常态化、模式化，形成个体的积极行为模式，并积淀为积极的道德品质。

（2）创设安全的学习生活环境。研究发现，学生行为的发生与环境紧密相关，是环境中的一些因素引发了个体行为的发生，并且行为的结果维持或者导致了行为的再次出现。因此，教育者要重视学校的文化建设，创设安全的学习氛围，支持学生表现出积极行为，同时也要消除环境中不良因素，预防问题行为的出现。

（3）传授学生新的良好替代行为。积极行为支持原则强调教学生新的替代性的亲社会行为，这不仅可以预防问题行为的发生，而且体现了积极德育的基本理念。当学生出现问题行为时，说明他们没有掌握必要的行为或者技能来处理所要面对的学业或者其他社会交往方面的问题。而教学生新的良好行为可以帮助他们获得学业或者人际交往方面的成功。因此，根据学生的具体情况为他们设计新的良好替代行为并进行传授指导，是积极德育的重要内容。这一点，对职校生尤为重要。

（4）注意积极行为与积极认知、积极情感的相互促进。从情感、认知与行为的关系来看，情感和认知直接决定了人们的行为，行为是情感和认知的验证。当然，行为也可以调整个体的认知，改变个体的情感。人的心理品质，是情感、认知、行为长期相互影响、相互协调的结果。积极心理学认为，积极体验可以促进积极行为，积极行为也能帮助个体产生积极体验，并促进积极认知的形成。三者相互促进、共同作用，才能使个体的积极潜能和积极愿望不断得到激发和强化，积极人格的培养才成为可能。因此，积极行为支持不仅要培养支持个体积极的道德行为，也要关注积极情感、积极认知的独特作用，将积极认知、积极情感和积极行为统一起来，做到言行一致。

第二节 积极德育的实施途径

德育途径就是实施德育的渠道或形式。德育工作者要根据实际情况和职校生的不同特点，选择形式多样、效果优良的实施途径，提升职业学校积极德育的实施效果。

一、职业学校德育途径的优化和整合

德育的途径是由德育的任务、内容等方面因素决定的。由于德育的任务、内容是多方面的，因此，德育就有多种途径。德育的途径也是全面育人的途径，它不仅是实现德育目的、任务和内容的具体渠道，也是贯彻德育原则和方法的场所。目前，我国学校德育的主要途径有：政治课（思想品德课）、其他各学科教学、班主任工作、各学科课外实践活动、校园文化活动、社会实践、党团少先队活动、家庭、社会和学校相协调的教育活动，等等。

职业学校有它的特殊性，根据教育部《中等职业学校德育大纲（修订）》的规定，职业学校开展德育的主要途径有：德育课教学，其他课程教学，实训、实习与社会实践活动，心理健康教育与职业指导，班主任工作和学校管理、服务工作，党团组织、学生会工作，校园文化建设，家庭与社会，职业指导，网络媒介十个方面，形成学校、家庭、社会三位一体

的德育网络。其中德育课教学是职业学校德育工作的主渠道，是对职校生比较系统地进行直授和专门德育的课程，是我国学校具有社会主义性质的一个重要标志，也是进行德育的重要形式。其他课程教学是向学生进行德育最经常、最基本的途径，是一种间接的道德渗透。实训、实习、社会实践活动、职业指导是职业学校德育的重要途径，网络媒体是学校德育的重要载体。学校不但强调“教书育人”，还提倡“管理育人”“服务育人”，因此，学校管理、学校后勤以及其他辅助性服务业都是学校实施德育的重要渠道；校风、教风、班风以及校园文化等也是重要的途径；学校的生产劳动、课外活动、劳动实践、参观访问等都是对学生进行德育的重要途径。

（一）建立三位一体的德育途径

家庭、学校、社会是影响人一生的三个关键渠道，它们的合作以及协调程度等影响着人的成长轨迹和品性。在学生的发展过程中，三者的协调一致对于人的个性的养成、世界观、价值观的形成起着举足轻重的作用。

家庭德育是青少年品德成长的摇篮。父母是孩子最初的老师，家庭是孩子永远的学校。社会德育是青少年品德发展的条件。传媒渠道是社会环境的重要组成部分，有调查表明，大众传媒已经成为学生思想品德发展的第一影响源。学校德育对青少年品德发展起主导作用。学校德育、家庭德育和社会德育各自的特点、功能与地位不同，它们之间是不能互相代替的，即各德育途径之间具有相对独立性。但三者各有优势，其各自之间的功能应该相互补充、相辅相成，形成德育合力，发挥整体优化的德育效果。要建立以学校德育为主体，家庭德育、社会德育为两翼的“三位一体”的大德育体系，形成多元化、多渠道的德育动力机制，促使受教育者积极品德的形成和发展。

（二）提高学校德育途径的有效性

要优化和整合学校德育途径，把德育渗透到学生学习生活的各个环节。明确全员育人的要求，教书育人、管理育人、服务育人，树立“人人都是德育工作者”的德育理念，把教育、管理、服务结合起来，在关心人、帮助人中教育人、引导人。构建“全员育人、全课程育人、全方位育人”的德育工作体系，使学生在任何地点、任何时间、任何状态都能感受积极的德育力量。发挥学校、家庭、社会“三位一体”德育网络的作用，使德育工作由学校向家庭辐射，向社会延伸。

二、职业学校积极德育的实施途径

积极德育重视受教育者道德发展的积极愿望与发展潜能，致力于培养受教育者更多更好的道德品质。积极德育的过程，是促使学生道德认知、道德情感、道德意志、道德行为渐进生成、统一发展的过程。这四个基本成分在品德形成中有各自的地位和作用，既具有相对独立性，又互相联系、互相渗透、互相影响、互相制约，学生的思想品德就是在这四个因素统一发展过程中形成和发展的。因此，职业学校实施积极德育，要注意这四个因素的整体功能，不要把这四个因素割裂开，也不要单一地只对某个因素施加影响，要促使这些因素相辅相成地、和谐地、统一地得到发展。

从品德形成的心理过程来看，各因素之间是有着有机联系和活动顺序的，一般是从提高道德认知开始，沿着道德情感、道德意志、道德行为的顺序发展，但在实际形成过程中，也不尽然。根据不同的客观条件和学生的年龄特点，德育过程有时从提高道德认知开始，也有时从培养道德情感开始，也有时从锻炼意志开始，更有的先从训练行为开始，这就是德育过程的多端性。但无论从哪个因素开始，都要优化德育途径，以养成学生完善的道德品质为最终目的。

（一）观念引导，提升积极的道德认知

积极的道德认知，是对人类伦理精神和社会道德理论的全面、理性的认识和理解，对自身的道德思想和言行的客观评价和正确反思，对社会不良道德现象的自觉摒弃。积极的道德认知主要通过积极观念的正确引导加以提升，主要途径有：

1. 课堂教学传授德育知识

课堂教学是德育的主要渠道，是职校生树立正确人生观、世界观和价值观的主要阵地。因此，职业学校要高度重视根据各专业、各学科的特点，施行不同专业各具特色的课堂德育。首先，要根据国家德育课程实施

方案开齐开足德育课程，在开设德育必修课程的同时，还应开设《心理健康》《礼仪常识》《创业实践》等选修课程，还可结合学校特点，编写《德育读本》，供班主任在班会中宣讲。其次，加强学科教学的“积极德育”渗透，把培养学生积极品德纳入学科教学中去，融合到课程中去，捕捉生活中可以利用的素材，让学生在课堂教学中得到积极德育的洗礼，实现学校德育在操作模式上的丰富性和多元化。最后，突出专业课教学的积极德育，无论是专业教室，还是实习车间，都要创设良好的“积极”氛围，通过严格要求和激发鼓励，培养学生敢于挑战自我的勇气；通过技能展示和成果展览，增强学生的自信。

2. 主题教育更新德育理念

学校应开展以“积极德育”为主题的系列教育活动，一是把军训、升旗仪式、学校大会、专题教育讲座、晨词宣誓、弟子规诵读、唱红歌等作为实施积极德育的常规活动，并结合国庆节、教师节、文明礼貌月、清明祭扫烈士墓等重大节日时点，针对性开展积极德育的宣教活动；二是将主题教育活动形成系列，如感恩教育、养成教育、责任教育、创业教育、诚信教育、美德教育等，分年级、分班级、分阶段组织实施；三是开好积极德育的主题班会，每次都有新形式、新内涵，学校还可组织主题班会竞赛。同时要对主题教育活动的实施进行跟踪落实，检查活动效果，扩大活动宣传，深化教育影响。

3. 全员导师引导德育取向

全员育人导师制可以切实增强德育工作的主动性、针对性和实效性，体现“平等、尊重、关爱”的育人原则，构建“全员育人、全流程育人、全方位育人”的德育工作体系，帮助广大教职工树立“人人都是德育工作者”的德育理念。导师的职责在于：思想引导、学业辅导、生活指导、心理疏导。具体的实施办法是：合理搭配，分别承包；摸底调查，建立档案；家访联系，及时沟通；个别谈心，形成记录。期末按受导学生的成长档案、谈心记录与效果、所形成的教育案例与育人文章、受导学生的行为表现及控流成效、受导学生的满意测评和受导学生家长对导师的评价等指标，实行百分制考核奖惩。配合全员导师制的实施，学校还可设立心理咨询室，开展“百名教师访千家”“全员导师谈心日”“学生成长记载簿”等系列举措，取得家长和社会对学校德育工作的支持。

（二）活动体验，激发积极的道德情感

积极的道德情感，主要指受教育者具有感动、欣慰、赞赏、成就、快乐、幸福等积极的情绪感受，包括对社会高尚道德行为与不良道德现象的爱憎分明的情感表达。寓教于活动之中是学校德育的重要抓手。积极的德育主张活动育人，引导学生从主观体验上探讨人类的幸福感、满意感、快乐感，让学生在活动中体验、在活动中养成、在活动中提高，从而建构学生对未来乐观和对生活忠诚的态度，激发积极的道德情感。职业学校应开展丰富多彩的德育活动，在组织好常规活动的同时，又在特色活动上做活文章，力求每项活动都能做到“五要”，即目标定位要准、组织实施要实、活动形式要新、参与程度要高、活动效果要好。

1. 社团兴趣活动

兴趣是最好的老师，职校生兴趣爱好广泛，学校通过组织和指导学生社团兴趣活动，使学生的兴趣爱好普遍得以满足，学生的个性特长也得以充分发挥，促进学生的综合素质提高，让学生在和谐的校园环境中健康快乐地成长。社团建设应该成为职业学校德育工作的有效手段和重要内容。

学校组织学生社团兴趣活动，坚持鼓励引导和学生自主选择相结合的原则，从人员、时间、制度等方面加强管理，做到计划、组织、辅导、活动内容的落实，活动项目确定符合“八个性”，即多样性、专业性、艺术性、健身性、趣味性、学科性、渗透性、教育性，促进学生多元化发展。

2. 才艺竞赛活动

职校生具有多方面的才能，需要得到发掘、锻炼和展示。学校要在校园大力营造“比、学、赶、帮、超”的氛围，定期举办艺术节、技能节、体育节、社团节，积极开展演讲征文比赛、红歌演唱比赛、书法绘画比赛、摄影比赛、歌咏比赛、主题辩论会、技能汇报会、文明风采大赛、校园技能大赛、文艺汇演、田径运动会、文明校星评比等各类竞赛活动，激发学生对知识、技能和才艺的渴求，为学生提供展示自我的舞台，让更多的学生获得积极的成功的体验。

3. 社会实践活动

职校生积极道德情感的养成，一方面来自课堂的濡养，另一方面需要在实践中锤炼。为此，学校要积极利用并创造机会，让学生参与实践，校内创业园、校外德育基地、工业园区、社区、合作企业等都是很好的学习和实践基地，社会调查、劳动锻炼、志愿服务、工学结合、创业实践等都是很好的实践形式，这些活动系列在编排时就要把德育的内容由浅入深地安排进去，进行德育训练，启发学生独立观察、体验和感悟人生，激励道德情感的养成，让学生回归生活、丰富体验，在实践中感悟、在奉献中提高。

（三）环境熏陶，塑造积极的道德意志

积极的道德意志，指人们在履行道德义务的过程中所表现出来的自觉克服一切困难和障碍、做出抉择的顽强毅力和坚持精神。积极的道德意志主要通过校园环境的正面影响加以塑造，包括校园文化的潜移默化、师生关系的和谐共生、先进典型的榜样示范等。

1. 赋予校园文化的育人功能

一草一木见精神，一砖一瓦都有情，每面墙壁会说话，每处景点都育人。校园文化是一所学校全体师生在长期的教育教学实践过程中所创造、积累并共享的，以反映师生共同信念与追求的校园精神为核心，具有校园特色的一切物质形态、精神财富及其创造过程的总结。良好的校园文化可以陶冶学生情操，增强学生的自信，锤炼学生进取意志，潜移默化地感染学生的道德品质，发挥最大的育人潜能。

职业学校应按照体现社会主义特点、时代特征和学校特色的要求，以树立积极的世界观、人生观、价值观为导向，以构建和谐校园为目标，以建设优良的校风、教风、学风为核心，以优化校园文化环境为重点，全面加强校园物质文化、精神文化、制度文化以及行为文化诸方面建设，把思想道德教育、行为准则教育等内容贯穿在职校生喜闻乐见、乐于参与的校园文化生活中去，使校园成为学生们的一方乐土。

2. 构建和谐共生的师生关系

和谐共生的师生关系是塑造积极道德意志的重要保证。传统德育体制下，教师常常把学生当作“问题学生”，认为自己所做的一切努力无非是帮助其解决思想道德问题，从而导致师生关系紧张。积极德育强调，教师和学生一样都是成长的、发展的个体，教师不仅要以积极的态度看待发展中的学生，重视学生自我成长的经验，培养学生的积极心理，还要善于培养自己的积极心理，关注自身的健康成长；教师还应多使用平等的、积极的词汇，如尊重、分享、快乐、体验等，鼓励学生发展潜能。积极德育的这种观点有助我们重新认识德育工作中的师生关系：教师不仅可以积极地影响学生，同时也受学生积极心理的影响；学生不再仅仅被动地受教师的影响，同时可以通过挖掘自身的潜能，培养优秀的、积极的品质对教师加以影响，使二者在其中健康成长。在这种新型的师生关系中，教师会自觉发挥表率作用，学生则学会生活、学会做人、学会交往、学会共处，增强集体荣誉感和凝聚力，共同为和谐校园的打造尽责尽力。

3. 营造磨炼意志的环境氛围

意志力并非是生来就有或者不可能改变的特性，它是一种能够培养和发展的技能。对职校生来说，劳动锻炼是磨炼意志的重要方式，卫生环境整理、实训生产等应当成为日常生活的重要内容，通过劳动健体健心。学校要突出培养学生的劳动观念、专业思想、竞争意识、吃苦耐劳品格，培养学生克服困难、勇于面对挫折的意志品质，树立责任意识、自立意识，让学生对奢侈、攀比、享乐等毛病心生愧疚。学校要有针对性地开展劳动锻炼、技能比武、情绪稳定性训练、挫折承受力训练、动机持久性训练、相融合群性训练、开拓创造力训练等，加强对学生的养成教育和心理咨询辅导，形成一套有针对性、可行的积极行为支持、不良行为干预办法。

4. 发挥先进典型的示范作用

榜样的力量是无穷的。学校要大力发现、总结、推介和树立各类先进典型，如学习标兵、文明校星、大赛精英、创业典型、见义勇为先进个人等，让身边的人说身边的事，以身边的事教育身边的人，使广大学生见贤思齐，在潜移默化中接受思想观念、价值判断和道德情操的洗礼，充分发挥先进典型在塑造积极道德意志中的示范和引领作用。优秀教师还要通过自身的人格力量去积极影响和作用于学生，让学生能够在不断自我完善中逐步形成健康、完善、崇高的人格品质。

（四）评价激励，促进积极的道德行为

积极的道德行为，是受教育者在积极的道德意识支配下表现出来的对待他人和社会的有道德意义的活动，表现为更加积极、自律、稳定的行为习惯。美国教育家布卢姆提出，教育评价功能在于促进。传统德育过分强调矫治功能，习惯于从学生的问题入手开展工作，扼杀了学生的主动性与创造性，把学生置于被动的地位。积极德育认为，只有把学生当作充满潜力的个体，把培养学生积极的心理品质与帮助学生实现人生的价值当作德育工作的重中之重，个体的主动性与创造性才能得以发挥。

评价是德育的导向和杠杆，没有合理的评价就没有有效的德育。职校生因为应试教育阶段成绩欠佳成为被否定的一族，是单一教育评价体系的“失败者”，因而迫切渴望得到教师和他人的尊重、肯定。事实上，职校生具有很多优点，他们聪明、懂事，他们会察言观色，动手能力强，会感恩；他们比同龄人成熟，是那种“给点阳光就灿烂”的孩子们。当他们的行为受到称赞时，就觉得自己的努力得到了人们的承认，自我价值得以实现，从而受到鼓舞，产生更大的学习、工作热情，更能激发他们的主动性和创造性。

因此，我们要建立合理的学生评价奖励机制，改变过去用一把尺子衡量学生的德育模式，要坚持全面评价和个性评价相结合，更侧重于个性评价；坚持过程考核和终极考核并举，更侧重于过程考核，构建由学校、企业、社会、家庭多方参与的对学生学习能力、职业能力、职业道德素养进行综合评价的学业评价模式，不仅重视评价学生的知识，而且重视评价学生的品德，充分体现对学生不求全责备，抓主流，看长处，使学生能在积极的进取状态中健康成长。

第三节　积极德育的实施方法

德育方法是为了实现德育目标，教育者和受教育者参与德育活动所采取的措施和手段，既包括教师施教的方法，也包括学生自我形成品德的方法。积极的德育方法能够在思想上为职校生的发展开辟道路，对学生正确的人生观和世界观的树立产生积极的影响。

一、职业学校常用的德育方法

有教必有法。德育方法和德育途径、德育目标、德育内容以及德育的评价方法等自始至终都是紧密联系在一起的。在德育活动中，始终存在两种根本对立的教育方法：一种是以说服教育为主，以理服人，正面启发引导和注重实际锻炼的方法；另一种是以压服为主，搞强迫命令，以力服人的教育方法。德育过程是一个拥有很多因素影响的系统工程，德育方法的恰当与否直接决定德育目标的实现。实践中，在面临如何选择方法的问题时，人们往往会感觉到无所适从。

我国德育活动形式丰富多彩，历史上积累起来的德育方法也非常丰富。职业学校常用的德育方法有说服教育法、榜样示范法、情感陶冶法、实践锻炼法、品德评价法和自我教育法等。

（一）说服教育法

说服教育法是指通过摆事实、讲道理、启发引导的方式，对学生进行正面教育，以情感人，以理服人，启发学生的自觉性，以提高思想认识，指导自己的行为。说服教育法是德育方法中最常用、最基本也是较为有效的方法。其实，无论采用哪种途径，用何种方法进行德育，一般都伴随着说服教育法。

说服教育的方式多种多样，通常采用的方式有：讲解、报告、谈话、对话、讨论、指导阅读等。运用说服教育法要注意做到以下几个方面：

（1）要有针对性。职校生是一个特殊群体，要从职校生的年龄特征和认识水平等思想实际出发，防止脱离实际，“唱高调”“放空炮”。

（2）要有感染力。说理要生动、亲切、具体、形象，态度充满热情，信念坚定，以诚待人，关心爱护学生，这样才能打动学生，激起情感共鸣。

（3）要有真实性。所述道理符合客观实际，所举事例真实可信，分析问题实事求是。

（4）要有民主性。要允许学生发表不同意见和保留看法，要尊重学生自尊心，尊重学生人格，要以商谈、讨论、交流意见的方式进行谈话。

（二）榜样示范法

榜样示范法是以他人的好思想、好品德和好行为去教育、影响学生，形成优良品德的方法。榜样示范法有教育者的示范、伟人的典范以及优秀学生的典型等多种方式。运用榜样示范法要注意以下几个方面：

（1）榜样选择要慎重。榜样人格具体、生动、形象，对学生具有巨大的感染力和说服力，易于为学生所领会和模仿。榜样要具有时代性，积聚着时代的特征。榜样示范是多元的，但必须是正面和积极的。特别是要选择同学中的好人好事，如“校园明星”作为学生学习的榜样。

（2）教师和家长要以身作则，做好表率。特殊的人际关系决定了这种榜样的作用具有经常性和直接性。很多职校生的思想作风、行为习惯，甚至个人爱好，都是从教师和家长那里学来的。因此，教师和家长应自觉把自己看作是教育学生的表率，成为自觉的德育力量。

（三）情感陶冶法

情感陶冶法是指创设一定的情境，使受教育者在道德情感与心灵受到感染、陶冶、熏陶的一种教育方法。这是一种暗示的教育方法，具有非强制性、愉悦性、隐蔽性和无意识性等特点。运用情感陶冶法要注意以下几个方面：

（1）要有信心和耐心，长期坚持。情感陶冶法能将教育意向和教育内容寓于生动形象、趣味盎然的环境和活动中，教育过程具有认知高度统一的特点，易于培养学生的学习动机，但它不能在短时间内传授明确和大量的信息，需要经过一个长期的过程才能呈现出来。因此，特别要求教育者要有诚心、耐心、信心和恒心。

（2）要积极创设有利于学生健康成长的教育情境。教育者最主要功能体现在教育情境的设计上，这一情境必须能够引人入胜，具有感染力。教育作用是渗透其中而非显性的存在。

（3）要善于利用社会环境的有利因素。社会环境是复杂的，积极因素和消极因素交互并存。教育者要善于发现社会环境中的积极因素，利用生活中的美好事物教育学生。同时，引导学生注意环境中的消极因素，防止不良思想的侵蚀。

（4）促进学生与教育情境的互动。学生主体的主动参与以及对环境的净化、美化和改进，是增强陶冶作用的一个重要条件，因为“参与”可以使环境变成一种具有亲和力或亲切感的道德影响源。

（四）实践锻炼法

实践锻炼法是指通过有目的、有计划地参加各种实践活动，形成和巩固学生思想品德行为习惯的一种教育方法。实践锻炼法是促进学生品德内化的最有效的方法。学生参加实践锻炼的方法是多种多样的，有学习活动、各种劳动、社会活动、参观访问、各种有益的竞赛活动等。运用实践锻炼法要注意做到以下几个方面：

（1）要明确锻炼的目的和要求。活动前要有周密的计划，要向学生讲清实践的目的和意义，提出严格的要求，让学生知道应该怎样做，从而实现锻炼的目的。

（2）充分尊重学生的主动性和积极性。学生是实践活动的主人，必须让他们积极投身到实践活动中，发挥他们的主动性和积极性，才能得到真正的锻炼。

（3）要密切结合学生的实际。要照顾学生年龄特征和个别差异，切合学生的实际情况和认知水平，选择不同的锻炼内容和方法。

（4）实践锻炼要反复进行，持之以恒。学生的日常学习、生活、劳动等都是他们进行实践锻炼的机会，要坚持日常锻炼，进行反复练习，持之以恒，才能取得好的效果。

（五）品德评价法

品德评价法是教育者依据一定的规范对学生的思想和言行做出评判，从而对学生进行德育的方法。品德评价法具有重要价值，正确合理的评价能激发学生上进的心理状态，促进良好品德的形成和深化，同时，也能抑制不良品德的滋生和蔓延，是德育常用的一种方法。品德评价法的主要方式有：表扬和批评、奖励和处分等。运用品德评价法需要注意以下几个方面：

（1）评价合理，发扬民主。教师要深入学生实际，全面了解学生的实际情况，给学生恰如其分的评价，该奖该罚以事实为重，不徇私情，使评价具有较高的信度。同时要尽可能得到学生集体的支持，激发学生参与评价，发挥集体舆论的优势作用。这样才会产生既教育个人，又教育集体的教育力量。

（2）注重发展性评价。学生可塑性强，教师要从发展的眼光看学生，要考虑学生间的个别差异，不能对学生过于苛求。学生喜欢既有赞赏又能巧用批判的评价，所以要做到奖其功而不护其短，惩其过而不折其长。

（3）奖惩适当并有教育意义。实践证明，表扬可以强化学生的自尊和自信，增强他们的荣誉感和责任感，从而唤起他们积极向上的内在力量，批评可以促使学生反省，认清自己的错误与原因，唤起克服缺点的勇气和力量。但过多地运用奖励就不能使学生或集体感到光荣，容易使学生对奖励产生满不在乎和无所谓的心态。运用惩罚更要慎重，因为它的副作用较大，容易使学生产生消极情绪。因此，奖惩运用要适当，两者要结合运用，以奖为主，要起到积极的教育意义。

（六）自我教育法

自我教育法是指学生在教育者的指导下，自己教育自己，养成良好品德的方法。学生既是教育的对象，更是教育的主体。任何外在的教育，必须通过学生自我检查、自我剖析、自我批评和自我反省的途径，才能提高自己的思想认识和道德品质。运用自我教育法要注意做到以下几个方面：

（1）启发学生自我教育的愿望。自我教育的关键是激发调动学生的主体意识。当学生的主体意识激发以后，就能够自觉地唤起自我的情感、兴趣，从而自觉地进行自我实践，进而发展自己、完善自己。

（2）培养学生自我评价的能力。要学生进行自我教育，必须让学生认识自我，对自己的思想和行为有一个客观的自我评价。如果自我评价不客观，自我教育就是一句空话。

（3）根据学生的年龄特征提出自我教育的要求。不同年龄层次的学生心理发展水平不同，自我意识和自我调控能力也不同。因此，应根据他们的实际情况提出自我教育的要求。对职校生而言，他们的自我意识、独立性和批判性都较强，因此，应加强对职校生自我教育的要求。

二、职业学校积极德育的实施方法

职业学校的学生基本素质较普通学校要低，优点不好找，缺点一大堆。因此，有些学校、有些教育工作者会盯住学生的缺点，采取压服的方法，惩罚的方法，妄图纠正职校生的不良习惯，其结果可想而知。我们开展积极德育，主要关注的不是职校生的缺点，而是他们的优良品德。积极德育认为，“探究问题”虽然是必要的，但“发现优点和激发潜能”更加重要与关键。在教育实践中，我们常常面临的是，找出问题的性质与产生原因，不仅会耗费大量的时间精力，而且有时未必能找到真正的原因（因为职校生的问题常常是由多种因素长期作用的结果），更未必能对问题的定性与原因分析找到解决问题的渠道与方法。与其耗费大量的时间精力去进行问题定性和分析，不如把主要的力量集中在如何针对职校生存在的问题上，发现他已有的积极品德与道德发展潜能，提出主要“针对发展”而不是主要“针对问题”的具体目标和策略方法，以培养其更多积极道德品质，并在此过程中逐渐克服其不良的道德品质，并预防恶习的产生。积极德育倡导培养受教育者积极的道德人格，因而强调采用积极的、正面为主的德育方法。下面介绍的积极德育方法，既有德育实践中常见的一些教育方法，也有积极心理学中心理咨询与治疗使用的方法，同时也借鉴了中国传统的道德修养方法，以及当今德育实践中一些比较成功的教育方法。

（一）平等关爱法

平等关爱法，是指教育者在积极德育过程中，对所有受教育者要平等对待，真诚关爱，一视同仁。平等关爱不仅能营造宽松、和谐的德育关系和教育氛围，其本身也起到良好的示范和榜样作用。积极德育是充满人性关爱、真诚关怀的教育，要求教育者必须热情、真诚、关心、爱护每一个受教育者。运用平等关爱法要注意以下几点：

（1）对所有职校生要平等对待、一视同仁。不能因职校生性别、年龄、相貌、个性、家庭背景、学业成绩、行为表现等方面的差异而区别对待。绝不能因自己的喜好和利益而有所取舍，也不能因时间、情境的不同而有所差别。对那些行为表现较差的学生，应该给予更多的关心和爱护。

（2）对所有职校生抱有热情积极的态度。要调整好自己的角色和心态，对职校生抱有真挚的、热切的情感，不以权威自居，进行平等对话与沟通，这样才有可能体现真正的、真实的关心和爱护。

（3）教育者要真实、真诚。在积极德育过程中，教育者要以真实的面目出现，表里一致，真实可信，这就需要教育者讲真话、表真情、办真事，不戴假面具，不扮演角色，不例行公事。要让学生感受到是朋友间的交流和沟通，学生才能敞开心扉，尽情倾诉。教育者要静下心来，细心观察，耐心倾听，认真思考，了解职校生的真实想法和真正需要，才能使自己的关爱与职校生的成长实现对接。

（二）信任理解法

信任理解法是指教育者相信受教育者具备的积极道德品质，相信受教育者潜在的积极发展愿望和发展潜质，理解受教育者身上发生的一切，并向受教育者传递自己的信任和理解。这是建立积极德育关系的有效方法。

信任和理解要求教育者自始至终对所有的受教育者都抱有积极的、肯定的、信任的态度，相信每个受教育者身上都蕴藏着巨大的品德发展空间和品德发展潜能，都可以通过外在的德育和内在的自我教育实现品德发展和德性成长。即使面对一个在品德发展方面存在问题和不足的职校生，也要充分理解，也绝不能对他失去信心和积极的期待。运用信任理解法要注意以下几点：

（1）要充分信任学生。职校生虽然存在这样那样的问题和缺点，但对教育者来说，必须对职校生抱有积极的观点和看法，相信职校生每个人身上都存在积极品质发展愿望和发展潜能，相信通过教育的影响、环境的改善和自己的努力，他们都可以实现德性成长的飞跃。

（2）要充分理解学生。理解学生既是态度，也是一种方法与技术，教育者要耐心倾听与细心观察职校生的言语和非语言的表达，全盘接受他的信息，尝试从职校生的角度去感受与思考，这样，教育者才能真正信任和走进职校生，让学生感受到对他们的理解和尊重。

（3）教育者要学会积极关注和积极表达。教育者要通过自己的言行，传递自己对人性的基本信息和每个职校生的充分信任和积极期待，让他们感受到教育者的热切期望。

（4）教育者要关注每一个职校生的优点和美德。教育者要走进学生、感受学生，才能了解学生，要信任每一个职校生的善意和良知，关心他们的进步和成长，哪怕是点滴的改善和提高，都要充分肯定，及时将自己的信任反馈给职校生，以激励其继续努力，逐步成长。

（三）思想疏导法

思想疏导法是指用事实和科学论证的方法确立或清除阻塞学生认识上的障碍，使其思想“通畅”进步。思想问题只能说服，不能压服。说服教育的最好方法是疏导。疏导是指去掉阻塞，使其通畅。导，是指引导、启发、开导。运用思想疏导法要注意以下几点：

（1）要了解学生。了解是疏导的前提。教育者要深入研究职校生的心理特征和心理需求，掌握职校生的思想脉络，与职校生进行思想交流和沟通。情况明，决心就大，办法就多。

（2）疏通思想，要讲明道理。对职校生进行疏导，要循循善诱，以德服人，反对以势压人，消极禁止。一般情况下，疏导的原则就是发扬民主，尊重学生在道德选择上的主体地位，帮助学生用科学的方法明辨是非，激发他们的上进心。

（3）因势利导，让学生亲身体验。对职校生的心理行为偏差，既顺势而上，又有所遵循。要让学生在各种活动中亲自体验，让他们心服口服，自觉接受规范。

（4）教育者要以自身行为品德进行示范。任何时候、任何情况下，教育者都是学生学习的榜样。教育者必须做好示范，否则，教育者说得再好，学生也不可能跟着去做。

（四）自我修养法

自我修养法是指教育者按照一定的道德规范指导学生进行自我教育、增进受教育者的积极体验，提升受教育者的自尊自信，以形成良好的思想道德品质。这是德育方法的高级形态，是促进受教育者人格完善的重要方法。道德的自我修养和道德教育是紧密相连的，道德教育是良好思想品质形成的重要外部条件，自我修养则是学生良好思想品质形成的内部动因。因此，教育者必须具备自我修养的能力，掌握自我修养的方法，方能在自我修养的基础上实现对受教育者的激励和促进。自我修养的主要方法有：

1. 模仿

模仿是一种社会心理现象。所谓模仿，就是按照某种样式，自觉或不自觉地做出类似的行为来，进而形成习惯，甚至形成理念。社会学习理论学派认为，模仿是人类获得知识和实现社会人的重要方式。模仿最重要的特征就是不通过外部强制的刺激发生。模仿一般从自己身边人开始，德育中的模仿是自我修养的初级阶段。

模仿具有两面性：一是模仿对象的特质影响学生模仿的效果。正面的榜样示范可以强化学生良好的道德行为模式，反之则会强化学生不良的道德行为模式。二是模仿对象与学生的关系影响模仿的效果。如果模仿对象是学生喜欢的类型，这种模仿可能是正面的、积极的。如果模仿对象是学生反感或厌恶的，这种模仿就可能是反面的、消极的。运用模仿法应注意以下几点。

（1）提供恰当的榜样示范，发挥模仿积极作用。职校生属于特殊的群体，他们特别希望找到具体的值得尊敬的英雄模范人物，去学习、去模仿。比如，历届毕业生中的佼佼者，校园中的“明星”，他们之间年龄、生活经历相接近，所表现出来的好品德、好思想、好行为，学生比较熟悉，容易接受和仿效，具有较高的教育价值。

（2）提高职校生的模仿独立性和辨别能力。职校生辨别是非能力较差，冲动性强，影视作品中的黑老大、社会上的一些混混也可能成为他们模仿的对象，而且一旦有人呼应，他们会盲目跟从，缺乏独立性。因此，要教育职校生不要盲目模仿。

（3）引导职校生从榜样模仿逐步过渡到创造性的道德模仿。向贤者、英雄、模范、先进等榜样人物学习模仿，不仅要学习模仿他们的外在的道德言行，更要了解他们深层的道德思想和心理体验，这样才不至于停留在表面的、机械的模仿，也才能真正实现对榜样人物内在品质的“潜在性学习”，实现创造性的道德模仿。

（4）教师、家长要注意自己的言行。教师和家长，首先是职校生模仿的对象，而且这种榜样的作用具有经常性和直接性。很多职校生的行为习惯，甚至个人爱好，都是从教师和家长那里学来的。因此教师和家长应该自觉地把自己看作教育学生的表率，成为自觉的积极德育的力量。

2. 内省

内省又称“省察克治”，是指内心省察自己的思想、言行有无过失，从而加强道德修养的方法。《论语·颜渊》：“子曰：内省不疚，夫何忧何惧。”“见贤思齐焉，见不贤而自省也。”《论语·学而》：“吾日三省吾身，为人谋而不忠乎？与朋友交而不信乎？传不习乎？”内省是中国传统道德修养，特别是儒家道德修养中的重要方法。

内省特别重视人的道德自觉，强调发挥人的主观能动作用，在良好的道德认知和道德情感基本养成的前提下，内省是自我教育的一种有效方法。运用内省法应注意以下几点：

（1）教育者首先要内省。正人先正己。教育者的教育能力既与其职业能力与经验有关，同时更与其自身美德、人格魅力、职业操守密切关联。因此，教育者加强自身修养，完善自身品德与人格，不但能够提高自身作为道德榜样的影响力，增强德育的可信度，更好地发挥言传身教的作用，而且能增进教育者与受教育者之间的关系，提高德育的实效。教育者反省包括三个方面：一是反省自身品德发展方面的缺点和不足，分析自己的优点和长处。通过反省，实现自身德性成长。二是反省自己在德育过程中的成功经验和失败教训。成功与失败的原因很多，既可能是教育经验不足，教育方法不当，也可能是自身的品德与人格造成的。这是教育者反省的重点。方法的改进与能力的提高相对容易一些，而品德与人格的完善则是一个长期的艰难的过程。三是反省自己从事德育的动机和目的。教育者一定要树立促进受教育者美德完善的理念，而不是为了实现自己的个人情感愿望，甚至是某些功利的需求。教育者自身德性成长的经验与收获，对促进受教育者的德性成长同样有益，教育者在成就自己的同时也在成就受教育者。

（2）指导受教育者进行内省。教育者要将自己自省的成功经验和方法传授给受教育者，让他们也掌握自省的方法和内容，并进行自我道德评价。通过反省，让职校生了解自己的优点和不足，鼓励他们用发展的眼光进行反省，要充分看清自身的优势，进而激发自己向善的愿望，增强自信心，要让他们生在社会实践中养成经常反省的习惯，进行冷静、深刻的分析与反思，从而不断激发自我，在“扬善”的同时实现“抑恶”，提升学生的道德思想境界和道德发展水平。

3. 慎独

慎独是指在无人知晓、无人监督的情况下，仍自觉地严格要求自己，坚守自己的道德信念，按照一定的道德准则行动。《礼记·中庸》:“莫见乎隐，莫显乎微，故君子慎于独也。”“道者也，不可须臾离也，可离非道也。”慎独既是传统道德修养的方法和手段，也是中国传统道德修养所推崇的道德自律精神，是道德修养的最高境界。

慎独特别强调“隐”和“微”。因为当人们独处的时候，最容易放松道德警戒而恣意妄为。其实，内心深处的念头，不为人知的言行最能显示一个人的道德灵魂。运用慎独法要注意以下几点:

（1）教育者要加强自我监督。在日常工作和生活中，教育者都不能放松对自己的要求，而要严格自律，加强自我监督，自我管理。

（2）与受教育者分享慎独体验。教育者通过对自己独处时的行为与内在体验的感知与觉察，一方面对自己的道德动机、道德信念进行深刻反思，以提升自己的道德境界；另一方面与受教育者分享独处时的体验，指导受教育者在“隐”和“微”处下工夫，时刻显现自己的善心。

（3）加强道德信念、道德习惯的养成教育。让职校生逐步做到诚实正直，坚毅刚强，表里如一，是非分明，严于律己，最终达到慎独的自我境界。

（五）行为训练法

行为训练法是一种让学生在日常学习、生活和工作中履行道德规范、经受道德锻炼、形成道德行为的德育方法，也称实践锻炼法。这是促进职校生美德形成的德育方法。良好的道德行为是思想品德形成的重要标志。我国的教育家非常重视人的道德行为，孔子提出“躬行”“听其言，观其行”，朱熹则主张对人的教育要从小练习“洒扫、应对、进退之节”，陶行知先生提出“做中学”“教学做合一”“学之不若知之，知之不若行之”。我们开展积极德育，其根本目标就是培养职校生的良好道德品德，即形成美德。因此，行为训练法不仅体现积极德育的理念，也继承了古代教育家的重要思想。行为训练主要从以下几个方面进行：

1. 组织活动

活动是行为动作构成的主体与客观世界相互作用的，是职校生品德赖以形成和表现的基础。所以组织开展积极而有意义以德育目的为主的活动，让职校生在活动中扮演一定的角色，可以更好地认识角色的道德规范，感受角色的道德价值，加强职校生的道德认知和道德体验，从而实施角色的道德行为。

2. 行为规范

要将职校生的日常行为纳入德育的范畴。要求他们从每天的每件事情入手，认识自己言行的道德意义，并自觉地控制自己的行为，使之符合学校规章制度，符合社会道德规范要求，形成美德。行为规范的特点在于德育目标的日常化、生活化、经常化。因此，要从德育方法的角度，让学生在一种道德生活中感受到道德的美感和判断善恶的基本标准。

3. 道德评价

道德评价的标准必须和德育目标相一致，否则学生就无所适从。道德评价的方法可以是表扬或奖励，也可以是批评或处罚，但积极德育倡导激励为主。道德评价要及时、客观、中肯。道德评价的最终目的是使学生更加明确自己的努力方向，获得更适合自己道德养成的方法和得到道德意志的强化训练。

三、职业学校积极德育方法的选择和实施

（一）传统德育方法选择与实施中存在的问题

（1）针对性较差。德育实践中，教育者采用同样的方法运用于不同学生，效果是不一样的。世界上没有两片完全相同的树叶，也没有两个完全相同的学生。学生的年龄不同、个性特征不同、气质风格不同、心理水平

不同、家庭环境不同、社会经验不同等，决定了不能采用相同的千篇一律的德育方法。而要走进学生心灵世界、生活世界，不能仅凭主观美好愿望选择德育方法。

（2）实效性不高。目前我国德育实践的困境是：德育口号越叫越响，德育人员越来越多，德育投入越来越大，但德育效果越来越差。如何解决这一问题，在方法论环节上需要认真加以研究。

（3）缺乏魅力。德育魅力来源于教育者。教师是学生最接近的榜样，教师的言谈举止、思想作风、为人处世的方式和态度，甚至教师的个人爱好、习惯等都会成为学生学习的内容。教师具有较高的人格魅力，对学生润物细无声的作用就会发挥，德育的实效性就高。

（4）形式主义严重。有的学校开展德育活动时，并不以学生健康成长为出发点，而是为了吸引领导和社会的眼球，把重点放在墙上有文、报纸有声、电视有影、领导肯定的表面成效上。看似轰轰烈烈、热热闹闹，其实很难真正提高学生的道德水准。

（5）惩罚过多。消极德育普遍关注受教育者身上的各种问题，教育者会认为职校生不是小孩子了，是有自立能力的人了，他们出现问题行为，是他们主动或有计划的行动，是有意为之。因此，必须采用批评、训斥、惩罚等教育方式，让他们为此付出代价。

（二）积极德育方法选择和实施中应注意的问题

德育方法各有不同的特点和作用，其间也有着内在的联系，是互相配合、相互补充的。因此，我们在实施积极德育时，在德育方法上要打破思维定式的束缚，要全面、灵活地认识和使用德育方法，特别要注意以下问题：

（1）时代性。当前，经济全球化、科技国际化、文化多样化、信息多元化正冲击着校园，职校生再也不囿于在课堂、报纸上了解世界，互联网成为一个方便、快捷了解世界的窗口。多元思想观念、道德规范的并存、交流和碰撞，使得职校生思想道德充斥着多元和各种矛盾。学校环境是社会环境的一部分，学校生活与社会生活不能有两套伦理原则。因此，学校德育必须走出封闭的课堂，推行多种多样开放式的德育模式，运用多种多样的德育方法，加大实践环节，增强社会体验，在复杂多变的社会道德情境中尝试进行道德抉择。让职校生在人际交往中体验情感，在克服困难中磨炼意志，在解决具体问题时履行道德行为。

（2）多元化。我国正处于社会转型时期，不可避免带来各种社会失范、文化冲突、思想碰撞、价值多元、信息杂乱繁多的冲击，对心理尚未完全成熟的职校生影响很大。面对价值取向多元化的现实，学校积极德育的重要使命是引导学生接受主导价值观、学会正确选择。当社会的价值导向比较单一时，学校德育通过制定道德规范，并对学生进行灌输、宣传，就能达到目的。然而面对社会价值取向多元化的现实，学校德育再通过强行灌输等以往的方式方法就难以奏效了，必须选择新的德育方法，才能提高德育的实效性。

（3）主体性。当今社会，职校生在道德发展、价值选择和人生取向等方面都面临着多元选择，教育者不能也不可能代替他们做出选择，必须让他们在教师的指导下学会自我判断、自我抉择、自我控制和自觉成长，就是要让职校生成为道德选择的主体。德育要取得好的效果，就必须尊重他们的主体地位，给他们以足够的尊重和信任。要开展互动教育，调动职校生的积极主动性。要改变以教育者为中心的思维方式，改变“我说你听”的教育方式，使职校生由被动者变为主动参与者，在互动教育中达到自我教育的目的。职校生真正参与了，真正体验了，才会有感受，才能在体验感受中升华道德情感，提高道德认识，践行道德行为。

（4）积极性。职业学校积极德育的主要目标是培养职校生积极的道德人格。因此，针对消极德育以矫治、规训、惩戒、限制为主的消极德育方法，强调采用积极的正面为主的德育方法，激发职校生的积极体验，促进职校生的积极认知和增加职校生的积极行为。这里的“积极”至少包括下列几层含义：①致力于激发职校生的积极道德发展愿望与潜能；②为职校生创设积极的健康向上的德育环境；③激发职校生道德情感的积极体验；④构建积极的、良好的主体性德育关系。

小结：本章重点论述了积极德育的实施原则、途径与方法。共分三节，第一节结合学校德育的基本原则、职业学校德育的一般原则，进而详细分析了积极德育的实施原则；第二节从德育途径的优化和整合入手，结合职业学校的具体实例，系统分析了职业学校积极德育的实施途径；第三节重点分析职业学校积极德育的实施方法，并强调了积极德育方法选择和实施中应注意的问题。

第五章

职业学校积极德育的实施策略

积极德育的实施策略就是为了实现积极德育的具体目标，根据实施过程可能出现的问题制定应对方案。职业学校德育工作有其艰巨性、复杂性、多变性，在积极德育的实施过程中应根据职校生的特点和具体情况，及时采取相应的策略。

第一节　职校生积极行为支持策略

在品德结构中，道德认知、道德情感、道德意志、道德行为四个要素既具有相对独立性，又互相联系、互为前提、互相制约和互相促进。一般来说，知是基础，情是一种内心体验，意是一种远大的精神力量，行是关键。道德行为的一个客观特征是其行为后果的直接现实性，亦即道德行为的结果是客观的。因此，道德行为是品德一个循环中的终末环节，也是更高循环中的依据和基础。道德行为既可使道德认知、道德情感、道德意志得到检验，又可以加深和提高道德认知、增强道德情感、锻炼道德意志。可见，道德认知、道德情感、道德意志固然重要，但作为道德品质形成的关键因素的道德行为更为重要。道德行为要经过反复实践，养成习惯，才能成为稳定的道德品质，因此，在积极德育实施中，要特别注意反复培养职校生的道德行为。

积极德育的根本目标是培养良好的道德品质，使个体真正成长为有道德的人，即形成美德。而美德是通过反复实践合乎美德的行为而获得的一种心理习惯。道德品质就是一种经常化、自动化的行为习惯、行为模式。而这样的行为习惯、行为模式，是反复、长期道德行为的固化与稳定的结果。陶行知说："学之不若知之，知之不若行之。"因此，我们在积极德育行动研究中，选择了职校生积极行为支持策略进行实验，希望通过"职校生积极行为支持策略"的实施和研究，培养职校生积极的道德品质，形成美德，从而使其成为有道德的人。

一、积极行为支持的概念与典型特征

（一）积极行为支持的概念

"积极行为支持"一词是霍纳及其同事在 1990 年发表《走向非厌恶性行为支持的技术》一文中提出来的。虽然这个名词提出只有二十几年的时间，但其在学校内的应用却越来越丰富。目前，该理论技术已经成为行为干预领域最重要的理论技术。

在"积极行为支持"这一概念中，"积极的行为"是指可以增加个体在学业、工作、娱乐、社区以及家庭等方面获得成功与满足感的行为或行为习惯。积极行为是无损于他人、社会的行为，是符合社会基本道德的行为与行为习惯。而所有可以用来传授、加强以及扩展积极行为的教育方法，以及能够用于增加积极行为的系统改变的方法，都可以称之为"支持"。它运用教育的方法扩展个体的行为技能，采用系统改变的方法重新构建个体的生活环境以改善个体的生活质量，并且让个体的良好行为得到强化、问题行为最少发生。其价值在于强调可帮助个体获得某种有质量的学习生活，而这也被认为是个体自己的选择。学校范围的积极行为支持就是在学校情境中开展的积极行为支持，是一种用于建立学校文化和提供个别化行为支持的系统方法，其目的在于使学校成为一个对所有学生来说都安全的、有效的学习环境，并促使他们在学校里表现出积极良好的行为。

（二）积极行为支持的典型特征

1. 重视生涯效果

生涯的改变意味着职校生的家庭生活、工作、社会关系或者所遭遇的问题都得到改善，而着眼于生涯改变的干预技术也就是促进职校生在这些领域得到改善的技术。积极行为支持强调的就是要帮助职校生获得广泛性的具有生涯特点的改变，从其干预目标来说，减少问题行为的发生仅仅是其第二重要的目标，而其首要的干预目标则是促使职校生获得积极的、持久的、稳定的、有意义的生活，并能适应社会的变化。

具体来说，生涯方面的改变可以体现在以下层面：①职校生社会关系的改善，如友谊的形成，良好社会关系的建立；②职校生的满意度，如职校生对自己的生活、工作、学习等方面建立的自信以及由此获得的快乐等；③就业，如职校生在某个职业领域的技能水平，适应程度等；④自我决定，如职校生行为的控制感、生活方式的选择权、独立性等；⑤休闲与娱乐，如是否有足够的机会进行休闲活动以及活动的质量如何；⑥社区适应，如职校生的家庭生活技能水平、生存能力等；⑦社区融合，如在社区中行为的能力，参与社区活动的机会。

2. 强调社会效度，关注系统改变

积极行为支持不仅重视职校生良好行为强化和问题行为改变的客观变化，同时也注重职校生所处环境中那些重要人物的看法和主观感受。比如，父母、家庭其他人员、班主任、学校管理人员、其他学校工作人员等。因此，在制订行为支持计划中，就哪一些干预策略将被纳入计划中实施，专业工作者需要充分考虑这些人员的立场和意见。而且，关于干预的效果，这些人员的态度也是重要的评估指标，如他们是否满意于职校生行为问题的改变、家庭整体生活质量的改善或者班级课堂秩序的变化，等等。这都体现了积极行为支持对社会态度的重视。

关注系统改变，也意味着系统中的各个成员是干预实践中的重要成员，他们需要调整、改变自己的行为去促使学生的良好行为强化和问题作为发生改变。学校范围内的积极行为支持不再如过去一样采用由专家主导的方式开展干预，而是强调由实际干预者主导的干预模式。这就意味着职校生生活、学习的自然环境中的那些重要成员如班主任、父母、任课教师等不仅仅是专业人员的助手，更与专业人员一样，是行为干预的参与者、合作者。他们行为的改变有利于职校生对问题行为的认知和改变。

3. 强调群体合作

积极行为支持在实施过程中非常重视职校生所处的多个环境，如学校、家庭、社区环境等，强调通过环境的调整达到改善行为的目的。从实践操作上说，积极行为支持的实施是一项基于小组合作的行为干预实践，在开展行为干预的过程中，需要围绕职校生个体成立一个有效的行为干预小组。专业工作者、班主任、学校管理人员、任课教师、父母、同伴、社区人员都是这个干预小组中的重要成员。他们不仅需要而且也能够为职校生问题行为的评估提供需要的信息，同时他们也是行为干预计划制订与实施过程的重要合作者与实施者。

4. 重视前奏干预，强调预防

积极行为支持一个非常明显的重要特征，那就是重视对问题行为的预防。人们普遍认为问题行为的最佳干预时间是在行为还没有发生时，因此它更强调采用事前积极主动干预而非消极的事后干预的方式来处理问题行为。

强调对问题行为进行主动预防，是积极德育的基本理念，也符合学习的原理。对于职教生出现的问题行为，可以将其看作他们未能学会良好行为来处理所面临的问题的一种表现。从这一角度来说，对职教生问题行为的主动干预应重视教他们用新的良好行为或者恰当行为来处理所面临的问题。另外，通过自我管理或者自我控制训练提高职校生对不良外界刺激的容忍力，让他们在不良外界刺激物存在的情况下始终表现出良好行为，也是积极行为支持实践中的一种重要干预手段。此外，强调对问题行为进行主动预防，也表现在对积极行为支持实践中极少使用惩罚来对职教生问题行为进行事后干预，如果在积极干预技术单独使用无法取得效果的情况下需要采取惩罚，也最好能够结合对良好行为的强化等积极干预技术。

学校范围的积极行为支持的主动预防体现在以下几个方面：①预防出现新的问题行为；②预防诱发问题行为；③预防已有的问题行为变得更加

严重。学校范围的积极行为支持的三级预防干预模式（下面介绍）也体现了这一特征。例如，其针对全校所有学生实施的初级预防的重点，首先是通过主动的基于实证的策略，鼓励职校生的亲社会行为来预防问题行为的出现，不管是减少、消除引发问题的前奏刺激，还是学生新的良好替代行为，设计这些策略的出发点，首先是预防问题行为的发生。

5. 重视教学活动

教学永远具有教育性，这是德育规律，也是教学原则。积极行为支持强调要教学生新的替代性的亲社会行为，这不仅可以预防问题行为的发生，而且也体现了积极德育的基本理念。当职校生出现问题行为时，也意味着其没有掌握必要的行为或者技能来处理所要面对的学业或者其他社会交往方面的问题，而职校生新的良好行为可以帮助他们在学校里获得学业或者人际交往方面的成功。因此，根据职校生的具体情况为他们设计新的良好替代行为并进行教学，是积极行为支持学校实践的重要内容。

6. 收集和使用资料的主动决策

学校范围的积极行为支持的核心是收集和使用资料所用于主动的决策，当积极行为支持在学校内实施时，要求实施者持续地收集相关资料或者数据，以便确定学校是否一致地、很好地进行了积极行为支持的实践，以及职校生是否因为实施积极行为支持而受益。这些资料也为学校调整积极行为支持计划提供了证据。

二、职校生积极行为支持的实施

（一）职校生积极行为支持的三级干预模式

应用积极行为支持进行职校生问题行为预防与干预，主要基于这样一个假设，就是行为规则在学校中的使用可以增加职校生的亲社会行为，并有助于建立更加积极的学习环境。具体地说，当职校生恰当行为的出现次数增加时，社会不接受的行为也会相应减少，表现在学校环境中，就是当职校生遵守学校和班级行为规则的行为增加时，他们就会更少出现破坏学习环境的行为；而且，当职校生更多地投入学业任务中时，他们相应获得的有关学业的正面反馈也会越多，这也更加有利于他们的学习。

职校生的积极行为支持通常由三个干预层级组成，它们分别是初级干预（也称普遍的支持或初级预防）、二级干预（也称目标干预或二级预防）和三级干预（也称强化支持或三级预防）。

1. 初级干预

初级干预是在整个学校范围内实施的干预，面向全校所有的学生。这一层级所开展的工作属于基本的预防性质的行为支持。在该层级所采用的并不是个别化的行为支持策略，而是为职校生、教师、工作人员等学校中所有成员培养广泛的、积极的社会文化的一组干预技术。我们在研究中发展，有 85% 左右的职校生将受益于这个层级的服务，但还有 15% 左右的职校生需要额外的支持。

这一层级的核心目标是通过直接传授学生所期望的适当行为，并用一致的策略在全校范围内对恰当行为的强化策略以及对不适当行为的处理，以促使学生掌握适当行为。初级干预很重要，它可以大面积提高学生的恰当行为，如果初级干预层级的策略不够有效，那么需要二级干预和三级干预的学生比例就会提高，而教师难以在很多学生身上开展深入的个别化的干预服务，不可能有足够的时间去处理每个学生的独特行为需求，因此，初级预防层次的支持服务策略最好能够有效地鼓励所有学生表现出良好的行为。

我们在研究和实施中，实行了全员德育导师制。学校形成了以专业系部、班主任和全体任课教师为主的导师队伍，面向全体学生和学生的每个方面。导师的职责在于思想引导、学业辅导、生活辅导、心理疏导。具体实施办法是：合理搭配，分别承包；摸底调查，建立档案；家访联系，及时沟通；个别谈心，形成记录。期末按受导学生的成长档案、谈心记录与效果、受导学生的行为表现及控流成效、受导学生的满意测评和受导学生家长对导师的评价等指标，实行百分制考核奖惩，以切实增强初级干预的效果。同时根据违纪学生惩戒记录、控流情况等资料来确定学校内部各个系统干预策略是否需要进行调整。如果学生管理部门一学期内学生的惩戒人数超过 15%，那么，就意味着学校在开展有效的行为支持方面存在很大的问题，这也说明全校范围内的干预，即初级干预策略不够成功，需要重新调整。因此，开展学校范围的积极行为支持，首先要开展有效的全校以及全班的管理实践，以尽可能减少因问题行为进入二级和三级干预的学生人数。

在初级预防层级，一般要完成以下任务：①建立并明确积极行为支持的目标和期望；②为学生在各种活动中的适当行为提出规范性要求；③用专门的德育课对期望学生表现出来的适当行为进行教学；④对班级或班级外情境中学生的行为进行积极监督；⑤制定对学生的适当行为和不适当行为进行反应的策略；⑥建立全校教职工齐抓共管的学生行为强化系统；⑦一旦学生在初级干预中没有做出及时反应，要有步入下一层级的行动计划，并有力地执行。

2. 二级干预

二级干预是专门小组的干预。针对的是初级层面的支持没有反应没有效果的一部分学生，即高危行为学生，其行为需要更加深入的支持才能改善。这一层级覆盖的学生人数比初级干预少，大约占全校人数的 5% ~ 15%。确定二级干预的学生对象要考虑两方面的问题：一是确实存在令人担心的行为或者已经表现出某些存在对社会、情绪、行为适应问题征兆的学生；二是追踪普通学生以发现可能开始显示出存在社会、情绪、行为问题风险征兆的学生。这些学生通常有以下表现：①学生平均成绩严重落后于班级平均水平，而且有很高的缺席率；②以往有问题行为历史，尤其是有多次被停止学业或者有退学经历；③多次因行为问题受到批评或惩戒。利用这些材料开展干预工作对于系部、班主任、导师来说比较有优势，因为他们都会对学生的这些资料进行系统跟踪，而且学生在这三方面的表现与其未来的行为问题也有非常紧密的关系。

需要二级干预的学生由导师根据上述要求提名，由班主任和系部共同确定。他们除了要参加二级干预层级上开展的活动之外，仍旧需要参与第一层级的干预，从而提高干预的效率，同时也对预防和积极期望进行了强调。二级干预的目标在于通过对学生问题行为的快速有效反应，以减少问题行为的发生，通过提供额外的支持来帮助这些高危学生更好地在学校里获得进步。

这一层级的干预常使用的干预策略有多种，比如，自我管理策略（如自我记录、自我评估、自我强化等）、契约管理策略、积极行为期望教学，等等。在确定干预策略时不仅要考虑学生的需求，同时也要考虑学校可获得的或者可利用的资源，特别是学校教职工（尤其是德育队伍）的能力水平。二级干预的实施过程由我们成立的一个全校范围的干预小组执行，这个小组的成员负责协调系部、班主任、导师在什么时候在什么地方以及如何开展二级干预工作。另外，他们也需要与系部、班主任、导师对实施过程中干预实施的精确度、学生行为的变化进行监控。

一般来说，对进入二级干预层级的学生，干预小组需要与学生、父母、班主任、导师、任课教师以及学校管理人员等建立一个常规的交流机制（如每日、每周、每月、每学期等），以收集有关学生的行为变化等方面的资料。因此，在实施过程中，常常需要学生和教师对行为进行自我控制。同时，干预小组也要通过非正式的访谈等方式获得学生行为方面的资料，通过量化的方式监测学生行为的变化，以判断学生是否在二级干预中受益，并确定二级干预的方案或者策略是否需要进行调整。

3. 三级干预

三级干预是专门的个别化的干预，针对的是那些对初级干预和二级干预都没有反应、没有效果的学生个体，即存在“严重行为危机”的学生。当学生的行为问题越来越具有挑战性，且其他干预方法没有显示出期望中的效果时，那么就需要为其提供更加深入的个别化的行为干预。三级干预覆盖的学生人数最少，约占全校学生总数的1%～5%。这一层级的干预面对的是个别学生多重的、特殊的需求，因此，三级干预通常需要由一个个别化行为干预小组进行，这也是三级干预的一个基本特征。在实施过程中，行为干预小组还需要与系部、班主任、导师一起协作，设计并实施行为干预。如果遇到的是患有严重行为障碍的学生，由于他们常常会出现严重的情绪和适应问题，因此，三级干预还要结合学校心理健康教育为学生提供支持和服务。很显然，针对这些学生的个别化行为干预不仅需要干预者投入大量的时间和资源，同时对德育工作者的专业化程度要求也非常高。因此，其覆盖的学生人数是三个层级中最少的。

接受三级干预的学生由导师和班主任共同提名，系部和干预小组共同确定。他们一般仍旧需要参加初级干预和二级干预的活动，同时还要接受个别化的深入行为干预。干预者通常要为每一个学生制订一份全面的有针对性的行为支持计划。这份行为支持计划一般会包括以下内容：①预防行为问题发生的策略；②传授新的适当行为技能；③确保适当行为获得强化的同时避免强化问题行为的策略等。

（二）积极行为支持的实施过程

全校范围的积极行为支持强调的是如何采取最小的行为干预而让全校学生的行为干预产生最大的、最明显的效果。一般情况下，积极行为支持会涉及五个层面的内容：①全校范围内：面向所有的学生及其家庭、教职工，主要的干预策略包括确定并向全校声明学校范围内的行为目标，使用正式的课程来教授学生良好的目标行为，在全校范围内强化恰当行为，基于学生行为资料做出决策等。②教室范围内：面向班级中的所有学生，将学生行为管理与课堂教学相结合，主要的干预策略包括加强班级日常管理，积极地监督、促进学生学习的参与和成功等。③班级范围外：指学校内普遍的、非课堂教学的情境，干预策略包括积极地监督、使用提示，教授某些特殊的行为规则、正强化等。④家庭范围：指的是父母和社区在学生学业方面的支持，干预策略包括积极地与学生沟通，家庭的行为规范实践和正强化等。⑤学生个体：为那些对干预没有反应的学生提供个别化的行为或者学业方面的支持，如小组式的或者个人认知与行为方面的咨询，基于行为功能的支持，以个人为中心的计划、以社会技能和自我管理为目标的教育等。可见，在校园范围内开展积极行为支持是一个系统的工程，这种覆盖全校范围的行为支持方法要求有一个正式、系统的实施过程。在学校层面，这一实施过程包括以下四个基本步骤。

1. 建立全校性的领导小组

建立全校性积极行为干预的领导小组，这是为所有学生提供有效行为支持的组织保证。我们在研究和实施中，成立了以校长为组长的领导小组。这个小组需要负责组织、整合、协调和实施有效的行为干预，小组成员包括学校领导、职能部门干部、德育专业人员、教师、家长、学生以及后勤职工等。积极行为支持计划在学校内能够成功实施很大程度上取决于这个小组一起合作、工作以达到目标的能力，小组成员间的矛盾以及意见不一致都很容易导致合作失败。

根据学校行为支持系统的规模、结构以及学生人数等，每个学校的行为支持领导小组成员可以有所不同。但一般来说，核心成员通常是由学校管理人员、行为专家、德育工作人员代表组成。而行动干预小组则可以包括1～2名核心小组成员、父母、班主任以及其他在学生生活中非常重要的人员，如咨询员、社会工作者、招生人员等。领导小组与行动小组在积极支持计划实施过程中将一起合作处理每一件学生惩戒事务。在这个支持小组中，至少要有一名成员对功能性行为评估和个别化行为支持非常精通。

领导小组要完成的任务包括：①设计全校性的积极行为支持系统；②检查学校和班级的管理流程；③检查全校积极行为支持系统实施的一致性；④检查班级资料，确定改善那些常常出现许多行为问题的班级的方法；⑤帮助班主任确定额外支持和深入支持的学生；⑥帮助班主任设计并实施二级、三级干预支持；⑦收集有关干预效果过程的监控资料并评估；⑧检查学生接受个别化行动支持后的进展情况。

成立领导小组以后，要通过一系列活动，与教职工进行交流，让他们对学校即将实施的积极行为支持有一个深入的了解，同时也要求他们积极参与到这个活动中来，告诉他们，这也是他们专业发展的机会。

2. 制订积极行为干预计划

在这一步，行为支持领导小组要参考学校独特的文化、环境以及校史等特点，如招生情况、学生家庭经济文化特点、教师构成情况等，以此来设计行动计划。全校性的积极行为支持计划由三个层级组成，每一层级针对的学生对象以及问题行为不同，所提供的行为支持策略也有所差异。因此，要根据所针对的学生对象范围以及干预层级要求进行设计。

3. 实施积极行为支持

在积极行为支持干预实施过程中，有几个重要问题需要注意：①实施的一致性；②实施的可持续性；③计划的调整。要求这三方面获得最佳的效果，需要达到以下条件：①所有成员积极投入并对所要完成的任务非常了解；②能够熟练地运用相关行为支持技术；③学校的资源足以支持干预计划实施；④所设计的相关活动符合学校文化等特点；⑤小组收集的资料能持续不断地为行为干预计划的调整提供依据；⑥参与实施的教职工能够获得相应的奖励。

4. 开展持续评估

在实施过程中，积极行为支持领导小组要不断地收集资料，以对行为干预效果进行持续评估。评估的内容主要包括三个方面：学生行为的改变，积极行为计划的合理性和可接受性，教职工、父母以及学生对该计划的满意度。

在对积极行为支持计划的效益进行评估时，要尽可能采用数据容易收集、费时较少的评估方法，这也有助于班主任在实际工作中采用这种评估方法对行为支持计划的效益进行监控，更有利于收集到有干预效果的真实数据，便于对计划的继续执行、监控或者调整做出决定。

三、积极行为计划成功实施的条件

在研究和实施中，我们感到影响计划成功实施的主要因素有：①专业化知识和持续学习的机会；②专业态度和信仰；③学校机构、政策等对实践者施加的竞争性要求以及每日工作责任。在积极行为支持实践中，最常碰到的问题是：①活动的原则和实践不能被学校教职员工理解，接受积极行为支持观点的教师人数有限；②教师没有足够的时间进行积极行为支持的实施；③教师没有足够的时间去协调积极行为支持的活动；④教师很难改变他们原来的行为管理方式；⑤教师仍然认为，对问题行为的观点是他们被处罚；⑥为教师提供的实施积极行为支持的培训有限，教师缺乏相应知识；⑦积极行为支持计划未能融入学校工作；⑧教师对行为干预的期望是让问题行为快速地减少，期望值过高、过快；⑨参与人员缺少应有的奖励。因此，要使积极行为支持计划成功实施必须具有以下条件。

（一）教育行政机关和学校领导的支持

如果教育行政机关和学校领导对积极行业支持计划不能理解和支持，认为这项活动可有可无，那么行为支持计划就很难实施，活动的经费也很难保证，德育工作者也很难有积极性去参与这项工作。因此，开展此类活动，首先要得到教育行政机关和学校领导的支持，这是积极行为支持计划取得成功实施的首要条件。

（二）建设一支有信仰、专业知识强的行为干预队伍

积极行为支持计划的实施需要全体教职员工的共同努力，要形成一个共同的目标，要为学生创建一个有利于他们强化良好行为、改变问题行为、提高学业成绩、社会技能的环境，这应成为所有人员的共同理念。因此，必须提高全体教职员工的思想认识，加强培训，提高他们的专业业务水平，让绝大多数教职工理解并支持这项工作，并感到这项工作的意义，这样他们才能自觉地、积极地投身到这项活动中去，同时也有能力处理好积极行为干预活动中出现的问题，这是积极行为支持计划成功实施的关键。在此过程中，要注意克服和处理教职工持有的几种错误观念。

（1）学生应该自我激励。不少教职工认为，学生应该有表现出良好行为以及努力学习的内在动机，就是说，教师不应该对学生表现的良好行为或者努力学习的行为进行强化，因为这些行为是他们应该表现出来的行为，不应受到强化、激励。行为支持小组要认真对待教职工的这种想法，对于学生来说，他们确实应该拥有内在动机去表现出良好的行为或者努力学习，但当他们没有这种内在动机时，则需要外部激励或者强化去鼓励他们表现出良好的行为或者努力学习，而发展他们的内部动机则可以成为长远目标。对于职校生来说，这一点尤为重要。

（2）学生应该为他们的问题行为负责或受到惩罚。很多父母、教职工认为，职校生不是小学生、初中生了，而是有自主能力的人了，他们出现问题行为，是他们主动或有计划的行为，是有意为之，因此，他们要为自己的行为付出代价，即接受处罚。如果教职工或父母存在这样的观点，那么，他们就很难接受有关行为干预措施要包含根据学生问题行为功能，教学生恰当的替代行为以满足原有问题行为功能的观点；他们也很难从学生技能发展水平的角度去考虑问题行为所具有的表达功能。如过多地采取惩罚措施有时虽然能让学生的问题行为快速地停止，但这无助于提高学生的行为能力水平，有时甚至发展到更复杂的问题行为。因此，在积极行为支持计划制订和实施过程中，行为支持小组要花大量的时间让教职工、父母真正认识到学生表现出来的问题行为及其功能。

（3）这不是我的工作。一些教职工认为：开展学生积极行为干预只是班主任或心理辅导员的责任，他们所要承担的任务就是教学生学科知识，提高学生的学业成绩和就业技能。其实，学生的良好行为与其学生成绩和就业技能有着密切的关系，帮助学生表现出良好行为是每一个教职工的责任，创建一个有利于学生学习以及社会技能发展的校园环境也有利于提高学生的学业成绩，每个教职工都对创建这样的校园环境负有责任。让所有教职工参与积极行为支持计划的实施也能使他们了解这项工作的意义，从而理解和支持这项工作，因为没有绝大部分教职工的理解和支持，就会导致对这项工作认识得不一致，从而影响到它的成功实施。

（4）我没有时间做这个。在职业学校，职校生发生问题行为比较普遍，教师往往希望花较少的时间和精力让每个学生的问题行为得到改变，因此，在学校内实施积极行为支持的过程中，可能会听到教师抱怨“我时间不够，做不了这个”“我很忙，没时间做这个”“我处理问题都忙不过来，哪有时间忙这个呀”。调查显示：教师常常提到的问题有：时间不够、训练不够充分、工作人员之间意见不一致、缺乏资源、缺乏管理部门支持、缺乏学生父母支持等。如果在干预计划的开始阶段，让教师清楚地知道如果他们在干预计划实施过程中投入更多时间和精力，随着干预进行，所需的时间和精力将逐步减少并最终少于他们现在所应用的管理技术，这叫“磨刀不误切菜时”，那将对促进教师积极实施干预计划是非常有帮助的。当然，在制定工作方案时，也要根据教师教学任务重、工作忙碌、时间紧张等实际情况及拥有的资料来综合考虑具体的干预内容、措施和方法。

（5）区别化对待学生是不公平的。一些教职工认为，现在教育提倡公平。所谓公平，就是公平对待每一个学生，即对待每个学生的态度和方式应该是一样的。因此，区别化对待不同学生就意味着不公平。而积极行为支持的推行，意味着对待不同学生的行为采取的应是个别化干预策略。对于持上述观点的教职工，积极行为支持很容易引起他们的反对。行为支持小组要向教职工解释，根据个体的特殊需求开展行为干预，差别化对待学生符合个别化教育原则，符合因材施教原则，这不仅不是不公平的，而是以学生为中心，更加注重满足学生个体的特殊需求，是真正的公平。

（6）这不是我的问题。在积极行为支持干预中，往往要求德育工作者为了学生的行为问题改变他们原来的做法，他们很容易产生这样的想法，“为什么我要改变，这又不是我的错”或“我是坏老师，我的错误做法导致学生出现了问题行为”。这样的错误想法很容易导致教师在行为干预实践中出现抵制心理，降低他们开展积极行为干预的效能感。行为支持小组要让教职工认识到，他们所开展的工作对于大多数学生来说可能是有效的，但这些常规的措施在个别学生身上没有产生效果，因此需要他们采取特殊的措施去改变这些学生。而让他们改变教学策略或调整教学活动安排并不是他们做错了，也并不表明他们没有能力，这样做只是让他们的教学活动、内容和方法、管理模式更加适应不同学生的需求。

（7）这个不会起效果的。在职业学校，有些职校生在进校前就是所谓的“差生”，进校后也会出现屡教不改的情况，因此，一些教职工会对积极行为干预内容和措施的效果产生怀疑，甚至抵制，如“这个不会起效果”或者“我已经实施过了，没有效果”，等等。在行为干预计划实施过程中，当学生的行为改变很缓慢或者很长时间只获得较小的变化时，教职工的这种怀疑就很容易出现。行为支持小组如果不对之进行处理，就很容易导致教职工放弃继续实施积极行为支持，导致干预中断、失败。这也是为什么要不断地在干预实施过程中对干预效果进行监测，它也是之所以要建立学生和教职工奖励系统的一个重要原因。当教职工和学生清楚地看到了学生行为的变化，学业上的进步，他们才会进一步实施这个行为干预计划。这也意味着行为支持小组要根据监控获得的相关数据及时对行为干预计划进行调整，以获得行为干预的成功。

（8）我没有能力做这个。职校生问题行为较多且改变较慢，教职工对问题作为以及发生原因的错误理解很容易让他们对自己失去信心，如“我没有能力做好干预”或“我对职校生的教育真是没办法了”。研究表明，大多数教职工在积极行为支持实施过程中，非常希望获得资料收集和记录、管理人员支持以及对干预实施进行监控方面的技术帮助。因此，在积极行为支持干预计划实施前和实施过程中，要不断地对教职工进行培训，增加他们实施的能力，这是非常重要的。事实上，教职工也会常常对自己是否实施行为干预缺乏信心，而对自己的能力缺乏信心反而让他们更多地去怀疑行为干预计划的效果，对行为干预实施产生更多的抵制。因此，我们在研究和实施中，多次邀请专家讲学，加强对教职工培训，提高教职工实施的能力。这也是积极行为支持干预计划成功实施的关键所在。

（三）建立配套的奖励机制

我们在研究中发现，开展任何一次活动，如果缺乏激励机制，活动很难获得较理想的效果。因此，建立教职工和学生的奖励系统对积极行为支持的成功实施具有保证作用。积极行为支持的实施需要教职工在完成本职工作的同时还要增加不少有关行为管理方面的工作，要花费较多的时间和精力收集和监控学生行为数据等表明干预效果的资料，还要参加有关积极行为支持的会议和研讨会。对于教职工的努力以及效果，学校也应该建立相应的激励机制，以促使其更好地实施干预计划。而对于学生来说，建立全校范围内的针对所有学生的行为奖惩机制，也有利于对学生进行行为管理。缺乏对教职工和学生的激励机制，会让他们缺乏行为的内在机制。

总之，推进积极行为支持策略在学校的实施过程中，小组人员要着重关注以下几个方面的因素才能促使其成功实施。①要保证全校范围内具有代表性的人员成为小组成员，参与问题解决以及基于资料的决策过程中。②学校领导要主动地参与全校性的小组计划制订过程中。③以文件的形式保证全校人员一致同意对所有学生进行教育，并改善学校的氛围，创造积极的育人环境。④有足够的师资和时间用于积极行为支持计划的制订和实施。⑤对小组活动、教师专业化发展以及必要的资料收集等相关的活动提供预算支持。⑥发展用于资料收集管理的信息系统，以便更好地对相关资料进行监控分析。⑦对干预效果显著的教职工和学生给予相应的奖励。

四、指导家庭和社区积极行为支持策略

家庭和社区对个体的成长和发展有深刻的影响，作为职校生成长和学

习的重要环境，职校生的许多行为是在家庭和社区环境中形成的。父母及其他家庭成员、社区朋友等对职校生的教育观念、教育方式以及所提供的家庭社区环境包括经济文化条件等都可能与职校生的问题行为的出现有密切关系。因此，在学校范围实施积极行为支持策略中，必须指导家庭和社区的积极行为支持，形成学校、家庭和社区相一致的教育策略，这符合德育的一致性和连贯性原则。

（一）建立学校指导人员与家长、社区之间的良好关系

为建立指导人员与家长及社区之间的亲密合作关系，我们成立了家庭和社区积极行为支持小组，将家长和社区重要人员纳入小组中。同时，指导人员在开始实施行为干预前要有一定时间与家长和社区人员保持接触，创造了解彼此的机会。只有当双方相互信任，并能相互协作时，才有可能确保问题行为在家庭、社区评估与干预的顺利进行；也只有彼此所持有的对问题行为以及干预目标的认识是一致的，团队中的每一个人才有可能将各自的资源聚焦于一点，形成合力，进而共同努力去改善职校生的行为与生活方式，最终达到良好的教育效果。

（二）开展问题行为功能评估

在这项工作中，指导人员需和家长、社区共同完成下列任务：①确定职校生的具体问题行为表现以及行为干预的目标是什么。尤其是职校生表现出多种问题行为时，更需要找出最根本或者最迫切需要改变的一个或几个问题行为，以作为干预的目标行为。这一任务通常采取访谈的方式进行。②开展问题行为功能评估。指导人员要了解职校生在家庭、社区发生问题行为及其有关环境方面的信息，家长、社区也能更深入地了解职校生问题行为的发生与家庭、社区生活环境及家长教育态度、教育方式等因素的关系，并对职校生问题行为进行观察、记录。在收集到足够的、丰富的行为信息以后，指导人员需与家长、社区共同对问题行为进行分析，并就行为的功能提出假设。

（三）制订积极行为支持指导计划

在指导人员与家长、社区就职校生问题行为功能达成一致意见后，我们制订了具体的指导计划。当然，在这个过程中，家长、社区都是干预人员的重要合作者。家长、社区要根据他们自己对职校生问题行为的理解提出行为干预建议，只有当家长和社区认可行动计划的情况下才可实施，而且要根据他们以后提出的意见对行为干预计划不断进行调整，只有这样，才能形成整合一致的干预策略，从而促使职校生问题行为发生改变。

职校生行为支持指导计划一般包括以下内容：（1）职校生个人信息包括成长史、疾病史、教育史、障碍表现等。（2）职校生问题行为以及对家庭、社区的影响。（3）职校生问题行为功能评估过程与结果描述。（4）职校生行为干预目标。（5）职校生行为干预措施。包括：①前奏干预措施，如撤销环境中不良因素或者调整家庭布置，以减少诱发问题行为的可能性；②良好行为或者新技能教育训练策略，使职校生能够用良好行为来代替问题行为；③行为结果改变策略。如撤销对问题行为的强化，使其不再能够发展原有功能，继而减少或消失，并对良好行为进行强化；④生活方式改变策略。如职校生或家庭充分参与社区生活、与朋友更多交往等。（6）职校生行为干预实施效果监控计划。（7）职校生行为干预进展情况记录或阶段性回顾。

（四）实施积极行为支持指导计划

当行为干预计划制订之后，所有参与干预的人员都要明确各自承担的责任和任务。家长和社区人员要清楚自己所要完成的任务及其时间安排，指导人员要对他们进行训练、指导以及提供所需要的各种支持。积极行为支持非常强调在自然环境下运用正常化、自然化的手段对问题行为进行干预。因此，指导人员要与家长、社区深入讨论可以开展干预的每日生活安排，并确定在这些日常生活中进行干预的具体方法和途径。只有主动地将行为干预与职校生每日的生活习惯结合起来，他们的良好行为才能得到强化、问题行为才更有可能改变，其效果也更持久。

（五）评估、调整、追踪积极行为支持指导计划

评估的目的可以帮助家长、社区和学校指导人员决定是否需要对行为干预指导计划进行调整，或者是否需要结束干预。如果职校生的良好行为没有得到强化、问题行为没有出现预期的变化，那么就需要对计划进行调整。此时，也需要对前期行为干预措施的实施状况进行反思。当职校生的良好行为得到强化、问题行为获得一定的改善时，指导人员也应该与家长、社区共同商定今后的行为干预追踪计划。特别是职校生存在严重的问题行为时，其在干预期间减少或者消失的问题行为还可能在未来的某些时间再次出现，比如，当他们进入新的环境或者由于成熟所带来的问题时，指导人员可以与家庭、社区一起设计关于职校生进入新的情境或者过渡到新的人生阶段的衔接计划，并为他们提供必要的信息，如交流的技巧、兴趣、可能的挑战。

在指导家庭、社区开展积极行为支持的过程中，我们发现会遇到来自各种显性和隐性的阻力，这些阻力可能导致行为干预所需的良好合作关系破裂。常见的阻力可以反映在来自不同家庭、社区成员的言语上：①我没有时间做这个；②孩子不听我的，我控制不了孩子；③这些做法我以前做过，没有效果的；④我没有耐心这么做，我没法控制自己的脾气；⑤孩子交给你们了，就由你们负责；⑥能不能找其他人帮忙，我付钱好了；⑦这个太复杂了，我做不了，我家里人太多，没法配合；⑧这个计划多久才能有效？如果要很久，我们做不了的；⑨我们相信你们，能不能只是你们来做；⑩我们社区人员太少，能力不够，只能由你们做；等等。上述家庭及社区人员所表现出来的阻力反映了他们对行为表现的认识，他们并不认为职校生的行为表现与家庭、社区生活环境、周围人的教育态度、教育行为有着密切的关系。因此，专业工作人员要通过各种方式让他们认识到他们的看法是错误的。要让他们意识到，他们对待职校生的态度以及行为与职校生行为表现有直接的关系。要改变职校生的问题行为，他们首先必须改变自己的行为，调整职校生所生活的这个家庭和社会环境，形成积极的氛围。而且，也只有如此，职校生及其家庭整体的生活质量才可以得到提高，社区才能和谐稳定。对于家庭和社区成员的这些错误认知，指导人员采用以事实驳斥、检查等方式，将职校生发生积极行为和问题行为的整个过程拍摄下来，再让他们观看行为录像的同时，将职校生积极行为和问题行为的发生与其周围环境之间的关系分析给他们听。在此基础上，指导人员尝试着让家庭、社区就某些方面做一些改变，让他们看到他们的行为方式的变化会促使职校生良好行为得到强化、问题行为发生改变，从而真正理解并愿意从行动上改变自己在家庭、社区中的行为方式。

第二节 职校生心理调适指导策略

根据职校生心理问卷调查和观察访谈，我们选取职校生自我意识、人际关系、人格发展、学习、恋爱与性、职业规划、网络、挫折等心理品质和社会活动领域，开展职校生心理健康调适的指导策略研究，紧贴职校生的实际，紧扣职校生的心理需求，将知、情、行的获得融为一体。积极德育倡导培养职校生积极心理品质和发展潜能，因此，本研究不停留在“心理问题”的层面上，而是强调心理“主动发展”的层面。即不仅要让职校生掌握心理健康调适的方法，更重要的是让职校生在社会实践积极体验中，激活或唤醒主体心理活动的过程，形成心理健康调适的技能，感受心理成长的快乐。

一、职校生自我意识调适策略

职校生有认识自我、塑造自我、完善自我的欲望。他们希望清楚地了解自己是什么样的人，这对于他们今后的成长发展和幸福的生活有着极其重要的意义。

（一）自我意识的内涵

意识是人特有的心理现象。意识是人的心理反应的最高形式。自我意识就是对自身存在的意识，是一个人对自己以及自己和他人关系的意识。自我意识是意识的核心部分，是对“自我的认知”，就是自己对自己的认知。

从意识活动的内容上看，自我意识可分为生理自我、心理自我和社会自我。生理自我是个体对自己生理状态的认识和体验，如身高、体重、容貌等，它是在与他人活动交往过程中逐渐形成的。职校生是处于生理自我高度关注的时期。例如，女生关注自己的容貌，是不是漂亮，有没有吸引力；男生关注自己的身高，体形甚至生理器官等。心理自我是个体对自己的心理属性的认识和体验，包括自己的感知、记忆、思维、智力、性格、气质、爱好、兴趣、意志等心理活动，个性心理、心理品质的认识和体验。社会自我是个体对自己社会属性的认识和体验。包括个体对自己在客观环境及各种社会关系中的角色、地位、权利、义务、责任等的认识和体验。职校生常用“我长大了”来表达自己的社会自我，期望社会给予积极的肯定与评价。生理自我、心理自我和社会自我相互联系、相互影响，形成了每个人都有自己的对人、对己、对社会的独特看法和体验。

自我意识还可分为过去自我、现在自我和未来自我。过去自我是个体对自己过去的认识和体验，现在自我是个体对自己现在的认识和体验，未来自我是个体对自己未来的认识和体验，这三者密切联系，对自己过去的认识和体验会影响自己对现在、未来自我的认识和体验。

从意识活动的形式看，自我意识包括自我认知、自我体验和自我控制三个层面。自我认知是指人对自己的认识，包括自我观察和自我评价。自我体验是认识自我的过程中所表现出的情绪体验。自我控制是对自己心理活动和行为的调节与控制，包括自我激励、自我暗示、自强自律。自我认知是自我意识的最基础部分，自我控制是自我的最高阶段。自我认知决定自我体验，自我体验又强化着自我认知。自我体验具有不可替代性，每份体验都是独特的。自我认知与自我体验决定自我控制，自我控制是自我意识的关键环节，是个体意志品质的集中表现。职校生常常“心动而不行动”，是“知”与“行”的脱节，需要增强自我控制能力，才能化“心动”为“行动”。

（二）职校生自我意识的特点

1. 自我认识的主动性增强

进入职业学校，职校生的学习、生活发生了深刻的变化，生活和学习方式与中学时代有较大差别，个人有了更多自由时间和空间，有些职校生开始关注自我，关注自己的行为举止，如身体容貌、内心活动、个性品质等，对自己的心理活动表现出极大的兴趣，渴望对自己的心理特点有一个完整、全面、深入、清晰的了解，同时关注自己的社会形象，关注自己在他人心目中的评价。对“我是谁”“我是一个什么样的人，脾气如何，性格如何，能力强不强”“别人是如何评价我的”“我怎样做才能获得别人的好评”“我今后的发展方向是什么”等问题产生浓厚的兴趣。

2. 自我评价能力有所提高

职校生随着知识面的拓宽和生活经验的积累，他们对自我的认识不仅停留在生理与心理的一般层面上，而且会涉及自己对他人、对社会的思考，能够多层面、多角度地认识自我、悦纳自我。同时他们开始注意反思自己，借助他人或社会评价认识自我，因而对自我的评价比较客观、全面。但职校生毕竟知识经验不足，尤其是中职生，他们在自我评价和认识上不可避免地出现偏颇，出现高估或低估的情况。

3. 自我体验更加深刻

职校生重视自己在他人心中的形象，尤其是自己在异性朋友心中的形象，因此，他们对别人的言行态度极为敏感，容易引起自己情绪和情感的体验。比如，男生自我体验的倾向为紧张、自信、急躁，女生则是热情、舒畅、愁闷。职校生面对自己能力高低和专业的好坏时，或高估自己或否定自己，产生悦纳或自愧的心理体验。职校生面对顺境时，会产生积极的情感体验，遇到挫折时，会产生消极的情感体验。这些都说明，职校生的自我体验更加敏感，更加深刻。

4. 自我控制能力有所增强

职校生在中学时代，大多自我控制能力比较差。进入职业学校以后，由于学习生活管理方式的改变，加之面临就业的压力，他们开始了对自己的反思，意识到自我控制能力在他们成长中的作用。他们有意识地控制自己的言行，适应学校和社会的要求。在自我意识中，自我认知与自我体验决定自我控制，由于职校生自我认知能力提高，关注自己的形象，注意别人的评价，因此，他们也必然会对自己的言行进行控制，从而提高自我控制能力。

5. 自我意识的矛盾性

（1）主观我和客观我的矛盾

主观我是指个体对社会情境做出的反应，是自我中积极主动的一面。主观我与客观我应该是统一的，但职校生主观我与客观我的矛盾比较突出。他们从校园到校园，对社会缺乏客观与实际的了解，或过高或过低评价自己。

（2）理想我与现实我的矛盾

理想我是个人想象达到的完美的形象，体现个体的愿望和社会的要求。现实我是现实中自我的反映，是一个实实在在的我。现实自我又称个人自我，主观性较强。理想我与现实我存在一定合理的差距能使人不断进步，积极向上。职校生虽然对人生有着美好的期盼，对理想我充满幻想，但一想到自己的学历、水平和能力，就会怀疑自己的社会竞争力，对现实我感到不满意。

（3）独立性和依赖性的矛盾

职校生生理与心理的成熟使他们渴望独立、摆脱约束，但经济上的不独立，面对困难时的无奈、力不从心又使他们无法摆脱对父母及老师的依附，造成二者之间的冲突。其实独立的人，也需要他人的帮助。

（4）渴望交往与自我封闭的矛盾

进入职业学校，迈入陌生的环境，职校生有了更大的自由空间和时间，他们渴望建立新的友谊，渴望交往与分享，渴望探讨人生的真谛，渴望融入新的生活，希望自己的价值有所体现。但他们在交往中又存在戒备心理，受心理闭锁的影响，总是不经意地将自己的心灵深藏起来，给人一种若即若离的感觉，进而影响同学之间的正常交往。

（5）自负与自卑的矛盾

自信是一种健康的心理特征。职校生对自我认知出现偏差时，会产生自负或自卑。过度的自信就是自负，他们缺乏自知之明，一旦获得成功就飘飘然，唯我独尊，喜欢将自己的意愿强加在别人身上。对自己缺乏信心，过度否定就是自卑，他们缺乏主观，遇事胆怯心虚，当遭遇失败和挫折时，便开始怀疑自己的能力，进而否定自己。职校生自我认知不良，极容易导致自信的两极分化。

（三）指导职校生自我意识调适策略

职校生只有认识自我，才能完善自我和提升自我。因此，指导职校生建构积极自我、积极悦纳自我、塑造成功自我是积极德育的重要内容，也是教育者应尽的责任。

1. 帮助职校生建构积极自我

职校生自我意识处于不断调整和自我发展的阶段，他们寻求自我意识的统一点，整合自我意识。但由于职校生家庭背景、个人志向、职业目标等的不同，他们自我意识整合的结果与类型也不同。从自我意识的性质看，职校生自我意识的整合主要表现为三个方面：（1）积极自我的建立：自我肯定。（2）消极自我的建立：自我否定。（3）自我冲突。教育者要积极引导，帮助职校生建构积极自我。

积极自我的建立，即自我肯定。它对自我的认识比较客观、全面。既了解自己的身材、相貌等生理特点，也了解自己的气质、性格、能力、爱好、兴趣、意志品质等心理方面的特点，还了解自己在同学心目中的形象等。积极的自我不仅了解自己的长处和优势，也了解自己的不足和劣势。它能够分析哪些是自己通过努力可以达到的，哪些是属于客观无法改变的，使自己的理想自我与现实自我趋于统一，主观自我与他观自我趋于一致，从而进行积极的自我肯定，向着更高目标迈进。

消极自我的建立，即自我否定。它对自我的认识不清，不是自我夸大就是自我贬损，自我评估不正确，理想自我不健全，是一种不健康的自我整合。自我冲突是难以达到整合的自我意识，自我认知或高或低，自我体验或好或坏，心理发展极不平衡，有时显得自信而成熟，有时又表现出自卑而不成熟。

教育者要通过各种方法，积极引导，帮助职校生建构积极自我，防止建构消极自我，更要避免发生心理冲突。建构积极自我，关键是客观全面地了解自我，教育者要让职校生正确了解认识自我的方法。

（1）通过反省认识自我

《论语·学而》：“吾日三省吾身：为人谋而不忠乎？与朋友交而不信乎？传不习乎？”自我反省是一种难得的品质，孔子曾以“不二过”赞扬他的一位学生，他说：“过而不改，是谓过矣。”学会自我反省对于认识自我有着非常重要的作用。如果我们每天都能把自己一天的言行像放电影一样认真地思考一遍，从而认识哪些言行是对的，哪些是可以改进的，哪些是可以避免的，在对自己的反省中认识自我，了解自我，就能形成正确的自我意识。

（2）通过参加实践活动认识自我

实践活动不仅可以培养职校生的个性和创造性，也可以培养职校生组织、合作、礼仪等社会交往能力。在实践活动中，职校生经历角色分配、相互协调、尊重他人和向他人学习等事情，亲自体验和感受活动的丰富多彩。教育者要激励职校生广泛参与各种活动，同时在活动中发现自己的优势和劣势，从而更好地认识自我。

（3）通过与他人的比较中认识自我

比较是一种认识自我的较好方法。教育者要正确引导职校生与他人比较。第一，要选择好比较的对象。要尽可能选择与自己同一层次的人进行比较。比较对象太高，就会产生自我贬损，比较对象太低，就会产生自我夸大。第二，比较的方法要科学。不要总拿自己的短处与别人的长处相比较，也不要总拿自己的长处与别人的短处相比较。第三，比较的内容应该是可变因素。例如，学习方法、生活习惯、学习成绩、意志力等，不要拿身高、相貌等不可变因素与他人比较。

（4）通过他人对自己的评价认识自我

他人的评价，特别是多数人的评价往往是比较客观的。教育者要鼓励职校生尝试在他人的评价中认识自我。当然，也要告诉职校生他人的评价只能作为认识自我的参考，因为他人所站角度不一样，评价很可能与现实不太相符。但要注意，如果是大多数人的评价，就要认真地加以考虑，不能置之不理。

认识自我的方法很多，教育者要根据职校生自身的情况，引导职校生采用科学合理的方法，多视角、客观全面地认识自我，构建积极自我。

2. 指导职校生积极悦纳自我

认识自我是为了改善自我和提升自我。构建积极自我就是为了积极悦纳自我。悦纳自我是指个体对自身以及自身特征所持的一种积极的态度，坦然接受自己的一切，无论是优点，还是缺点，都能勇敢面对和接受。如职校生不能对自己的优劣进行客观充分的认识和接纳，势必会生活在矛盾甚至痛苦的阴霾里。教育者要指导职校生积极悦纳自我，充分地肯定自我，才能创造职校生身心和谐发展与积极的状态。要让职校生注意做到以下几点。

（1）增强自信心

自信心是个体重要的心理品质。教育者要鼓励职校生努力发现自身更多的“闪光点”和“亮点”，并把自己的每一条“闪光点”与“亮点”罗列出来，以赞赏的眼光去看它，经常看，最好能背下来。尝试运用自我美化的心理暗示：你是一个有价值、有能力的人，你绝不比别人差。如果做对一件事，就要提醒自己：我成功了。如果是别人对自己的积极评价和态度，立即记录下来并记住它。要把注意力集中在自己的优点上，有助于建立和巩固良好的自我感觉，悦纳自我。

（2）勇敢面对自己的弱点

世界上没有十全十美的人，每个人都有自己的优势和劣势。教育者要告知职校生：不管自己有多少缺点和不足，从现在起，都要勇敢面对，不要鄙视自己，要承认、正视并接纳自己的弱点，这样才能克服自卑心理，从而把更多的精力放到发掘自己的优势上，增强自己的优势能力。

（3）扬长避短

扬长就是发扬个体的优势，使优势更优。避短就是尽量避开自己的劣势，或者对劣势进行修正。扬长避短的前提是对自己的优势劣势要心知肚明，清楚认知，有一个恰到好处的评价。教育者要告知职校生，认识了自我，就要充分发挥自己的优势，将优点尽量展现出来，以获得成功或别人较好的评价，这样能增强自信心，悦纳自我，对自己的劣势应辩证看待，如果是能够改进的短处应及时闻过则改，如不良的学习生活习惯、意志力不强等，而对那些无法补救的短处，如先天身材矮小、音色差等，要勇敢面对，承认与接受，不要自卑。

（4）尝试无条件地悦纳自己

世界上任何一个人都不是多余的，都有他存在的理由。不管这个人外表多么美丽，或者平凡，或者丑陋，不管这个人能力如何过人，或者平庸，或者低人一等，也不管这个人性格如何让人喜欢，或者让人讨厌，他都是我们的一部分。构成了一个独特的我，既然我就是这样，那么就应该无条件地接受这样的自我。当然，教育者要让职校生清醒地认识到：对自身无法改变的东西，要积极面对，尝试接纳。但对有些东西是经过我们的努力能够改变的，就要尽可能地完善并积极努力。

（5）直面挫折失败

一个人不可能十全十美，一个人也不可能不犯错误，也不可能事事成功，一生中肯定要有挫折和失败。因此，教育者要告知职校生，人生可怕的不是挫折和失败，而是在挫折和失败面前失去信心，不敢面对挫折和失败，职校生要学会从挫折和失败中吸取教训，深入分析成败原因，树立自信心。

3. 培养职校生塑造成功自我

职校生清楚地认识自己，准确地评价自己，这是完善自我、提升自我、塑造成功自我的前提。在此基础上，需制定切实可行的目标，并付之行动，充分发挥自己的优势，才能取得最后的成功。

（1）确立符合实际情况的理想自我

要指导职校生根据自己的知识程度、能力水平、个人修养、生活经验、兴趣爱好等实际情况，制定具有远大理想又切实可行的发展目标。根据目标要求，采取有效的行动，参与社会活动，发挥自己的特长，用榜样的力量自我激励，使理想自我目标不断完善。

（2）夯实现实自我根基

万丈高楼平地起。要告诉职校生，只有从现在做起，从小事做起，夯实现实自我根基，才能实现理想自我。要逐步提高和改善现实自我的性格、气质、兴趣等，形成比较稳定清晰、系统的自我意识。

（3）寻找幸福源泉

主观幸福感取决个体认知因素和情感因素，积极的情感会增强幸福感，消极的情感会降低幸福感。因此，主观幸福感包括了生活满意度、积极情感和消极情感。教育者要引导职校生释然过去、相信未来、抓住现在的幸福。释然过去，就是学会感恩和宽恕。感恩能增加生活的满意度，因为它将过去好的记忆放大。宽恕可以转换、去除伤痛和仇恨，因为放过别人，才能解脱自己。相信未来，就是相信自己是有价值的人，过去的不成功或失败只是特定暂时的事件，其他部分仍将继续前进，抓住现在的幸福，就是抓住眼前的愉悦和满意，做自己喜欢做的事。

真正的幸福，来源于你对自身所拥有的优势的辨别和运用，来源于你对生活意义的理解和追求，它是可控的。教育者要告诉职校生，要想变得更幸福一些，要做到改变自己对过去的消极看法，重视当下的积极体验，以及对未来的积极期望。

（4）有效地控制自我

自我控制是对自己行为和思想、言语的控制，以达到自我期望的目标。恩格斯称赞马克思是一个自我控制力很强的人。自我控制是职校生自我意识、自我完善的基本途径。教育者要引导职校生根据自己的实际情况和社会发展的需要，确立适合自我的远大理想，并对在此实现过程中遇到的身心矛盾和困扰进行合理的控制与调节，通过努力奋斗，达到自我实现，塑造成功自我。

二、职校生人际关系构建策略

交往是一个人成长、发展、成功的基本条件，无论是人生的哪个阶段都离不开交往。卡耐基说："一个人的成功，15%靠专业知识，85%靠人际沟通。"职校生正处于一个渴望交往、渴求理解的心理发展时期。因此，帮助职校生构建良好的人际关系，遵循成功人际关系的原则，形成和谐的人际氛围，提高心理健康水平，形成和发展健康的个性品质，促进职校生健康成长，是教育者重要职责。

（一）人际交往的内涵

人际交往是指人与人之间信息沟通交流的过程，是人们运用语言或非语言符号如面部表情、手势姿态、网络等交换意见、传达思想、表达感情和需要交流的过程。它是人类活动的一种最基本的形式。亚里士多德说："能独自生活的人，不是野兽，就是上帝。"可见，交往在人的生活中的重要意义。

按交往的对象和范围不同，人际关系可分为同学关系、宿舍关系、师生关系、网络关系、家庭关系和其他关系。同学是职校生人际交往的主要对象，因此，同学关系也是职校生人际交往的重要内容。宿舍关系是职校生人际交往中最基本环节，也是职校生交往最频繁的人际关系，最难相处的人际关系。师生关系是职校生人际关系的重要内容，它直接影响到学生的健康的学习和成长。网络关系是随着互联网的发展而产生的一种新的人际关系。由于网络的特殊性，目前职校生比较喜欢网络人际交往。家庭关系是人最早产生的人际关系，它对人的个性形成几乎起着决定性的作用。其他关系是职校生参加社会实践如参加志愿者、勤工俭学、做家教等形成的人际交往关系，它扩大了职校生的交往范围。

人际交往对职校生的成长和发展具有重要意义：①有利于职校生维护身心发展。②有利于职校生社会化进程。③有利于促进职校生深化自我认识。④有利于职校生人格发展和完善。

（二）职校生人际交往特点

职校生身心逐渐成熟，他们中大多离开家庭，进入新的学习生活场所，他们渴望在新的校园里建立新的人际交往朋友圈。

1. 交往愿望强烈与交往技巧缺乏

职校新生大都有强烈的人际交往的愿望，在一项调查中，占 94% 的高职生希望自己有良好的人际关系和人际环境。职校生已经意识到：在新的环境，不能把自己封闭在狭小的个人小圈子里，这样不利于自己的学习和生活，不利于自己的健康成长。因此，他们希望能够建立良好的人际关系。但是，也有调查发现，有 15. 7% 的高职学生经常为人际关系不好而苦恼，有 55. 7% 的高职学生有时为人际关系不好而苦恼，有 41% 的高职学生承认自己有孤独感。这是职校生缺乏交往技巧而形成的，他们有的不敢交往，有恐惧心理；有的不愿交往，缺乏人际间必要的信任与理解；有的不善交往，缺乏交往的知识和技能；有的不会交往，理想色彩较浓。这种强烈交往愿望与交往技巧缺乏的矛盾，使职校生陷入深深的交往痛苦中，长期的交往失败会使他们把交往看成一种负担，渐渐地变得自我封闭。难怪有的职校生感叹：职校中人际关系往往比中学更难处理。

2. 交往范围需求扩大与交往对象单一

随着市场经济的发展和职校生身心的日趋成熟，作为即将步入社会的职校生，渴求了解社会，为将来走向社会作前期见习的尝试，从而把交往的视野进一步扩大到社会，如参加志愿者活动、勤工俭学、做营销、做家教、当服务员、到娱乐场所演唱弹奏等。这有利于职校生提前学会并善于社会交往，有利于职校生形成和发展健康的个性。但是，职校生的主要任务是学习，生活的主要环境是校园。因此，交往的对象主要是教师和同学，校园的封闭性决定了职校生交往对象的单一性。有的职校生交往的对象主要是同宿舍、同班级、同学科的同学和老师，范围广一点儿的可能还有老乡、校友和社团成员等。难得参与社会活动，与社会交往，这种交往范围需求扩大与交往对象单一的状况，不利于职校生个性的成长和发展。

3. 交往的平等意识和交往的被动地位

职校生在交往中有较强的平等意识，他们认为职校生尽管来自不同家庭，但同学之间没有什么等级观念，没有什么利益冲突，年龄、社会经历、知识、能力大家都差不多，因而容易形成平等心理，以平等的心态看待对象，容易在学习生活中相互关心、相互帮助、相互尊重。在师生之间，尽管有着年龄、地位和经历上的差异，但由于教师教育观念的转变，职业道德的提升，教师不再高高在上。更由于学生在现代教育思想的影响下，他们不再盲目崇拜，他们崇尚民主平等。因此，师生之间也能以平等心态相处。在家庭和社会关系交往中，他们也希望获得平等的地位。但是职校生由于心理发展还不够成熟，不懂得交往在于平时的交往积累，总希望别人主动关心自己，主动与自己交往，而自己总是处于被动地位。有的甚至是自己有事求人时，才去“临时抱佛脚”。这种缺乏主动性的交往，会让对方感到无论是物质还是精神上都不能使自己受益，甚至感到累赘，这时交往就会终止。

4. 交往的高期待与交往的适度性

职校生的思想比较单纯，对美好未来充满向往和自信，因此，在人际交往中比较纯洁、真诚，具有浓厚的理想色彩，具有较高的期望。他们崇尚高雅、鄙视庸俗，崇尚真诚、鄙视虚伪。他们认为，朋友之间应该志趣相投、相互关心、相互爱护、相互帮助；真正的朋友应该坦诚相处，无话不说，不该有任何隐瞒。更有的职校生认为，自己怎么付出和奉献，就应该得到对方相应的回报。可是现实生活中，各人的心情、脾气、好恶、需求是不一样的，有的职校生善于敞开心扉，无话不说；有的职校生则不善表达，有话藏在心里；有的职校生大大咧咧，善于交际；有的职校生畏首畏尾，害羞恐惧。这些都是交往中的正常现象，但有些职校生会感到，你如果有话不明说，就是不够朋友，有一种上当受骗的感觉。其实，交往也讲究适度。很多人喜欢用“亲密无间”这个词来形容很要好的朋友，其实，真的到了亲密无间、无话不说的程度往往会适得其反。朋友之间保持一定的距离是很必要的，一旦没了距离，就势必会侵入别人的私人空间，给人不愉快的感觉。正所谓物极必反，到了这种程度，友情就容易走向反面了。

（三）职校生人际交往关系构建策略

职校生渴望交往，希望自己能与他人建立良好的人际关系，希望友谊地久天长。教育者要深入了解职校生人际交往心理特点，指导职校生从以下几个方面努力去做。

1. 掌握人际交往的基本技能

职校生有强烈的交往愿望，但在实际交往中，往往显得过于生硬，书生气太足，性格木讷，即使心存感激也不会讲出，使人不能理解，导致交往失败。因此，要帮助职校生掌握人际交往的基本技能。

（1）积极的自我暗示。诸如使用“我喜欢与人交往，我是一个受欢迎的人”“与别人交往让我觉得快乐和幸福”等积极自我暗示的心态，激励自己以更开放、更轻松的方式走向人群。

（2）主动真心与别人交往。只要你对别人真心感兴趣，热情地对待他人，关注他人的需要、兴趣和感受，愿意主动接近别人，别人也一定会投桃报李，真心待你，相信你的人际关系一定会美好，相信你的朋友一定会多起来。千万不要总希望别人主动关心自己，主动与自己交往，把自己置于被动地位。

（3）学会换位思考。古人云：三思而后行。职校生在与人交往前，要多思考，要学会换位思考，站在别人的立场上去思考，替别人着想，同时要学会用恰当的语言表达自己的所思所想。

（4）帮助别人。这是赢得朋友的有效方法。在现实生活中，个人的力量总是有限的，每个人都需要别人的帮助。当一个人遇到困难时，特别是遇到严重挫折时，如果我们能及时伸出援助之手，热情给予帮助，无疑会给对方以极大的鼓舞，增强克服困难的勇气和力量，最终战胜挫折。由此，我们也能够赢得别人的信任，建立起友谊。“你要别人怎样待你，你就先怎样待别人。”有些职校生在抱怨缺少友情的同时，自己却不愿付出友情，怎能赢得朋友。同理，接受别人帮助也能赢得朋友。因为一个人帮助了别人，他就乐于把此人看成一个值得帮助的人，容易看到其优点，对其产生好感。因此，职校生不仅要热情帮助别人，也要能够接受别人的帮助，两者都能使我们赢得朋友。

（5）学会幽默。幽默是一个人机智、乐观和诙谐等优秀品质的综合表现。它能给人带来欢乐和笑声，消除沉闷，消除紧张，使人超脱，使人轻松；还能使人巧妙地自我解脱困境，避免冲突，使人际关系更为和谐、融洽。幽默是一门比较高超的艺术，职校生需要不断学习，在交往中点滴积累，才能取得较好的效果。

2. 把握人际交往的基本原则

职校生要建立良好的人际关系，不仅要把握影响人际关系的各种因素，而且要遵循人际关系的基本原则，有效地防范和协调人际关系冲突。

（1）平等原则。平等是交往的前提，是人际交往最重要的原则。平等意味着交往双方在交往中互相尊重，一视同仁。任何一方都不能居高临下，盛气凌人。萧伯纳有一次写作休息时和邻居的小女孩一起玩耍，当送小女孩回家时，他对小女孩说：“知道我是谁吗？回家告诉你妈妈，就说和你一起玩的是萧伯纳。”小女孩天真地回应说：“知道我是谁吗？回家告诉你妈妈，就说和你一起玩的是克里·佩丝莱娅。”大文豪不禁惭愧。后来，萧伯纳对朋友谈起此事，感慨道：“一个七岁的小女孩给我上了人生中最好最重要的一课。一个人不论有多大的成就，他在人格上与任何人都是平等的，这个教训我一辈子也忘不了。”这个故事告诉我们，交往是平等的，你尊重了别人，才能获得别人的尊重，尽管由于主客观因素的影响，人与人在家庭背景、社会关系以及气质、性格、能力，乃至外貌等方面存在差异，但在人格上是平等的。因此，职校生在交往中不应冷落集体中的任何人。只有尊重别人，才能“投之以桃，报之以李”，得到他人的尊重，维持交往的持久性。

（2）诚信原则。“人生在世，信义二字。”诚信有两层含义：一是言必信，二是行必果。既要说真话，讲实话，还要说到做到。没有诚信，缺乏诚意，是人际交往的大忌。如果一个人到处许愿而不还愿，必然会引起人们的反感和鄙视。因此，职校生在人际交往时，坚持诚实为本，不要轻易许诺，一旦承诺就要想尽办法去兑现，实在兑现不了，也要诚实地讲明情况，以求得对方的谅解。

（3）宽容原则。宽容是指与人相处时心胸要宽广，要能容纳、包涵和忍让。宽容他人就是宽容自己，苛求他人就是苛求自己。“学会原谅别人是美德，学会宽容别人是高尚。”职校生在交往中，要理解别人，学会换位思考，设身处地地为别人着想，这样才能形成轻松和谐的交往氛围。

相传古代有位老禅师，一日晚在禅院里散步，突见墙角边有一张椅子，他一看便知有位出家人违犯寺规越墙出去溜达了。老禅师也不声张，走到墙边，移开椅子，就地而蹲。少顷，果真有一小和尚翻墙，黑暗中踩着老禅师的脊背跳进了院子。当他双脚着地时，才发觉刚才踏的不是椅子，而是自己的师父。小和尚顿时惊慌失措，张口结舌。但出乎小和尚意料的是，师父并没有厉声责备他，只是以平静的语调说：“夜深天凉，快去多穿一件衣服。”我们可以想象听到老禅师此话后，他徒弟的心情，在这种宽容的无声教育中，徒弟不是被他的错误惩罚了，而是被感化了。这个故事告诉人们对人要宽容，对教育者更有启示。

（4）真诚原则。真诚待人是人际交往中重要的原则。古人说：“以诚感人者，人亦诚而应。”人际交往中，只有真诚待人、诚心诚意，才能相互理解、信任，在感情上引起共鸣，才能使人际关系得以持续和发展。

（5）互利原则。互利是指人际交往是双向行为，要满足双方物质或心理需求。实践证明，交往中互利性越高，即双方都付出和奉献，双方都受益，才能使双方稳定和密切。互利性越低，只有单方面付出或获得好处的人际交往越容易疏远，是不能长久的。

3. 掌握人际交往信息的艺术运用

人际交往就是信息沟通的过程。因此，人际交往的艺术就是信息运用的艺术，它包括语言艺术和非语言艺术。

（1）语言艺术一般包括：①正确运用语言。通俗易懂，生动准确，富有情感、幽默感，语言、语调、语速要适当。②注意语言环境。根据不同对象、不同环境，使用不同的话语、语气和语调，以达到语言表达的艺术效果。③注意语言修养。讲文明、不讽刺人，不伤害别人的自尊心。④学会赞美对方。适当的赞美能拉近人与人之间交往的距离，也能够发掘对方的优点，起到意想不到的效果。一些职校生由于家庭、容貌、知识等原因而深藏自卑感，他们非常需要得到认同和鼓励，一句由衷的赞美很可能会使他们的生活充满阳光，从而乐意与你交往。⑤必要时辅以手势和姿势说话。

（2）非语言艺术一般包括：眼神、手势、姿势、面部表情、位置、距离等艺术运用。俗话说“眼睛是心灵的窗户”“眼睛像嘴一样会说话”。研究表明：在空旷的阅览室里，没有一个被试者能够忍受一个陌生人紧挨自己坐下。人与人之间的社交距离一般保持在 1 ~ 3 米，而公众距离为 3 ~ 7 米，这就是距离产生美的效应。职校生如能正确运用非语言艺术，巧妙地表达自己的思想感情，会起到“此时无声胜有声”的效果。同理，我们也可以根据对方的体态，了解他的某些心理活动。非语言艺术一般需配合语言艺术综合运用。

4. 努力提升自我的人际交往魅力

人际魅力，是指在人际交往中形成的吸引人的力量。职校生提升人际魅力要注意做到以下几点。

（1）注重自我形象。它体现在外表也隐含在人格内部。“美丽是比任何介绍信更为伟大的推荐书”，外貌形体的美基本是先天的，比仪表美更重要的是自身素养。其中，性格的作用是最为强烈的。良好的性格，如开朗、诚实、善良等，会有利于增强人际交往的吸引力。富有才华和能力的人，也容易使人愿与之交往。

（2）给别人留下良好的第一印象。它决定交往意愿，也决定交往态度。心理学家卡耐基总结出给人留下良好第一印象的六种途径：①真诚地对别人感兴趣；②微笑；③多提别人的名字；④做一个耐心的听者；⑤谈符合别人兴趣的话题；⑥以真诚的方式让别人感到他很重要。职校生要重视第一印象的作用，努力给别人留下良好的第一印象，为以后的交往创造一个良好的开端。

（3）体现自信。俗话说，自爱才有他爱，自尊而后有他尊。自信也是如此。在人际交往中，只有自信的人，才能谈吐从容，落落大方，对人不卑不亢；只有自信的人，才能对自己的不足有所认识，并善于听从别人的劝告，“从善如流”，勇于改正自己的缺点；只有自信的人，在争论面前才会调整情绪，主动让步，此所谓“退一步，海阔天空”；只有自信的人，才能主动热情地对待他人，倾听他人的话语。因此，职校生培养自信，要看到自己的长处并善于“解剖自己”，在社会实践中磨炼自己，全方位提高自己，这样才能展现自我人际交往的魅力。

三、职校生人格完善策略

人格是我们现实生活中使用较多的词汇，它跟我们的生活密切相关。大千世界，没有两片相同的树叶，也没有两个完全相同的人，千人千面，各有不同。有的开朗，有的内敛；有的好动，有的文静；有的勇敢，有的懦弱；有的聪明，有的愚笨；有的规范，有的懒散。凡此种种，都是人格的体现，它影响和制约着人的发展和成熟。具有健康的人格不仅是自身的幸福，也能给周围的人带来欢乐。人格不健康时，他们的行为和认知会出现偏差，不仅影响自身的生活，也会给别人的生活带来麻烦。职校生正处于人生的青年期，是人格形成和发展的重要阶段。因此，拥有健康的人格，对职校生今后的发展具有重要意义。

（一）人格概述

在商务印书馆出版的《现代汉语词典》1996 年修订版中，对“人格”一词的解释是：“人的性格、气质、能力等特征的总和；个人的道德品质；人作为权利、义务主体的资格。”这个解释，包括的内容十分广泛，大到一个人的人生观、价值观，中到一个人的能力道德，小到一个人的个性习惯，无所不包。而且无论哪一点无疑都对人有着十分重要的影响。

人格的形成和发展受到多种因素的影响，既有先天的遗传因素，也有后天的环境因素。它是个体在遗传的基础上，在社会化的过程中形成的，是个体的自然性和社会性的总和。一般来说，人格具有以下特征：人格的整体性、人格的稳定性、人格的独特性、人格的社会性、人格的可塑性、人格的生物性。人格与气质、性格、个性的关系十分密切，以致有些人在日常的使用中常常将性格、气质、个性和人格概念相混淆。

（1）人格与气质的关系。人格的形成离不开气质，没有缺乏气质的人格，也没有离开人格的气质。气质是由人的生理素质或身体特点反映出来的人格特征，是人格形成的原始材料之一。两者之间的区别主要在于，气质仅属于人格中的先天禀赋，而人格的形成很大程度上受社会环境的影响。

（2）人格与性格的关系。有的心理学家认为性格就是狭义的人格，可见它们之间关系是非常密切的。而两者之间的主要区别是：性格是后天形成的，因此，它表现出来的特点如诚实、坚贞等性格可以评定为好的性格，而将奸险、乖戾等性格评定为不好的。而人格的某些方面如气质却是与生俱来的，很难进行好坏之分。

（3）人格与个性的关系。个性是一个人在思想、性格、品质、意志、情感、态度等方面不同于他人的特质，是一个人在适应和改变现实环境中所形成的各种心理倾向和心理特征的总和。因此，在有些心理学书中，常常将“个性”与“人格”相互替代。个性与人格的区别在于个性是指人的个别差异，主要表现人的独特性。人格的概念比个性具有更多的内涵和外延。

（二）职校生健康人格标准

健康人格是指各种良好的人格特征在个体身上的集中体现。表现为人格的各要素达到完美的统一、平衡和协调。每个人都希望自己具有健康的人格，只有这样，才能实现自己的奋斗目标，体现自身的价值。

（1）有和谐的人际关系。和谐的人际关系是人格健康水平的反映，同时又影响和制约着健康人格的形成和发展。人格健康的人心胸开阔，乐于与他人交往，尊重他人、信任他人、宽容他人、真诚待人，充满自信，主动积极，能够正确处理好各种人际关系。

（2）有正确的自我意识。自我定位准确，积极而客观的自我体验和评价、自尊、自信，悦纳自己，自我监控，自我调节。坦然面对自己的优点和不足。

（3）社会适应能力强。关心社会、了解社会，和社会保持良好密切的接触。要以积极的心态看待社会，看到社会发展的主流，要融入社会，与时代的发展、社会的要求相符合，适应新的环境。

（4）具有良好的道德修养。富有同情心，心地善良，乐于助人，接纳他人，有事业心、责任感。珍爱生命，情绪反应适度，调控自己的情绪。

（5）具有积极向上的生活态度。对生活充满热爱，对学习充满兴趣，即使遇到困难和挫折，也能正确认知，冷静面对，化消极为积极，变困难为动力。

（6）有正确的人生观和价值观。这是人格的基础。积极向上的人生观、价值观，有利于职校生健康人格的塑造。

（三）指导职校生人格完善的策略

我国心理学工作者黄希庭教授采用社会测量、访谈和观察等方法对大学生进行了研究，考察了有利于人际吸引的个性特征排列与不利于人际吸引的个性特征，排在前五位的分别是：（1）有利于人际吸引的个性特征：尊重他人，关心他人，对人一视同仁，富有同情心；热心班集体活动，对工作非常负责；持重、耐心、忠厚老实、热情、开朗、喜爱交往，待人真诚；聪颖，爱独立思考、乐于助人。（2）不利于人际吸引的个性特征：自我中心，有极强的嫉妒心；对班集体工作缺乏责任感；虚伪、固执，受吹毛求疵；不尊重他人，操纵欲、支配欲强；对人淡漠、孤僻、不合群。这个研究结论对于我们培养职校生完善的人格具有指导意义。

1. 培养交往能力

健康的人格，是在与人的交往中体现出来的。因此，塑造健康的人格必须培养职校生的交往能力，形成良好的人际关系。第一，要尊重他人，关心他人，对人一视同仁，富有同情心，真诚、热情与人交往。第二，学会换位思考，多为别人着想，关注别人的需要，倾听他人的讲话。不要以自我为中心。第三，学会赞美别人，赞美别人的优点，就是强化其身上的闪光点，使其感到幸福舒畅，赞扬者也会得到感激和友善的回报。第四，掌握沟通技巧，注意恰当的语言表达，正所谓“良言一句三冬暖，恶语伤人六月寒”。第五，积极参加集体活动，对集体工作认真负责。集体活动既是人际交往的渠道，也是完善人格的途径。

2. 提升自我认知

认识自我主要就是要了解自己的个性特征，了解自己气质、性格、能力、兴趣、爱好、意志品质等方面的特点。认识自我的方法很多，如反省、他人评价、比较、参加活动、人格测验等。认识自我的目的，就是要重新整合和优化自己的个性特点，完善人格。要尽量选择优良的人格特征作为自己的努力目标，在社会实践中积极磨炼，使自己成为别人欢迎的人。

3. 加强文化知识学习

荣格有句名言：“文化的最后成果是人格。”可见，学习文化知识，增长智慧是塑造健康人格的重要途径。加强学习，要增强学习的动力。明确学习的目标，提高学习的兴趣。知识丰富了，容易使人自信、坚强、理智，知识匮乏容易使人产生自卑、怯懦、粗鲁。所以，只有加强文化知识的学习，人格健康的发展才有保障。

4. 积极调控情绪

对职校生而言，健康的情绪特征有：悦纳自身情绪的变化；积极乐观的人生态度；良好的调控能力；宽容的心态等。因此，拥有良好的情绪状态有利于健康人格的塑造。调控情绪要做到积极、理智看待周围的人和事，改变不合理认知；主动体验积极的情绪；培养幽默感；确定奋斗目标；开阔心胸，宽厚待人；学会做情绪放松的训练。职校生只有保持良好的愉快心境，才能促进个体健康人格的完善。

5. 加强意志力锻炼

意志力就是克服困难和障碍的能力和毅力，是一种远大的精神力量。意志力强的人，能按照既定目标，坚持正确的思想行为，克服错误的思想行为，不管有多大困难，也不会气馁，最终达到目的。因此，培养坚强的意志和顽强的毅力，有利于健康人格的塑造。职校生中有相当一部分意志力薄弱，一遇到困难就不能坚持，产生挫败感或选择逃避。因此，要塑造职校生的人格，必须培养职校生意志力，让他们学会控制自己的行为，一旦确定目标，要勇敢向前，不消极不逃避，坚持到底。

6. 提高社会适应能力

走向社会，关心社会，了解社会，不仅是职校生就业的需要，也是塑造健康人格的需要。社会适度程度反映了职校生与社会的协调程度。人格健康的职校生，能够和社会保持良好、密切的接触，以积极的心态认识社会发展的积极面和主流价值体系。因此，要鼓励职校生在搞好学业的同时，积极参加学校、社会组织开展的各种活动，如志愿者活动，勤工俭学、营销、家教、实习、实训等。在认识社会的同时，也学会与社会交往，提高社会适应能力，培养和塑造健康的人格。

四、职校生学习心理调适策略

《三字经》上说："玉不琢，不成器。人不学，不知义。"21 世纪是知识经济的世纪，联合国教科文组织在许多文件和报告中反复强调终身学习是21 世纪的生存概念。学会认识、学会做事、学会共同生活、学会生存是终身教育的四个支柱，也是一个人四个方面的素质或能力。而学会学习的能力更是一项核心能力。学会学习包括学会生存、学会创业、学会发展、学会适应。职校生只有通过不断学习才能达到自我完善和自我发展的目标。因此，了解职校生学习心理需求，指导职校生掌握科学的学习方法，分析和解决职校生常见的学习问题，对于促进职校生的学习状况，推进职校生的综合素质发展都是十分必要的。也只有这样，才能适应21 世纪社会对职校生发展的要求。

（一）学习的概念

中外教育家都在不断研究和丰富学习的内涵，同时也形成了不同的学习观。如孔子说："学而时习之，不亦说乎？"又说："学而不思则罔，思而不学则殆。"在一定程度上揭示了学习与练习、学习与情感、学习与思维的关系。联合国教科文组织在 1987 年提出的《学习，财富蕴藏其中》报告中提出：学习是指个体终身发展、终身教育的观念。

学习有广义和狭义之分。广义的学习是指人在生活过程中通过实践或训练而获得的个体行为经验的过程。狭义的学习专指学生在校的学习，指学生在教师的指导下，有目的、有计划、有组织地进行，以掌握一定的知识、技能和经验，形成一定的世界观和道德品质的活动。学生的学习是一种积极能动的过程，有着特有的规律。

（二）影响职校生学习的因素

学习是一种十分复杂的心理现象，其影响因素很多。从职校生发展来看，既有个体先天的遗传因素、个体生理健康的因素，也有环境的因素和个体心理的因素。而从职校生的心理因素来看，有智力的因素，也有非智力的因素。

1. 智力因素

智力，就是指人的智慧能力。它可以表现为观察力、记忆力、注意力、想象力、思维能力等各种认识方面能力的综合，也可看作一种系统处理和加工信息的综合心理能力。智力因素是进行学习活动的基础。众所周知，人的智力水平存在差异，“智商有高低”，智力水平的高低是影响学生学习效率和质量的一个重要因素，但并不能完全决定一个学生学习的好坏。况且，智力水平的高低既有先天的遗传因素，也有后天环境影响和教育开发的因素，先天的因素决定一个人的智力潜能有多大，而后天的因素决定一个人能否充分开发自己的智力与潜能。教育者的责任只是要在承认智力差异的条件下发展学生的智力水平。如果一个职校生对自己的专业不满意，必然对所学知识有抵触甚至排斥，这时即使他智商再高，也不能使他取得好成绩。

2. 非智力因素

心理学研究表明：影响职校生学业成绩的主要因素不是智力因素，而是学业中的非智力因素，主要包括兴趣、态度、意志、情感、性格等。

（1）学习兴趣。学习兴趣是指一个人对学习的积极认识倾向与情绪状态。“兴趣是最好的老师”，充分说明兴趣与学习的关系。浓厚的兴趣能推动个体进行探索性的学习。职校生如果对某一学科有着强烈的稳定兴趣，会专注于该学科的学习，将其作为自己今后的主攻方向，学习中会不怕困难，排除干扰，积极而主动地学习思考。

（2）学习态度。学习态度是指职校生在学习情境中表现出来的比较稳定的心理倾向。职校生的学习态度对学习行为和学习成绩有直接影响。如果职校生对某个专业、某门课程感兴趣，会产生积极的学习态度，从而积极主动地去学习。教育者要以自己的人格魅力与教学水平去影响职校生的学习态度，要在不同的教学形式与各种课堂活动情境下呈现严谨而不失趣味的教学内容，使职校生产生积极的学习体验，从而形成或改变学习态度。

（3）学习情感。孔子将学习分为三个不同层次的认识：知之者不如好之者，好之者不如乐之者。知学、好学、乐学三个层次呈递进状态，乐学是最高层次的学习境界。情感是在认识的基础上产生和发展起来的，它既能推动和加深人们的认识，促进增强学习效果；也能妨碍对事物的进一步认识，削弱、降低学习效果。一般来说，高兴、快乐、喜悦等，对职校生的学习起促进作用，痛苦、忧伤、愤怒等会抵制职校生的学习热情，对学习起阻碍作用。教育者要培养职校生积极的情感，增强其学习积极性，让他们主动地探求新的知识，促进他们的学习。

（4）学习意志。意志在学习中的作用，古今中外的学者都有深刻认识，荀子提出："骐骥一跃，不能十步；驽马十驾，功在不舍；锲而舍之，朽木不折；锲而不舍，金石可镂。"苏轼也说："古之立大事者，不惟有超世之才，亦必有坚忍不拔之志。"有人对学生的学习做了这样的描述，学生之间差别最小的是智力，差别最大的是毅力，可见意志在学生的学习中起着多么重要的作用。

（5）学习动机。学习动机是直接影响人的学习的内部动力。学习动机决定学习方向，职校生只有明确了学习的目的和方向，才能有意识地、积极主动地进行学习活动。学习动机影响学习效果，职校生具有较强学习成就动机，才能提高学习成绩。学习动机影响学习进程的稳定性和持久性，职校生有着强烈的学习动机，会在学习过程中表现出坚强的意志和认真学习的态度。因此，教育者一定要端正职校生学习态度，培养职校生树立远大理想，明确学习目的，有主体意识，解决好乐学、好学、勤学的问题。

（三）职校生学习心理特点

职校生的学习既是社会的需要，职业的需要，也是生活的需要，实现人生价值的需要，是生活中不可缺少的一部分，是人的生命价值的一部分。职校生的学习是人生学习的一个特殊阶段，既不同于儿童的学习，也不同于成人的学习。职校生学习既有一定的专业性、目的性和探索性，又有深刻的社会意义，表现出广泛的兴趣和各种各样的学习方法，具有其独特的学习心理特点。

1. 学习的自主性增强

中小学阶段，学生的学习几乎都是教师安排、教师组织，而职业学校无论从学习内容、学习时间及学习方式上都更加强调个体在学习活动中承担角色，强调学习的自觉性和能动性。职业学校不仅强调课堂学习，更强调课外活动等，要求职校生根据自己的兴趣、爱好和特长，制订学习和发展的计划，做好将来的职业生涯选择和对自身素质的拓展。要合理利用课余时间，积极参加到校园活动中去，培养自己各方面的技能，锻炼自己的才干，为就业打好基础。

2. 学习方式具有多样性和广泛性

信息时代，课堂不再是学生获取知识的唯一渠道，教师不再是知识的中心，学生获取知识的多元化带动了学习方式的多样化和广泛性。职业学校开放式的教学为职校生提供了多种多样的学习方式，除课堂教学外，课外实习、实训、调查、听学术报告和专题讲座、参加各种形式的社团活动及社会实践等，还可以利用网络进行在线学习，为职校生学习提供了多种途径。

3. 学习的专业性和职业性

职业学校的培养目标非常明确，就是为社会各系统、各行业社会实践第一线培养应用型、复合型的专业人才，进入职校的学生专业方向已经基本确定，因此他们学习的职业定向性较为明确，就是为将来就业、适应社会需要进行学习。专业知识的划分也使职校生的学习与未来职业生涯紧密联系在一起，因此职校生的学习就是要学习本专业的基础知识和基本技能，当然也要了解本专业的前沿知识和理论。

4. 知识的学习与能力、素质的培养并重

长期以来，在教育史上就存在“形式教育”与“实质教育”的争论。受应试教育的影响，实质教育在我国一度盛行，即只重视学生学习具有实用价值的知识，而忽视学生创造能力的培养。人为地把两者割裂开来，对立起来。现在，教育改革一再强调知识技能的学习与实践能力的培养同样重要，因此，职校生要把知识的学习和能力素质的培养统一起来，要同时完成两种任务，提高自己的整体素质。

5. 学习内容的丰富性和实践性

职校生学习内容比较丰富，既要学习人文科学知识，又要学习自然科学知识；既要学习技术、技能，又要学习法律法规、职业规范；既要学习书本知识，还要参加社会实践。他们学习的目的性非常明确，就是面对现实，奉献社会。因此，他们所学到的一切知识技能都是为了指导实践，服务实践，充分展示自我价值。

（四）指导职校生学习心理调适策略

在职校生的学习过程中，总会遇到一些学习障碍，如学习动机不足或过强、学习目标不明确、学习方法不当、学习热情不高、考试焦虑、注意力不集中、学习疲劳等，这些学习上的拦路虎会影响职校生的正常学习。教育者要了解职校生的学习困难，要给予职校生有效的指导，培养职校生健康的心理，利用职校生学习的积极因素去消除学习中的消极因素，促进职校生更好地学习和成长。

1. 增强职校生的学习动力

要引导职校生明确学习目的与意义，强化学习动机，帮助职校生培养浓厚的专业学习兴趣和树立明确的适合自己的学习目标。教育者应在职校生入学初就通过多种渠道向职校生介绍专业知识、专业技能、专业发展前景和将来就业的工作性质，让职校生了解自己所学专业的情况，要通过形式多样的活动或专业知识竞赛来引导职校生对所学专业产生浓厚兴趣。在此基础上，教育者要根据每个职校生的特点因材施教，量体裁衣，为他们制定出适合他们的学习目标。心理学研究及实践证明，学习目标过高或过低都不利于学生提高学习的积极性，一般来说学习目标以职校生在其原来学习成就的基础上增加20%为佳，实现该目标的时间以一学期为宜。目标要体现方向性、计划性和有序性。职校生认识到自己学习的价值时，才会有学习的责任心和使命感，学习才会有更大的推动力量。

2. 掌握科学合理的学习方法

在现代社会中，科学文化知识浩如烟海。要获得更多的知识，光靠刻苦、努力、勤奋是不够的，还需要掌握科学合理的方法。职校生应根据自身的学习条件，掌握知识学习中的理解、思考、创造、加工等方法，学会有意义的学习，找到有利于自己的学习方法，使自己的学习事半功倍。

一般而言，学习要注意以下几个方面：掌握读书的方法和技巧，科学运筹时间，做好课堂笔记，遵循记忆规律，及时有效复习，提高记忆效率。

3. 保持积极的心态和顽强的意志

心理学研究表明：积极的心态可以激发人的活力，使人处于兴奋状态，有助高效快速地学习。顽强的意志是学习成功的保证，如果在学习过程中能够及时排除各种欲望和干扰，学习效率就会大大提高。因此，教育者要为职校生首先创造一个良好的学习环境，让职校生在心情愉快的氛围下学习，精力容易集中；其次要注意劳逸结合，保持健康的身体，可通过打球、跑步、听音乐等方式消除大脑的疲劳；最后要处理好各种人际关系，形成积极的情绪。

4. 树立勤奋学习的进取意识

华罗庚曾说过：“勤能补拙是良训，一分辛苦一分才。”在通往学习成功的道路上没有什么捷径可以走，要做的就是靠勤奋努力、拼搏进取。教育者要让职校生明白，“书山有路勤为径，学海无涯苦作舟”。学习是辛苦的，不仅要有好的学习方法，更需要勤奋学习的进取精神。有的职校生自恃聪明，但缺乏勤学的态度，只能是一事无成。王安石笔下的方仲永就是典型的例子。也有的职校生总以为把时间都用于学习才好，把其他活动必需的时间，都看成学习的敌人，其实这是很大的认知偏差。

5. 科学合理安排学习时间

文嘉《明日歌》说："明日复明日，明日何其多！我生待明日，万事成蹉跎。世人皆被明日累，春去秋来老将至。朝看水去流，暮看日西坠，百年明日能几何？请君听我明日歌。"时间对于每个人都是公平的，既不会多，也不会少。时间是有限的，人生是有限的，青春是有限的。如何将有限的时间合理运用呢？这就要求职校生要学会有效地管理时间，科学合理地安排学习时间，让有限的时间产生最大的效益。可采用以下办法：（1）了解时间的价值，懂得时间的珍贵。学做一个珍惜自己和他人时间的人。（2）制订有效的学习计划，突出目标，并时刻谨记于心。（3）要有果断的行动，将计划付诸实践。（4）学会整合，巧用零碎时间，日积月累。

五、职校生恋爱与性心理调适策略

爱情是一个古老而又永恒的社会现象，是正常人的生理和心理发展的必然结果。健康的爱情能给人鼓舞和力量，给人情绪上的欢愉、生活上的充实、事业上的信心。职校生已进入青春期，性生理已经成熟，他们渴望获得属于自己的那一份令人向往、美丽动人的爱情。但由于许多职校生缺乏恋爱和性心理方面的知识，对爱情的理解不够深刻，对性的认识不够全面，性心理还未完全成熟，加之各种复杂因素的影响，他们很容易感到茫然，产生困惑，这时就需要教育者积极加以教育和引导，使他们正确处理好学业和爱情的关系，认识爱情的真谛，正确与异性交往，正确对待性欲和性需要，形成健康性心理。

（一）性心理的概念

性心理是指在性生理的基础上，与性征、性欲、性行为有关的心理状态与心理过程，也包括与他人交往和婚恋等心理状态，如性的认识、性的情感体验、对性行为的控制等。性心理包括性感知、性思维、性情感、性意志等。其中，性感知是性心理的基本过程，性思维是性心理的核心心理过程，起主导作用。性情感是性心理过程的情绪体验，性意志是调节和控制性心理的强大力量。性心理的发展，一方面受性生理发育成熟的影响，另一方面又受性文化的影响。生理发育成熟性激素的分泌影响着人类的行为和人格，如男子首次“遗精”，女子“初潮”是男女性成熟的标志。文化传统、教育状况、社会观念、家庭情况、文艺作品等都深刻地影响制约着性心理的发展。所以，不同时代、不同年龄、不同文化、不同职业下的不同个体在性心理表现上会有些差异。因此，一个人性心理的健康状况，是生物和社会文化因素的完整、统一的体现。

（二）职校生性心理发展特点

职校生处于青年发展期，生理上的发育已经成熟，特别是性发育的成熟，性心理也在加速发展与成熟，性机能的成熟和性心理走向成熟是职校生身心发展最明显的特征。性心理的发展与成熟对职校生的人际交往、性道德品质的形成以及恋爱的成功和婚姻的美满与幸福有着重要意义。同时，性心理的成熟、欲望增强与性心理发展的不平衡之间的矛盾，也必然会给职校生带来一系列的心理困扰和烦恼。职校生性心理发展主要表现在以下几个方面。

1. 性生理的关注和性知识的渴求

进入青春期后，男女职校生的生理都会发生一系列的变化，男性和女性特征更明显地显现出来，会产生明显的差异，男性喉结突起，声音变粗，体形变大；女性声音变尖变高，乳房隆起，臀部变大。男生和女生不仅开始相互关注，相互吸引，同时也特别关注自己的生理变化，男生希望自己体格健硕、音调浑厚；女生希望自己乳房丰满、容貌美丽，都期望自己能对异性有较大的吸引力。他们普遍产生了对性的好奇，越来越渴望多了解一些有关性的知识，有意识地通过网络、书籍和同学间的交流等来寻求性知识。

2. 性本能和性爱慕

受生理成熟的影响，职校生的性心理也逐步趋向成熟，这是机体本能的变化，他们情不自禁对异性发生兴趣、好感或爱慕，加上职校生有更多的自由活动的时间和空间，他们有明显的同异性相处的意愿，在行为上也会表现出一些主动接近异性的带动。他们中的绝大多数人，开始聚焦异性，对性的意识，由不自觉到自觉；对性的兴趣，由反感到爱慕、到初恋。多数职校生期望在共同活动中相互结识、相互接近、建立好感、发展情感。有些职校生表现为大胆地追求，向喜欢的男生、女生大胆地表白。也有些职校生怕被拒绝，而默默关注自己的暗恋对象。这种心理和行为是职校生这个年龄阶段的正常的反应。

3. 性需求与性压抑

生理上的成熟，使职校生有了性的需求，这是正常的生理反应。但是，职校生尚处于读书阶段，经济上不独立，心理上未完全成熟，尚不具备成家立业的条件，不具备通常意义上的满足性冲动的伴侣。性生理的需求无法有一个正常的满足渠道，有些职校生缺乏正确的性知识，不能正确对待自己正常的性需求，反而觉得自己不该有这样的性冲动，容易导致过分焦虑和性压抑，严重的可导致性敏感和性恐惧。少数职校生还可能以扭曲、不良的，甚至是变态的方式表现出来。应当说，适当的性压抑是符合社会规范的，是职校生性心理健康的反映，但是严重的性压抑，则会有害健康。

4. 性心理的性别差异性

男女职校生的性心理存在明显的性别差异性。一般情况下，在对异性情感流露上，男生显得较为热烈和外显，女生往往表现得含蓄而温存；在内心体验上，男生更多的是新奇、神秘和喜悦，女生则常是羞涩、敏感和不知所措；在表达方式上，男生比较主动和直接，女生则比较喜欢暗示和脉脉含情；男生的性冲动易被性视觉刺激唤起，女生则易在听觉、触觉刺激下引起兴奋。不过，这种性心理的性别差异是相对的，如有的女生在示爱时就表现得非常主动，有的男生则显得畏首畏尾。

5. 性意识的强烈性与表现上的隐蔽性

职校生已进入青春期，性机能已经成熟，性欲望和性冲动会表现得比较强烈，这是身体发育过程中的正常生理和心理现象。他们渴望与异性交往，他们喜欢探究异性的心理秘密，性意识逐渐强烈和成熟起来，他们渴望性欲望得到直接的满足。但是他们又受到社会道德和法律的要求，受到学校纪律的约束，使得他们的性欲望无法得到社会认可的正常渠道的满足，因此，表面上只能将这些欲望隐蔽起来，表现得很拘谨、羞涩，以此来塑造自己在异性心目中的形象。

（三）指导职校生性心理调适策略

人的性心理发展具有一定的规律性，是阶段性与连续性的统一，每一阶段都会表现出某些典型的发展特征。职校生的性心理发展既具有一般人性心理发展的特点，也具有一定的特殊性。因此，教育者如能针对职校生性心理发展的特点，进行有针对性的教育指导，就能使职校生建立积极的健康的性心理，避免出现消极的不健康的性心理。

1. 掌握科学的性知识

人的性欲是一种自然属性，是正常的生理现象。因此，关于性的研究早已有之，出现了性生理学、性心理学、性社会学、性伦理学、性美学等科学，性知识涉及内容也比较广泛，包括男女生殖器的解剖学知识、青春期的发育、表现及卫生常识、性器官与性生活卫生、男女性别差异和社会角色、性道德和性法律知识等。性教育不只是性的教育，而且是人的教育，文明的教育。处于青春期的职校生虽然没有必要对性科学进行深入研究，但应该通过正常渠道对有关性的知识有一个科学的认识，懂得一些性的基本知识，如遗精和月经是人成长过程中必然出现的自然和正常的生理现象，是男女生性成熟的标志。爱情是正常人生理和心理发展的必然结果，渴望追求异性是正常的心理需求，性欲望是健康的、发育正常的生理需求，性自慰是不涉及他人的一种正常性行为的方式，人类性行为有社会性、道德性，等等。这样才能正确对待青春期出现的一些性生理心理现象，对性欲冲动保持理智的态度，使自己学会保护自己、调节自己、发展和完善自己。教育者特别是家长和老师要指导职校生主动学习性知识，要选择正规渠道出版的内容健康的读物或载体的信息，要避免错误信息的影响，要鼓励职校生大胆走进学校的心理咨询室，接受老师对性知识进行个别或集体的正确指导，在直接的沟通交流中获取性知识。职校生要明确性心理健康的要求：（1）正常的性需求和性欲望；（2）科学的性知识；（3）良好的性道德；（4）正当的性行为。做到早学习、早预防，避免产生性心理疾病和性心理障碍，将自己的行为控制在道德和法律的规范之中。

2. 认同自己的性别角色

性别角色意识是一个人社会化成熟与否的重要体现，是性心理健康的重要标志。社会是两性组成的。男性和女性由于性别的不同而产生了不同的性别角色，在生理上和心理上具有各自不同的特点，各自有自己的魅力，不管是男性或女性，都应当接纳和欣赏自己的性别角色，接纳自己的外貌和生理特征的现状，培养自爱、自信的品质。有调查发现，女生对自己性别不认同度大大高于男生，有超过 1/4 的女生表示在可能的情况下，愿望改变自己的性别。在职业学校，学生大多来源于农村，受中国传统“重男轻女”观念的影响，给职校生心理烙下阴影。因此，要教育职校生具备自信乐观的心理，才能拥有令人喜爱的魅力，才会获得别人的欣赏。

3. 积极参加集体活动，与异性保持正常交往

学校或班级组织的集体活动，男女生都会参加，一方面保持与异性的正常交往，以满足性心理需求；另一方面，异性间交往，也是相互学习、相互了解、互相适应的过程。它不仅可以让男女生之间消除神秘感，减少好奇心，逐步熟悉异性，增进异性友谊，还可以学习一些与异性交往的技巧，有助于日后恋爱、婚姻的成功。同时，集体活动能使每个学生的主体积极性得以发挥，能使职校生性认识转化为性观念，刺激和丰富职校生的各种积极感受，使职校生的性欲望和性冲动得以转移或升华，使自己的生活变得更加充实。

4. 加强性行为社会责任意识教育

性行为包括自慰性行为、边缘性行为和婚前性行为。自慰性行为不会影响他人，但只要性行为涉及他人，便涉及许多社会责任。性行为不仅对他人，尤其是女生造成生理影响和心理创伤，也可能孕育新的生命，对自己的生活产生重要影响，同时也不为社会所认同。因此，教育者，特别是教师和家长要加强对职校生性行为社会责任意识教育，让他们了解自己性行为对他人、自我和社会带来怎样的后果，增强自己的性道德和性法律意识，用道德和法律规范自己的性行为。尊重他人，尊重自我，树立对自我性行为负责的社会责任感。

5. 积极进行自我控制和调节

职校生处于青春发育后期，是性欲和性冲动旺盛的时期，但性需要又

没有正常渠道得到满足，因此，必须对自己的性冲动和性欲望进行有效的控制和调节，以达到心态平和、性欲稳定的状态。

首先，要培养自己良好的意志品质。抵制和调整自我的性冲动和性欲望，把它控制在道德和法律规定的范围内。其次，要学会积极代偿转移。比如，多参加一些体育活动、文娱活动、知识竞赛，多观看一些健康的影视节目，淡化注意力，转移大脑中枢神经的兴奋中心，使性冲动和性欲望得以转移或升华。最后，适度宣泄。这有助于消除由于性欲而带来的紧张感，缓解性冲动。宣泄的方式很多，可以唱歌、运动、呐喊、找朋友聊天等。当这一切还不能缓解性冲动时，可适当使用安全性行为。比如，性自慰、避孕或抗疾病的措施等。有职校生担心自慰会对自己身体造成伤害，对此要改变认知。事实上，自慰是性机能发育成熟后满足性欲、缓解性冲动和性张力，消除由于禁欲而引起的性饥渴和性烦恼的一种手段，是正常性行为的一种方式，是不涉及他人的一种行为，对身体无害。它不是什么恶习，更不是什么道德败坏。性自慰的危害不在于自慰本身，而在于对自慰的错误认知给自慰者带来过分担忧，如犯罪感、焦虑等而引起的心理压力。但是这不等于说自慰可以不加节制，就像过量的体育活动、过量的饮食都会给身体带来害处一样，自慰也是如此，如果自慰过度，就会使身体各部分疲劳过度，从而给身体带来一定的危害。避孕或抗疾病的措施，主要是减低怀孕甚至性病感染的风险。

（四）恋爱和爱情概述

恋爱是指男女之间在生理发育、心理发展和社会因素共同作用下，互相倾慕和培植爱情的过程。爱情是一种男女之间基于一定的客观物质基础和共同人生理想，在各自内心形成的最真挚仰慕，并渴望对方成为自己生活伴侣的情感。爱情是一种人际间特殊的感情需要，是对对方长期的、稳定的、专一的爱恋和情感。

爱情本质上是人的自然属性和社会属性相结合的异性间的崇高感情，自然属性是爱情的基础，社会属性在爱情中起决定作用。恋爱是追求爱情的过程，而爱情是恋爱最为积极的目的和结果。职校生必须正确理解恋爱和爱情的辩证关系，不能把恋爱和爱情等同起来，否则就会给自己的身心健康带来消极影响。

真正的爱情是双方的自主和自愿，不受其他因素的干涉；真正的爱情需要双方心灵撞击出火花，不是单相思；真正的爱情一定要真挚、专一、纯洁，不允许第三者的出现；真正的爱情是双方的感情持久稳定，不是朝秦暮楚地游移不定。因此，爱情具有自主性、相互性、排他性和持久性等特征。爱情是一种个人体验，每个人只能通过自己得到这种体验；爱情是内心潜在激情的一种宣泄和表达，是人们成长过程中一种感情的需要，它具有正面积极的意义，能够激发出人的更好生活的意愿，甚至可以成为改变生活的动力。

爱情的真谛是：爱意味着互相给予、爱意味着互相提高、爱意味着有共同的理想与追求、爱意味着惺惺相惜、爱需要理性的控制。人不是因为美丽才可爱，而是因为可爱才美丽。

（五）职校生恋爱心理特点

职校生谈恋爱已是校园的普遍现象，了解职校生恋爱现状及心理特点，有助于教育者认识和走近职校生的恋爱世界。

1. 恋爱行为普遍，恋爱成功率低

当前，在职业院校校园里，许多职校生形容恋爱就是一门必修课，流传着一句话："职校生必修三门课：专业、爱情、社团。"职校生的恋爱已经"合法化"，他们把恋爱当成学习阶段必须经历的人生事件，是校园生活的一个重要内容。然而，职校生的恋爱大多以喜剧开始，悲剧结束，成功率较低。有调查研究，毕业生中恋爱结为伉俪的只占在校恋爱总数的1%。校园内职校生恋爱关系能维持到毕业的不多。造成校园恋爱成功率低的原因，主要是职校生的个人因素，如恋爱态度、恋爱动机等，当然也有其他因素，如就业去向、父母干预等。

2. 注重恋爱过程，轻视恋爱结果

恋爱的积极目的是形成爱情，是为了寻觅生活伴侣，走向婚姻。但职校生关心的往往不是恋爱的结果，而是恋爱的过程。当然，注重恋爱过程，有利于双方了解，加深认识，也有利于培养感情，增加心理相容度，但是只注重恋爱过程，强调爱的"现在进行时"，把恋爱与婚姻相分离，不考虑爱的“将来时”，信奉“不求天长地久，只求一朝拥有；只管升起爱的风帆，管它驶向何方”。恋爱中追求快乐、追求浪漫，就违背了恋爱的宗旨。

3. 恋爱动机多元，恋爱关系高调

恋爱是男女双方相互仰慕而产生的。但有研究显示，职校生因相互倾慕产生爱恋关系的人数不到一半，其他的非情感因素在恋爱动力里占有越来越多的位置。有的职校生把恋爱当作一种情感体验，及时行乐，借以寻求刺激，满足精神享受；有的职校生追求异性当作丰富人生经历的一种活动，充实课余生活，解除寂寞，填补空虚，增加生活趣味性；有的职校生把在校恋爱看作为以后积累恋爱经验。这种恋爱态度是个人需要大于个人情感理智，所以，很多职校生的恋爱周期较短，更有的职校生频繁更换恋爱对象。在这种情况下，即使现在校园里不提倡在校学生恋爱，他们的恋爱也没有隐蔽性可言，“地下战”变成了“地面情”，有的职校生不再顾忌别人的评价，恋爱行为高调而公开，恋爱时不仅让朋友知道，有时还会将恋人带进寝室，让舍友们评头论足。

4. 恋爱理念开放，传统道德淡化

随着时代的发展，职校生恋爱观念日益开放，传统道德逐渐淡化。他们恋爱不再羞羞答答、遮遮掩掩，而是激情洋溢，热情奔放。有的职校生把恋爱作为自豪和炫耀的资本，有的职校生同时跟两个以上异性交往、谈恋爱，有的职校生享受观大于责任观，把性爱看作恋爱关系的催化剂，往往为了满足一时的欢愉而背上不应有的沉重负担。他们在爱的刺激下，不愿受传统道德的束缚，恋爱方式公开，甚至在大庭广众下，双双携手出入校园，搂抱接吻。

5. 恋爱关系脆弱，恋爱态度草率

职校生恋爱往往不以现实情况为前提条件，只是单纯地从情感或个人需要出发，浪漫主义色彩浓厚，“只要感情深，哪怕吃草根；只要感情好，哪怕吃稻草；只要两相爱，哪怕吃酸菜”。完全不考虑对方的经济条件和家庭状况，这样的恋爱态度致使很多职校生的恋爱关系难以稳定，往往在面临一些现实性问题时，无法理解和正确地对待，最终使恋爱失败。还有些职校生无意恋爱，但看到别的同学都去轧马路、聚会，久而久之，耐不住寂寞，经不起别人的冷眼和藐视，为了面子草率去恋爱，以证明自己不比别人差。

（六）指导职校生恋爱心理积极调适策略

了解职校生恋爱现状和恋爱心理特点，走近职校生恋爱世界，就是为了探求积极策略，帮助职校生树立正确的恋爱观，形成健康恋爱心理。

1. 树立正确爱情观，掌握爱情真谛

男女双方培养爱情的过程称为恋爱，它是具有一定发展阶段和进展过程的，这样的阶段和过程正是以谈、恋、爱三部曲为标志的：（1）所谓“谈”，是恋人交往的第一阶段。谈恋爱，首先需要有交流。如果男女双方谈得多、谈得好、谈得有滋有味，则男女两人的关系就会进一步发展，产生第一次飞跃，进入相恋阶段。（2）所谓“恋”，是恋人交往的第二阶段。如果男女双方产生强烈的依赖感和牺牲感，愿望为对方做出无私的奉献，同时产生了一种强烈的独占性和排他性，追求两人独享的最高境界，就说明彼此的感情已经升华，进入热恋。（3）所谓“爱”，是恋人交往的第三阶段。恋人之间的交往更加丰富，是恋人心理交往达到相互结伴的阶段。恋人之间的感情达到完全的默契，这也是爱情的最高层次。

有一个主题活动的总结，讨论了爱情观的正确性和合理性，可以一起分享。[1]

恋爱前

如果你喜欢上了一个人，最少可以有两种选择：第一，不告诉他；第二，告诉他。不告诉他，你就在心中默默地喜欢他就好了；既然你喜欢他，他在你心中一定很优秀，所以你要做的是努力让自己变得更优秀，以期待有一天能得到他的青睐。告诉他，你可能会被拒绝，也可能会被接受。被拒绝，可能是因为你自己还不够优秀，所以你要努力提升自己；也可能是因为他是一个负责任的人，不希望过早恋爱影响两个人的前程，那就等到毕业后再表白。如果你被接受了，那么进入恋爱状态。

[1] 李季，贾高见. 中学德育问题与对策[M]. 北京：中国轻工业出版社，2014：62-64.

恋爱中

爱别人，先爱自己。有的同学一谈恋爱，就谈得天昏地暗，自己的世界里只有他，甚至没有了自己，其实这是很不科学的交往方式。需要提醒的是，爱别人，先爱自己，不管你是多么强烈地爱着对方，都最少要拿出30%的精力来爱自己。

学会爱，学会给予。学会爱，学会给予对方关心和照顾，学会让对方因为你的存在而感到幸福。这里需要提醒的是，给予是成熟，不是牺牲。比如，你通过几天的努力，为对方制作了一份精美的礼品，他很开心，看着他的开心你也开心，这就是给予的幸福。但是，你不能给予对方超出自己承担能力的东西，不能为了对方做出如何如何的牺牲，这是不理性的。

学会爱，学会宽容。有一句话说，“相爱总是简单，相处太难”，两个人来自两个不同的家庭，有不同的成长经历和教育背景，难免会有诸多的摩擦、冲突，甚至矛盾，这时候，我们要学会宽容，学会妥协，学会让步。当然，妥协和让步也是一种智慧，在妥协的同时，我们还要学会坚持原则和底线，否则，无底线的妥协不可能换来真正的尊重和爱情。

学会爱，学会保护。这句话对女生来说尤为重要，女生不仅要保护自己在精神上不受伤害，还要保护自己在身体上不受伤害。很多女生因为不懂得保护自己，所以没有很好地把握男女交往的尺度，导致怀孕，堕胎时又不敢去正规医院，只能偷偷地去一些小诊所，给自己的身体造成了极大的伤害，甚至有些女生落下了终生的疾病，失去了做妈妈的权利。所以，对女生来说，学会保护自己是对自己负责；对男生来说，学会保护女性更是负责任的表现。

学会爱，学会放弃。当一份爱已经不再是爱而是伤害的时候，当一份爱已经影响到两个人的发展的时候，那么也就到了学会放弃的时候。作为学生，当前阶段，主要任务是学习，不要因为恋爱耽误了两个人的前程。再说，与其等到以后互相抱怨，不如在合适的时间明智地选择放弃。放弃后，进入失恋状态。

恋爱后

很多学生感触颇深："我以后再也不谈恋爱了，男人/女人太可怕了。"同学们，试想一下：如果你中午去一家餐厅吃饭，吃到拉肚子了，你会不会说我再也不吃饭了？当然不会，你只会说，我再也不去那家餐厅吃饭了。同样，如果一个男人/女人让你受到了伤害，你可能说以后再也不和这类人谈恋爱了，但是不要说再也不谈恋爱了。不能说别人都是不可靠的，只能说，你还没找到真正适合自己的那个人，如此而已。同学们，恋爱是人成长过程中的一段经历，恋爱推动人成长。恋爱后，你应该以一种更加成熟、优雅的姿态出现在自己的人生舞台上，继续创造生命的精彩！

2. 给职校生一个成长目标，让他们努力提升自己

教育者可以利用"期待效应"给职校生一个成长目标，让学生努力提升自己。在积极德育实施过程中，有的班级在班里组织女生讨论"我喜欢怎样的男生"，组织男生讨论"我喜欢怎样的女生"。在女生讨论时，男生全体列席但不参与发表观点，在男生讨论时，女生全体列席但不参与发表观点。

把女生讨论的对"喜欢的男生"的期待一一写在黑板上。如要有责任心、勇于担当，懂得照顾人、有绅士风度，玩得起浪漫、经得住考验，有一技之长，有比较富足的收入，善于交往、活动能力强，有梦想并勇敢地为梦想而努力，女生不喜欢只会甜言蜜语而不懂得实际行动的男生。也把男生讨论的对"喜欢的女生"的标准一一写在黑板上，如漂亮、勤劳、能持家、心胸开阔、气质优雅、有知性美等。然后，让职校生寻找并思考：班里有没有符合我的标准的男生/女生？我在哪些方面与"理想的男生/女生"还有差距？需要做哪些努力？

现在，很多情况下，职校生也许不在意老师和家长的评价，但是他们很在乎同龄人尤其是同龄同班异性同学的评价。借助这样的活动，这样的

评价，实际上是运用“期待效应”，让女生对男生提出预期，男生对女生提出预期，借此给职校生今后的发展提出一个目标，让他们努力提升自己。

3. 积极引导，让职校生对爱情有积极认知

职校生尤其是中职生对爱情是充满浪漫主义幻想的，他们坚信初恋的纯洁无瑕，他们相信“生命诚可贵，爱情价更高”，所以一旦相恋便爱得天昏地暗，死去活来，全然不顾后果。一旦有一天他们失恋了，心理承受能力很差，会感觉自己的生命被抽空了，甚至感觉自己再也没有活下去的价值，于是就可能选择自我伤害。所以，对职校生的恋爱问题，教育者一定要慎重对待。

积极德育倡导预防为主、正面教育原则，所以要给职校生提前打预防针，让他们对爱情有积极认知。

（1）爱情是有条件的，没有想象中那么浪漫。有人曾做过一个“爱”的调查问卷，学生得出的结论是：爱情并不像我们想象的那么纯洁、那么伟大，爱情是有条件的。男人都喜欢漂亮的女人，当女人毁容之后就不一定再喜欢她了；同样，女人都喜欢成功的男人。所以，漂亮是女人的资本，如同成功是男人的资本。

（2）爱情一半是依恋，一半是海水。爱情是美好的，当男女双方沉浸在充满浪漫色彩的童话里，他们是幸福的、快乐的。然而回到现实世界，爱情要受到诸多因素如家庭、社会、学校以及自身因素的制约，使得职校生恋爱成功率特低，很多人难以承受失恋的痛苦而产生心理冲突。因此，入学时，教育者就要告诉职校生，在未进“围城”前要提前做好“出城”的心理准备，免得到时措手不及。

4. 培养职校生恋爱的能力

人的一生会伴随着亲情、友情、爱情，但最重要、最稳定、最专一的情感是爱情。爱情是令人兴奋的，无数的文人雅士为爱情的美好费尽笔墨，写不完的甜蜜幸福与美妙；爱情是美好的，人们渴望得到美好的爱情，拥有爱情，享受爱情。但爱情又是神秘的，因为它变幻莫测，令人难以捉摸，时而令人甜蜜，时而令人悲伤。正如哲学家说，爱情是一种持续的昏迷状态；爱情的列车没有终点，只有永远；爱情是一位甜蜜的暴君，

一半是依恋，一半是海水。不懂爱情的人，天天受尽它的折磨，盲目恋爱的人，品尝到的只是痛苦和悲伤。因此，职校生渴望爱情，必须了解爱情的真谛，培养恋爱的能力。

（1）表达爱的能力。①要正确认识自我。恋爱前，要对自己的外表、学历、资历、知识、能力、兴趣、价值观、健康、家庭、人脉等因素有全面正确的评估，不能过高或过低地评估自己。②要对自己恋爱对象的择偶标准和期待有一个清晰的认识。③要对自己的恋爱标准有一定的思考。俗话说：直木可以梁，曲木可以犁。每个人都有其自身的特点和优点，但只有适合自己的才是最好的。④主动恋爱时，要学会表达。不同性格的恋爱对象喜欢不同的表达方式。如直接表达式、含蓄暗示式等。直接表达式是指运用直截了当的语言或行为向对方袒露爱的心迹，迫使对方迅速做出回应，达到求爱的目的，主要有口头表达或书面抒情法、单独约会法、亲密行为法、激将法、环境营造法等。如列宁向克鲁普斯卡娅示爱时就直截了当地说："请你做我的妻子吧！"一直爱慕列宁的克鲁普斯卡娅也回答得意外的干脆："有什么办法呢？那就做你的妻子吧！"直接表达式的求爱，干脆、利落、迅速，不拖泥带水，很容易让对方明白意图，但有很大的风险，一旦失败，难有退路。含蓄暗示式是指主要通过某些言行，隐晦地向对方传递爱的信息，使对方在接收到这些信息后，做出判断并有所反馈，以达到相互明了心迹的目的，主要有：语言暗示法、借物示情法等。比如，有首著名的唐诗："君家在何处？妾家在横塘。停船暂相问，或恐是同乡。"后人评价这首诗意境很深很美。含蓄暗示式的求爱方法比较稳妥、保险、进退自如、不失自尊，比较适合自身性格内向而对方比较敏感细腻的男女在对对方心意尚未判明情况下，最好使用这类方法。这种方法的缺陷是进展较为缓慢，且易为忽略。⑤做好被拒绝的心理准备。

（2）接受爱的能力。接受爱必须慎重。①要有自己正确的择偶标准，选择爱人最重要的是志同道合，默契相投，要把对方心灵美放在自然美与其他社会条件之上。②及时准确地对求爱信息做出判断分析，正确做出接受、拒绝或再观察的选择。③要坦然地面对接受爱或拒绝接受爱的心理冲击，保持内心的平衡。

（3）拒绝爱的能力。爱情来不得半点勉强和将就。当生活中出现你所不愿得到的求爱时，你应该理智、婉转地拒绝对方。虽然每个人都有爱和拒绝爱的权利，但珍重每一份真挚的感情不仅是对他人的尊重，也是一种自重，更是对一个人道德情操的检验。拒绝爱的方法有：口头拒绝、通过第三者加以拒绝、书面拒绝等。使用较广泛的是书面拒绝。不管用何种方法拒绝，都要做到：①态度要委婉而坚决；②理由要尽可能充分；③不要彻底伤害对方。

（4）维护爱的能力。在恋爱过程中，要做到：①保持积极的心态，要看到对方心灵美和积极品质，这样才会有积极的爱情体验。②要有意识地培养自身的人格美，这种内在的品质对个性发展及对社会家庭有积极的意义。③要展示个性美，因为建立在个性相互辉映基础上的爱情才能长久。④要保持和谐美，只有两心相悦，取长补短，才能奏出和谐完美的爱情乐章。⑤要相互谦让，学会沟通合作，化解矛盾，求同存异，使爱情稳定发展。

（5）中止爱的能力。虽然我们希望自己的爱情是一帆风顺的，但现实往往不尽如人意。职校生由于恋爱草率，因此在恋爱交往过程中，随着相互了解的不断加深，有时会产生出对方不合适自己的感觉，这时如何冷静地处理分手问题，艺术地中止恋爱关系就显得尤为重要了。分手对于恋爱中的男女双方来讲都是一件不愉快的事情，尤其是恋爱时间较长或是一方较为执着的情况下，分手更是需要讲究技巧性。职校生在校恋爱成功率不足1%，说明培养中止爱的能力非常重要。要做到：①把握适当的时机；②巧妙地运用策略，理智对待；③不回避自身责任；④果断地说“再见”。

（6）承受失恋的能力。职校生恋爱具有草率性、盲从性、波动性、反复性等特点，导致恋爱成功率不高。因此，很多职校生不可避免出现失恋问题。如何正确对待失恋问题，承受失恋带来的悲伤、空虚、愤怒等不正常心理烦恼，是职校生需要学习的重要内容。有人说，“心病还需心药治”，灵魂的痛苦只能用理解来消除，用行动来疗伤，让时间去抹平。常见的摆脱失恋的方法有：①积极认知失恋。失恋是不幸的，但首先是一种幸运。失恋让我们的人生更加丰富；②合理化运用。尽量找对方的缺点和不足，以求得失恋的心理安慰；③学会转移注意力。包括对别人诉说和自己主动运动、旅游、勤奋工作等分散注意力；④宽容与重生。宽容理解对方，积极重找真爱。

歌德一生失恋 7 次，写出了许多著名的爱情诗篇；安徒生，从失恋中奋起，一生留下了 160 多篇美丽动人的童话。因此，失恋并不可怕，关键是学会解脱，善于从痛苦中奋起。

下面来分享一下智者苏格拉底与失恋者的对话，或许对教育者和失恋者都有重要启示。

苏格拉底与失恋者的对话

苏（苏格拉底）：孩子，为什么悲伤？

失（失恋者）：我失恋了。

苏：哦，这很正常，如果失恋了没有悲伤，恋爱大概也就没有什么味道了。可是，年轻人，我怎么发现你对失恋的投入甚至比对恋爱的投入还要倾心呢？

失：到手的葡萄给丢了，这份遗憾，这份失落，您非个中人，怎知其中的酸楚呢？

苏：丢了就丢了，何不继续向前走去，鲜美的葡萄还有很多。

失：等待，等到海枯石烂，直到她回心转意向我走来。

苏：但这一天也许永远不会到来，你最后会眼睁睁看着她和另一个人走了去的。

失：那我就用自杀来表示我的诚心。

苏：但如果这样，你不但失去了你的恋人，同时还失去了你自己，你会蒙受双倍的损失。

失：踩上她一脚如何，我得不到的别人也别想得到。

苏：可这只能使你离她更远，而你本来是想与她更接近的。

失：您说我该怎么办？我可真的很爱她。

苏：真的很爱？

失：是的。

苏：那你当然希望你所爱的人幸福。

失：那是自然。

苏：如果她认为离开你是一种幸福呢？

失：不会的！她曾经跟我说，只有跟我在一起的时候，她才感觉到幸福！

苏：那是曾经，是过去，可她现在并不这么认为了。

失：这就是说，她一直在骗我？

苏：不，她一直对你很忠诚，当她爱你的时候，她和你在一起，现在她不爱你的，她就离去了，世界上再没有比这更大的忠诚。如果她不再爱你，却还装得对你很有情谊，甚至跟你结婚生子，那才是真正的欺骗呢！

失：可我为她投入的感情不是白白浪费了吗？谁来补偿我？

苏：不，你的感情从来没有浪费，根本不存在补偿的问题，因为在你付出感情的同时，她也对你付出了感情，在你给她快乐的时候，她也给了你快乐。

失：可是，她现在不爱我了，我却还苦苦地爱着她，这多不公平啊！

苏：的确不公平，我是说你对所爱的那个人不公平。本来，爱她是你的权利，但爱不爱你是她的权利，而你却在自己行使权利的时候剥夺别人行使权利的权利，这是何等的不公平！

失：可是您看得明明白白，现在痛苦的是我而不是她，是我在为她痛苦。

苏：为她痛苦？她的日子可能过得很好，不如说是你在为你自己而痛苦吧！明明为自己，却还打着别人的旗号，年轻人，德行可不能丢呀！

失：依您的说法，这一切倒成了我的错了？

苏：是的，从一开始你就犯了错。如果你能给她带来幸福，她是不会从你的生活中离开的。要知道，没有人会逃离幸福。

失：可她连机会都不给我，您说可恶不可恶？

苏：当然可恶。好在你现在摆脱了这个可恶的人，你应该感到高兴，孩子。

失：高兴？怎么可能呢，不管怎么说，我是被人给抛弃了，这总叫人感到自卑的。

苏：不，年轻人的身上只能有自豪，不可自卑。要记住，被抛弃的并非就是不好的。

失：此话怎讲？

苏：有一次，我在商店看到一套高贵的西服，可谓爱不释手，营业员问我要不要，你猜我怎么说？我说质地太差了，不要！其实，我口袋里没有钱。也许你就是这件被遗弃的西服。

失：您真会安慰人，可惜您还是不能把我从失恋的痛苦中引出。

苏：是的，我很遗憾自己没有这个能力。但，我可以向你推荐一个有这个能力的朋友。

失：谁？

苏：时间！时间是人最伟大的导师。我见过无数被失恋折磨得死去活来的人，是时间帮助他们抚平了心灵的创伤，并重新为他们选择了梦中情人，最后他们都享受到了本该属于自己的那份人间之乐。

失：但愿我也有这一天，但我的第一步该从哪里做起呢？

苏：去感谢那个抛弃你的人，为她祝福。

失：为什么？

苏：因为她给了你一份真诚，给了你寻找幸福的新的机会。❶

六、职校生职业生涯规划心理调适策略

中国有句古话：“凡事预则立，不预则废。”进入职业学校的学生，面

❶ 江城子．苏格拉底与失恋者的对话．世界中学生文摘，2007，(7)：31.

对就业市场激烈的竞争，要及早对自己职业生涯进行合理的规划，用规划指导自己的学习生活，通过不断的调整，树立正确的职业理想，构建自己特有的知识结构，利用实训、实践打造职业需要的能力，为走向社会打下良好的基础。

（一）职业生涯规划的内涵

职业生涯规划是指个体对其一生职业发展道路的设想和计划。具体地说，就是职校生根据自己的兴趣爱好、能力、特点和客观现实环境，进行自我分析和职业分析，在总结和权衡的基础上，为自己确定最佳的职业方向和奋斗目标，制定行动策略并付诸实施，构建自己特有的、合理的知识结构和能力结构，最大限度地实现自我价值。

（二）职业生涯规划对职校生发展的意义

哈佛大学曾经对10000名在智力、学历和环境等方面条件相仿的学生进行过一项跟踪调查，结果发现，3%的学生在25年前就为自己设立了目标，而且对实现目标有了规划，并朝着自己规划的方向一直不懈地努力，几乎都获得了成功，其中不乏行业领袖和社会精英。而生活平平者，则是不清楚或很不清楚自己的发展方向，对自己的人生没有目标，缺乏规划。

目标可以给人生带来希望、意义及动力。因此，教育者要指导职校生及早为自己职业生涯进行规划，这对于充实地度过职校生活及顺利地进入社会做好入职准备是非常有意义的。

1. 增强发展的目的性和计划性

职业生涯规划是以职校生的自我认识为基础的，它首先要对自己有明确的认识，包括知识、能力、兴趣、性格、爱好等，还要有明确达到的目标及实施规划，那么一定会把握住自己，争取成功。俗话说，好的计划是成功的一半，说的就是这个道理。当然，初始规划定得再好，随着时代的发展和职校生情况的变化，也要不断地随之调整、充实、提高，使之不断完善，这样才能保证职校生按照职业生涯规划，有目的、有计划地充实提高自己，健康地发展和成长。

2. 发掘自我潜能，增强竞争能力

在职业生涯规划中，目标的制定是一个探索过程，通过生涯探索，可以使职校生有意识地更深层次地了解自己，发现自己的兴趣、能力、价值观以及个性特点，挖掘现有和潜在的资源优势，对自己的优劣势进行对比和分析，从而明确自己想干什么、能干什么及适合干什么，客观地评估自己在想干、能干及适合干之间的距离，从而利用在校时间通过各种方法来缩小这样的差距，增强自己职业竞争能力，以帮助自己实现职业理想与目标。

3. 努力让自己跳得更高

职业生涯规划，是我们每个职校生根据自己兴趣、爱好、性格、特长、专业知识和工作能力，通过自我认知、自我分析，为自己大致设计一个将要为之奋斗的目标，即自己以后要走的路。在前进的道路上，先给自己定下一个合适的高度，然后再通过自己的努力，朝着既定的方向前进，直到达到预定的目标高度后再设新的高度，渐行渐高，不断达到“最近发展区”的高度，使自己跳得更高，从而实现理想自我，体现自身价值。

（三）职校生就业心理特点

职校生就业不仅关系到他们今后发展的方向，也是对其综合素质尤其是心理素质的一次检验。机遇总是垂青有准备的人，只有靠平日里的未雨绸缪、早作准备、努力奋斗，才会实现自己的职业理想。目前职校生面临“供需见面，双向选择”的就业环境，良好的就业心理素质和健全的人格特征是成功就业的基础和保障。因此，了解职校生就业心理特点很有必要。

1. 就业的主动性和积极性

在市场经济条件下，我国已经实现用工制度的双向选择。职校生主动“推销”自己是一个非常重要的实现就业的途径，自己能否胜任工作归根到底还是靠自己的实力说话。因此，要鼓励职校生积极、主动寻找就业，而不是被动地“等、靠、要”。不要把自己的命运寄托在社会关系上，也不要仅仅依靠学校解决就业问题。

2. 就业的现实性和灵活性

俗话说：人贵有自知之明。现实性来自职校生对自己正确地认识。当前“精英教育”向“大众教育”转变，职校生更是不具有优越感的特殊群体，他们应该是一线劳动大军中的一员。现在社会对毕业生的学历要求越来越高，什么“博士生很好很好，硕士生不错不错，本科生可以可以，专科生不要不要，中专生没有考虑到”的招聘思想在社会上流传，使职校生更清楚自己的就业困境。因此，他们面对现实，就业时不攀比，同时，也表现出极大的灵活性，不仅仅盯着自己的专业，采取“先就业，后择业，再创业”的办法，实现多元化就业。

3. 重视求职能力的培养

职校生的求职能力包括获得工作的能力以及在工作中自我发展的能力。求职能力不仅是职校生在寻找工作过程中体现出来的各种知识与技能、技巧的总和，还包括逻辑思维能力、语言表达能力、简历制作能力等。找到工作只是求职能力的一个体现，更重要的是能在这份工作上有所作为，获得发展，体现自身价值。在市场经济条件下，竞争是绝对的、永恒的，应聘求职会伴随着每个职业人的一生。因此，职校生非常重视求职能力的培养。他们通过就业指导课、实践活动、模拟招聘会等不断加强逻辑思维能力、语言表达能力、应变能力的训练与培养，积极投入实战演练，及时总结经验教训，发现自己的优势与不足，并采取有效措施，不断提高求职能力。

4. 注重知识的积累与储备

职校生对自己的职业生涯进行合理规划，就是要用规划去指导今后的学习生活。树立了正确的职业理想，他们就能进行自我分析和职业分析，构建具有自己特色的合理的知识结构，包括扎实的基础知识和基本技能、专业知识和专业技能、就业知识和就业技能，为择业、就业进行知识的积累和储备，从而实现顺利就业。

5. 注重就业心理素质的修炼

不少职校生入学初，就对自己的职业生涯进行合理规划，用规划指导学习生活，培养职业需要的能力，提升就业心理素质的基础。加强社会适应能力的锻炼，大胆走向社会，积极参加各种社会实践活动，这是提升就业心理素质的关键。树立积极的人生态度，培养自己适应环境的能力，以及坚忍不拔，积极进取的意志品质，这是提升就业心理素质的根本。培养正确的就业心态，树立“人职匹配”的“大众化”就业观，这是提升就业心理素质的保证。

（四）指导职校生就业心理调适策略

就业心理是指毕业生在就业过程中的心理状态，这是影响其正确择业和顺利就业的重要因素，也是毕业生价值观的具体体现。职校生在选择和寻找位置的过程中往往会碰到这样和那样的挫折和阻碍，如焦虑、自负、自卑、怯懦、依赖、冷漠，等等。对这些挫折和阻碍，教育者要帮助职校生正确认识，学会调整自己的情绪，锻炼坚强的意志，增强心理承受力。关键是通过积极的教育，调动职校生自身的积极心理因素，防止这些消极心理因素的产生。

1. 科学合理确定生涯目标

规划生涯目标要科学合理有效，要符合可行、可信、可控、可界定、可量化、独特 6 个方面的要求。可行，是指自己的能力和特点，实现这个目标是现实的、可能的。可信，是指自己相信自己完全有能力，在设定的时间内完成这个目标。可控，是指自己对实现目标的一些主要影响因素是可以控制的。可界定，是指自己的目标，不管是口头语言或者是书面语言表达，普通人都能理解的。可量化，是指自己的目标表达方式可以用数字加以衡量的，而不是宽泛的、一般的、模糊的或抽象的表达方式。独特，是指自己的目标非常适合自己，是自己愿意去做的事情，而不是别人强加的。此外，开始规划目标时，就要给自己一个积极的心理暗示，这有助于看清自己前进的方向，有助于社会角色的转变和适应。

2. 适当调整就业期望值

职校生在职业生涯规划和职业发展观念上要确定自己正确的人生轨迹，要树立长远的职业发展观念，放弃就业“一次到位”、绝对安稳的观念。在当前职校生学历、素质还有待提高的前提下，获得一个十分理想职业的时机还不成熟，应采取“先就业、后择业、再创业”的办法。在工作中不断提高自己的社会生存能力，增加实践经验，然后再凭借自己的实力，通过正当的职业流动，来逐步实现自我价值。因此，职校生要适当调整就业期望值，要从最坏处着想，向最好处努力。这样才能调整心态，从容、冷静面对就业，并做出正确、理智的选择。

3. 用发展的眼光认识自我

职校生择业要知己知彼。知彼就是要正确认识面临的就业形势，了解择业的社会环境和用人单位的需要。知己就是实事求是地评价自己，认清自己的优点和长处、缺点和短处，了解自己的性格、兴趣、特长，要明确自己到底想做什么，扬长避短，用发展的眼光看待自己，用积极的心态看待自己，要知道所有人都存在缺点和不足，只有了解自己的不足，才能在就业后的工作中不断克服，从而发展和完善自己。要主动寻找机遇，并根据生涯职业规划的择业标准进行选择。工作的好与不好，是相对的，对别人合适的，对自己不一定合适，对本科生合适的，对专科生不一定合适，对高职学生合适的，对中职学生不一定合适。因此，要选择适合自己的并能促进自己发展的才是最好的。

4. 积极调整就业心态

在求职择业过程中，职校生要自觉提高自我心理调适的主动性，要以积极的心态对待。首先，可以进行积极的心理暗示："我能行。"鼓励自己、相信自己。其次，可以通过体育锻炼、听音乐、郊游等方式转移自己的注意力，放松自己的心情。最后，可以向老师、同学、朋友倾诉，寻求他们的支持和帮助。同时，要正确面对就业过程中暴露出来的问题，要用积极的补偿办法如"以勤补拙""以长补短"进行补偿，培养乐观、自信和积极的生活态度。要把就业过程看作一个很好的认识社会、认识职业生活、适应社会的机会，通过求职活动来进一步了解自己、认识自己、发展自己、促进自我成熟。

5. 树立合理的职业价值观

职校生就业，不仅是满足生存的需要，更要看到就业对个体发展、社会进步所起的作用。要树立重视自我职业发展、才能发展、事业成功的职业价值观。就业观念要随着社会的不断发展变化，主动做出适应性调整。职校生不是有优越感的特殊群体，而是就业劳动大军中的一员，找准合理的自身角色定位，才能找到适合自己的位置。要明白学会做人比学会做事更重要，拥有专长比热门专业更重要，适应新的环境比敢于竞争更重要，专注行动比关注理论知识更重要。职校生要在学习生活中，深刻领会这四个方面的关系，并付诸实践，才能树立适合自己发展需要的、合理的职业价值观，实现顺利择业，正确择业。

七、职校生网络心理调适策略

网络是一种新技术的象征，像其他任何革命性的发展创造一样，它已成为一种推动革新、创造神奇的力量。它影响到人类生活的方方面面，职校生也不例外。一方面，它给职校生带来各种方便，产生积极影响；另一方面也给职校生带来困惑，产生消极影响。可见网络是一把双刃剑，如何正确看待网络给职校生带来的前所未有的机遇和挑战，掌握职校生的网络心理需求并给予干预指导，是积极德育新的阵地和内容。

（一）网络对职校生的影响

国际信息互联网络是指集通信、网络、计算机、数据库以及日用电子产品于一体的电子信息交流系统。网络存在的虚拟性、网络使用的自由性、网民身份的平等性、网络交流的互动性、网络信息的广容性、信息传播的即时性、网络交往的隐蔽性、网络生活的时尚性、网络活动的创造性、网络内容的开放性、网络系统的全球性等符合职校生的情感和心理需求，满足了职校生的尝试心理、猎奇心理、减压心理、娱乐心理、交流心理等需求，扩大了职校生实践活动的范围，增强了他们认识和改造世界的能力，开阔了他们认识世界的视野，激发和鼓励了他们的想象力、求知欲和创造性。

1. 网络满足职校生感知体验的需求，有利于自我认识的发展

在网络丰富的信息资料面前，职校生被吸引，好奇地体验、探索。从虚拟世界社会角色的认知体验引起对现实世界中社会角色职责及义务的思考，体验内心的冲突，通过自我控制和自我教育，来认识自我的社会角色。网络交往的隐蔽性为职校生自我暴露提供了空间，他们能随意地向他人讲述自己的真实信息，讲出自己的内心感受，摘下面具，暴露自我、张扬自我、宣泄自我，向社会显示自己的私人细节，这也是一个认识自我的过程。显示自我比起过度压抑自我，这无疑有益于心理健康。不仅强化了

职校生的自我意识，还能提高自我评价的能力，从而推动人格的发展。

2. 网络使职校生潜藏的需求和欲望得到张扬

网络的自由性给职校生带来无拘无束的自由表达，个体深藏在潜意识中不为正常社会意识所容许的各种需要和愿望，可以通过网络去抑制性得到满足。他们在虚拟世界中的表现往往更加彻底地揭示出他们的本来状态，展示出职校生更加丰满、立体、真实的心理状态，使他们的本性得到张扬和发展。

3. 网络为职校生创造新的自我实现的空间

网民身份的平等性使大家拥有平等的发言权，相貌、地位、成绩、表现不再重要，他们在现实生活情境中无法得到满足的各种社会需要和心理需要，都可以轻而易举地在网络世界里得以实现和满足。现实中的失败在虚拟空间得到了满足，在虚拟空间中得到替代性实现。

网络给职校生带来心理需求积极满足的同时，也给职校生带来消极影响。比如，(1) 网络信息的复杂性导致职校生的认知冲突。特别是网络错误的观点和信息可能会影响他们的认知能力，弱化理想信息的力量，造成思维混乱、道德选择迷茫、价值取向紊乱，给德育带来巨大的冲击。(2) 网络交互的人机模式容易导致职校生的情感冲突。网络虽然可以为职校生提供情感发泄的场所，但如果使用不当也会成为引发心理问题的发源地，当消极情绪在网络中得到痛快淋漓的发泄时，职校生的不良行为和心理问题也会随之产生。(3) 网络社会的无序性导致职校生意志薄弱。一些职校生由于好奇或冲动会去寻找色情、暴力等不健康内容，结果导致他们是非理念模糊，意志力弱化。(4) 网络行为的数字化导致职校生的人格冲突。职校生面对现实生活中的挫折会选择网络世界作为逃避所，长此以往，他们就很难再回到现实生活，对自身人格的发展带来危害。

网络对职校生的影响是多方面的，它不仅影响着职校生的学习、生活、思维方式，也对职校生的心理产生影响。既能带来积极的心理体验等积极影响，也会造成产生不良心理的消极影响。

(二) 职校生网络心理需求分析

在虚拟的网络世界，天高任鸟飞，海阔凭鱼跃。职校生可以学习、游戏、聊天、交友、发布信息、看影视剧、讨论时事等，可以说无奇不有，无所不能，对职校生具有很强的吸引力，使他们乐此不疲。

1. 平等自由理念的追求

网络的平等性、自由性、开放性、互动性等特点，非常符合职校生追求平等自由理念的心理需求。在理实世界中，职校生是应试教育的“失败者”，是教育者眼中的“差生”，他们虽有强烈的平等自由意识，却很难获得与其他同学平等地对待。而在网络中，人不分男女，地不分南北，论不言高低，职校生可以摆脱现实身份、地位的束缚，体悟自由平等的快乐，表达自己的主张，展示自己的独特性。

2. 自我价值实现的欲望

网络具有仿真性，现实生活可以在网络中得以逼真地再现，从而使个体在心理上获得和现实同样的满足感，网络的实时性使个体不像在现实世界里需经历漫长的过程和耐心的等待就能得到自我实现。职校生具有强烈的交往愿望，期望理解与关爱，希望通过自我完善，充分实现自我价值。但在现实中，职校生往往受挫，自我价值感很难得到满足。因此，他们渴望在虚拟空间里得到满足，得到自我价值的替代性实现。

3. 知识信息的渴求

网络内容的丰富性与开放性满足了职校生对知识、信息的追求。职校生渴望对世界有更多的了解，他们有着强烈的探索外部世界的愿望，他们容易接受新知识、新信息。而网络信息的开放性打破了传统的信息垄断和独占，使他们可以自由造访、探索、浏览各种知识文库，获得各种信息。

4. 张扬个性的追求

网络的时尚性满足了职校生拥有自己独特交流文化、生活品位的追求，网络的自由性给职校生提供了展示自己才华的大舞台，使自己的个性得以充分张扬。职校生有着强烈的求新、求异的愿望，注重自尊自信的培养，也注重有机会让自我得以展现，但现实生活中，他们是应试教育失败的群体，个性长期受到压抑，很难找到这样的机会，而网络无疑可以让他们充分表现自己的喜好，进行个性化的设计，充分张扬自己的个性。

5. 心理压力宣泄的需要

网络的隐蔽性满足了职校生心理压力宣泄的需要。职校生虽然有积极的进取心，但在同龄人竞争中仍承受着较大的心理压力，他们需要一个发泄的对象和空间。而网络提供了这种便利，他们可以掩蔽自己的真实信息，保留隐私，与对方进行交流，也可以发表奇谈怪论，不受世俗化的束缚，还可以发泄或倾诉自己的苦闷烦恼。总之，不必担心被识破而承担责任，满足了职校生心理宣泄的需要。

（三）职校生常见的网络心理问题

职校生如果没有理由、无节制地花费大量时间和精力在互联网上进行持续的聊天和浏览，以致损害身心健康，这就出现了网络心理问题。

1. 网络情感障碍

长期沉迷网络而脱离现实环境的职校生，会表现出冷漠、孤独、空虚、抑郁等情感障碍。他们对亲友冷淡，对周围事物不感兴趣，对生活缺乏热情，内心体验缺乏，对外界刺激缺乏相应的情感反应。上网兴奋，感到刺激；下网孤独，精神萎靡。对现实世界漠不关心，与家人、朋友、同学、老师疏远，生活很空虚，对什么事都提不起兴趣。社会参与减少，幸福感降低。

2. 人际交往障碍

有些职校生，长期沉迷网络，习惯了用网络上的语言，不习惯现实生活中的人际交往，出现了交往的心理障碍。主要表现为：孤僻、虚伪、多疑、恐惧等。他们言行怪僻不合群，常常我行我素；善用伪装的心理与人交往，缺乏责任感；安全感下降，产生交往多疑、恐惧心理。

3. 网络人格扭曲

有些职校生，因沉溺于网络游戏以寻求精神慰藉和内心宣泄，他们用不同的身份，不同的角色进入网络，表现为不同的个性，甚至不同的性别。在网络上就造成几个不同的“我”。这些网上的我与“网下的我”即虚拟中的我和现实中的我，性格往往是不同的，多种角色的“我”发生冲突，会迷失自我；同时当一个人以各种不同的面目出现时，别人对他的认识也难免失真，这些来自他人的评价又会使个体对自己的认识更加混沌，导致形成双重人格或多重人格障碍，严重的导致人格的变异扭曲。

4. 网络道德缺失

有些职校生，受错误信息、黄色信息和色情视频的影响，很容易形成脱离社会规范的失范心理，甚至引起网络出轨行为。少数职校生接受了不健康的性知识，对性有强烈的神秘感，导致性困惑，甚至成为色情网站的俘虏，陷入色情幻想中而无法自拔。

5. 厌学心理障碍

有些职校生，将大量的时间用于网上聊天和网络游戏，自然就没有时间用于学习、社交和休息。他们厌恶学习，编造各种理由逃课，怕考试，导致学习成绩直线下降。学习是一项非常辛苦的脑力劳动，职校生本就是学习上的弱者，如果再无节制地上网，必然由不愿学、无心学、害怕学，直至产生厌学心理。

（四）指导职校生网络心理调适策略

职校生作为一个特殊的群体，心理的发展滞于生理的发展，好奇心强，如果上网时间过长，极易引起网络心理问题。随着网络的普及，网络所带来的心理障碍越来越受到关注，调适网络心理，保持网络心理健康就显得异常重要。

1. 树立正确的网络认知

教育者要通过各种活动让职校生认识到：网络是一把双刃剑，网络世界是一个充满自由、开放、平等的世界，也是一个充满着诱惑与陷阱的危险之地。网络社会并非真实的社会，网上暂时的成功也并非真正的成功，虚拟的情感宣泄与满足也并非能得到真正的快乐。所以，要正确认识网络，并积极应对。

2. 丰富校园文化生活

校园生活越无聊、单调、乏味，学生就越想从校园生活外寻找快乐和刺激，网络就成为他们的首选目标。因此，学校要尽量开展丰富多彩的校园活动，让学生感受现实生活中的乐趣，占据学生的精力和时间，满足学生的精神需求，让学生健康成长。

3. 引导职校生合理利用互联网

要让职校生自觉树立正确的网络自律意识。(1) 明确上网目的。职校生上网，就是学习知识与调节生活，要树立终身学习的理念，全面学习网络知识和技术，利用网络优势，不断提高自我。不要把上网作为逃避生活或者发泄情绪的工具。(2) 制定上网目标。为了有效地约束自己，可以在上网前先订目标，把具体完成的事情列在纸上，有针对性地浏览信息，避免漫无目的地上网。(3) 规定上网时间。根据上网目标确定上网操作时间，如可规定自己每天上网操作时间不超过一个小时。如有特殊需要继续上网，也要休息一段时间再进行操作。尽量利用业余时间上网，不要影响正常生活习惯。(4) 远离网毒。要保持平衡的心态，消除猎奇心理，远离网上不良信息或不法信息。

4. 培养健康成熟的心理防御机制

职校生要积极参加学校组织的集体活动，多与同学、家人、朋友进行沟通、交往，增强个人的适应能力，不断完善自己的人格。正确面对生活和学习中遇到的困难，学会合理宣泄负面情绪。这样，才能形成成熟的心理防御机制，抵制网络的诱惑。

5. 积极改善网络环境

良好的网络环境培育健全的人格，恶劣的网络环境造成残缺的人格。教育者要为职校生提供一个良好的网络发展平台，社会要对网络信息进行控制，通过过滤、净化信息，从技术上保证职校生免受互联网上非法内容的侵害。学校要适应网络时代特点，改进德育和管理。积极开展适合于职校生的各种网络活动，组织学校优秀传统文化和先进文化上网，用进步的文化教育职校生，这是网络环境优化的积极态度。学校还应制定《上网学生行为规范》，从制度上引导学生正确科学上网。学校应该建立各种社团，让学生在活动中，满足他们被接纳、关爱和归属的需要。教师应指导职校生科学合理上网，如让职校生学会自我提醒、自我辩论、自我暗示等方法进行调适。家长应该尽量为孩子营造一个和谐、有序的家庭环境，要为孩子树立榜样，不要长时间上网或浏览不健康信息，同时对职校生假日上网进行监督和管理。

八、职校生挫折心理调适策略

古人云，“人生不如意事十之八九”。任何人的一生都不可能是一帆风顺的，客观世界不仅纷繁复杂，而且还在不断发展变化，人们对它的认识需要有一个不断深化的过程。同时，个体要达到目标也有一个积聚力量、创造条件的过程。如果认识有偏差，个体条件不具备，在实现目标的过程中就会遇到一些障碍和干扰。所以，挫折的产生往往是不以人们的主观意志为转移的。挫折伴我们同行，伴我们成长。正因为有了不同的挫折，才演绎了我们丰富多彩的人生。成功的人生会把挫折当成垫脚石，永远激励自己去成就更美的明天；失败的人生会把挫折当作绊脚石，永远屈服，不敢向前。因此，培养职校生良好的心理素质，增强挫折容忍力，提高战胜挫折和适应环境的能力，是积极德育的重要内容。

（一）挫折的内涵

挫折是指个体从事有目的的活动时，遇到无法克服的障碍或干扰，导致其需要或动机不能得到满足时而产生的情绪状态。包括挫折情境、挫折认知、挫折反应三个方面。

挫折情境是指人们在有目的的活动中，需要无法得到满足的内外障碍或干扰所呈现的实际情境状态或情境条件。如考试不及格、失恋、受到老师批评等都是造成挫折的情境因素。挫折认知是指对挫折情境的知觉、认识和评价。即使相同的挫折情境，不同的人会有不同的知觉判断。挫折反应是指主体伴随挫折认知，对自己的需要不能得到满足而产生的情绪或行为反应，如愤怒、焦虑、紧张、逃避或攻击等。在这三个因素中，挫折认知是最重要的因素，挫折反应的性质和程度，主要取决于挫折认知。

（二）挫折的两面性

调查和研究发现，一个人做错事或遭遇挫折后，会出现两极情况，并会教你懂得一件事的两面，如能将消极的遗憾、懊悔化作积极的行动，改善自己的生活和人生态度，这便是很大的收获。

1. 挫折的消极性

心理学家曾做过一个实验：将一只饥饿的鳄鱼和一些小鱼放在水族箱

的两端，中间用透明的玻璃板隔开。刚开始，鳄鱼毫不犹豫地向小鱼发动进攻，它失败了，并且受了重伤；经过第二次、第三次……无数次的攻击后，它彻底放弃了。这时候，将隔板拿开，鳄鱼仍然一动不动，只是无望地看着这些小鱼在它的眼皮底下悠闲地游来游去。这在心理学上被称为“习得无助”，是一种对挫折听之任之、自我放逐的不良心理状态。鳄鱼如此，其实有时候人又何尝不是这样呢？在面对挫折时，是不是也想过放弃。

挫折的消极性是客观存在的，它能使人失望、痛苦、愤怒、焦虑等，但它又是相对的，关键是人们如何去看待它。在挫折面前，有的人能够很快地吸取教训，“吃一堑，长一智”，迎新接的挑战，有的人却万分失意，消极颓废，一蹶不振。比如，同样进入职业院校，大家都知道自己是考试的失败者，内心充满了失意、迷茫、落寞，遭受了人生考试的挫折（挫折情境）。但有的职校生在进入后能够积极地调整自己的情绪（积极的挫折认知），并很快地投入到紧张而有序的学习生活中（积极的挫折反应）。但也有不少职校生为此消沉、颓废（消极的挫折认知），不想学习，没有拼搏奋斗的劲头（消极的挫折反应）。挫折消极性的一面，还在于它所引起的生理、心理方面的消极反应。如血压升高、心跳加快、失眠、焦虑等，这势必会减弱人的精力，使人平时的活动能力受到干扰。因此，对于挫折，关键是正确认知，及时调整情绪。

2. 挫折的积极性

管理心理学中有一经典的效应称为鲇鱼效应。挪威渔民出海捕沙丁鱼，如果抵港时鱼仍活着，卖价就要比死鱼高出许多倍。因此，渔民们千方百计想让鱼活着返港，但种种努力都失败了。只有一艘渔船却总能带着活鱼回到港内，收入丰厚，但原因一直未明，直到这艘船的船长死后，人们才揭开了这个谜底。原来这艘船捕了沙丁鱼，在返港之前，每次都要在鱼槽里放一条大鲇鱼。放鲇鱼的作用是什么呢？原来鲇鱼进入鱼槽后，由于环境陌生，自然向四处游动，到处挑起摩擦，而大量沙丁鱼发现多了一条“异己分子”，自然也紧张起来，加速游动，这样一来，就一条条活蹦乱跳地回到了渔港。

作为一种自然规律，鲇鱼效应在自然界普遍存在。对沙丁鱼如此，对人类也是这样。人如果长期处于一成不变、养尊处优的环境中，就会缺少新鲜感，就会产生麻木不仁的惰性。而当新鲜元素融入团队后，给人带来新鲜感的同时，紧张、压力感也会产生，为了更好地生存发展下去，惧者必然会更加努力。在我们所熟悉的著名人物的成功奋斗的历程中，我们不难发现成功的人往往是遭遇到了很多的挫折，肩负着巨大的压力，排除重重的困难，才取得辉煌。因此，面对挫折，强者能主动积极地迎接挑战，克服心底的消沉和软弱，摆脱挫折的困扰，做出积极的反应。

挫折的积极作用主要有：①激发人的动力和进取心，促使人们为实现目标而不断努力。②提高人们认知水平，有助于个体认知结构的不断完善。③增强人的承受力，磨炼人的性格和意志。

（三）职校生常见挫折分析

职校生产生挫折的原因可以概括为客观因素和主观因素。客观因素主要包括自然因素和社会因素。如洪水、地震的破坏，亲人的生老病死，经济负担的压力，价值观念和道德体系的制约等，这些因素是不以职校生的主观意志为转移的。主观因素包括生理因素和心理因素。如体力、外貌、生理缺陷，个性完善程度、动机冲突、挫折容忍力等，这些因素有的是随着职校生的主观意志而变化的。

1. 学业的困惑——学习挫折

由于学生生活环境变化，在学习上面临新的竞争和考验。有的职校生感到职校课程太多、课程信息量大，课后还要练习技能，产生畏难情绪；有的职校生觉得职校学习辅导少、练习少、考试少，学习不那么紧张，要求也不高，产生松懈情绪；有的职校生自我定位过高，虽然付出努力，但成绩总是不理想，因而对自己的学习能力产生怀疑；有的不能正确对待考试失败；有的对专业不感兴趣，学习动力不足。凡此种种，都是学业上常遇到的挫折。

2. 人际关系的敏感——人际交往挫折

职校生非常渴望交往，需要友情，但往往缺乏正确判断，容易把握失度，发生差错。我们常发现这样的情况，两个同学正在谈话，当第三个同学走到旁边时，谈话就会自动地停下来，而第三个同学如果人际关系过于敏感，就会怀疑这两个同学在议论自己。有的职校生就是因为过于敏感，导致同寝室、同班同学关系的不协调。有的职校生习惯于以自我为中心，不会照顾别人，不会体谅别人，感叹“做人难、交往难、处事难”。还有的职校生厌倦现实中的人际关系，寻找虚拟交友的方式，上网不知自制，影响正常的学习和生活。

3. 职业与理想的错位——人生发展挫折

中学时代，有的同学做着五彩缤纷的梦。但进入职业院校，意味着进入一线劳动者的大军，与自己原来的理想、信念、兴趣不一致，但现实迫使自己不得不接受命运的安排，从而产生理想与职业的错位。有的职校生虽然具有较强烈的自我价值实现需要，也有较明确的发展方向，但现实社会中却难以事事如愿，严峻的就业形势让职校生面临巨大的竞争压力，让他们怀疑职业教育和自身的能力；有的职校生甚至入学时就想象着就业时的困境，受到想象中的挫折情境的困扰。

4. 集体的束缚——管理挫折

进入职业院校，大多数同学都住进了集体宿舍，开始了集体生活。集体生活的最大特点是规范化，起身要叠被，就餐要排队，外出要请假，实训要定位。有些学校提出的“封闭式”管理更加重了职校生这种心理负担。有的职校生自嘲为“刚脱离了升学的苦海，又进入了管理的牢笼”。

5. 生理和心理的矛盾——情感挫折

职校生正处于青春发育期，性生理发育基本成熟，他们有体验爱情的渴望和信心，开始关注、寻找异性朋友，但不是所有的爱情都像憧憬中那么浪漫。有的职校生性心理还未完全成熟，恋爱观、道德观和自制力等方面还不完善，经验不足，陷入感情旋涡。还有的因恋爱动机、个性特征、兴趣爱好不一致而中止恋爱关系，最常见的如失恋、单相思与爱情错觉等，给一方或双方造成心理压力，形成情感挫折。

6. 人格的闭锁——性格挫折

有的职校生自我意识增强，心理趋于封闭。他们一方面迫切地需要别人理解自己；另一方面又不愿对别人敞开心扉，把自己的内心世界暴露给别人，这是非常矛盾的。他们只在自己的日记中交流自己的酸甜苦辣，进行心灵的独白，这不利于在集体中成长，更不利于主动精神、合作意识的培养。长此以往，势必成为个性孤僻的人。

7. 独立与依赖的冲突——经济消费挫折

职校生独立意识较强，他们总希望摆脱父母的束缚而按自己的意愿办事，但是经济上的依赖又让他们不得不尊重父母的意见，产生冲突。当然，由于社会生活水平的提高，职校生的生活消费水平也在逐年提高，使一些家庭经济条件较差的职校生在学习、生活上的某些需要无法得到满足，更由于部分经济拮据的学生不甘于艰苦朴素的生活，而家庭又无法满足其需要时，容易产生自卑感和挫折感。

（四）职校生抗挫折能力的培养策略

抗挫折能力是指个体遇到挫折时免于失常的能力。它不是与生俱来的能力，是人们经过后天的学习、实践、锻炼逐渐发展而成的。我们每个人都渴望和期待自己的生活永远是平和的、快乐的、高兴的、美好的。但事实上，这只是我们的梦想，现实生活中，人人都要面对不同的挫折和压力，就看我们怎么去面对它，怎么去战胜它。如果教育者能积极培养职校生的抗挫折能力，使他们在挫折面前保持一份淡定，激发他们永不放弃的信念，就一定能够拥有美好的明天。

1. 正确认识挫折

前已提及，挫折包括挫折情境、挫折认知、挫折行为三个方面。在受到挫折时，许多不理智的挫折反应、不正确挫折行为，都是错误的挫折认知引起的。有的职校生在没有遇到挫折的时候，过于理想化，觉得世间一切都是美好的。一旦面对挫折就会手足无措，进而走向另一极端，变得否定一切，认为一切都是黑暗的、丑恶的，并产生愤怒、失望等消极的挫折行为。有的职校生对自己有不正确的认知，自负的人认为自己在所有的事情上都应该成功，一旦没实现目标就产生消极情绪。有的职校生对挫折情境缺乏正确认知。同样的挫折情境，有人会觉得很正常，有人会觉得是无法超越的障碍。真正可怕的事情不是挫折本身，而是对挫折的不合理的认知。因此，教育者应该让职校生明白，挫折同世界上的其他事物一样，具有两面性。遭受挫折并非都是坏事，有时也是好事。挫折一方面给人以打击，带来失望和痛苦；另一方面，挫折又给人以教益，使犯错者猛醒，接受教训，进而发奋努力，创造条件，从逆境中奋起。

2. 制定明确合理的目标

心理学家勒温和他的学生蔡加尼克根据他们的实验结果，提出了著名的紧张系统论：人的任何一种目的性行为，必起源于一种心理需求，在需求的压力下，将引起一定的紧张。达到目的，需要得到满足，紧张的心理系统就会解除。反之这种紧张系统将持续存在，并会影响人的记忆和认知等心理过程。因此，必须制定切合个体实际的目标。目标过低，需求很容易得到满足，不能引起个体快乐的体验。目标过高，无法实现，个体会产生诸如失望、焦虑等负面情绪。这时，个体需要依靠理性的思维，重新确定一个更合实际的目标。这个新的目标一旦确定，个体就会发出调节和支配自己新行动的信念和意志力，心理紧张系统重新启动，从而推动自己不断排除挫折和干扰，去努力达到新的目标。教育者要帮助职校生建立合理的奋斗目标，激起职校生自己内部需求的不满足状态，使得与学习生活相关的心理状态达到一定的紧张水平，始终处于适宜的兴奋之中，从而促进自己的学习生活。

3. 对挫折进行正确归因

归因是指个体对自己或他人的行为进行分析，并且推论出原因的过程。归因分内归因和外归因。内归因认为自己的行为结果是主观因素造成的，外归因则把自己的行为结果归结为客观因素。其实个体的失败和挫折往往是由各种主客观条件共同决定的，个体能否正确归因，对于战胜挫折非常重要。职校生在学习和生活的实践中如果遭遇挫折，面对失败，教育者要引导职校生学会正确归因，确定是主观原因还是客观原因或是兼而有之。一般来说，总把失败归于主观原因会使个体过多地责备自己，觉得懊恼，有损自尊心；而总是把挫折归因于客观原因，会使人感到束手无策，无能为力，从而产生愤怒，仇恨社会。正确归因就是采取积极的态度，把造成挫折的原因进行实事求是的全面辩证的认识和分析，搞清真正的原因，找出失败的症结，用切实的行动促使挫折情境改变。

4. 学会适当释放消极情绪

释放就是把郁结心头的不良情绪通过合法手段发泄出来，以此达到心理平衡。职校生遇到挫折之后，如果能将消极情绪及时发泄出来，可以在很大程度上减轻情绪反应对其造成的负面影响。反之，如果得不到及时、适当的宣泄，负面情绪就会积压于身心而影响身心健康。释放有多种方法：①合理宣泄法。比如向信任的朋友、家长、老师倾诉，把压抑的情绪进行适当的释放，让自己的情绪得以缓和。②暗示调适法。用肯定、积极的观点暗示自己，如“我能行”“我能战胜困难”，对自己进行鼓励，对情绪产生积极影响。③情绪陶冶法。比如，听音乐、旅游、下棋、阅读、绘画等，调节自己的情绪，让自己静下心来。④自我激励法。通过系统训练，提高个人修养，勇于面对挫折情境，形成正确挫折认知，避免不良的挫折反应。

5. 建立成熟的挫折防卫机制

所谓挫折防卫机制就是指人们在遭受挫折之后，会自觉不自觉地寻找一定的方式和方法进行自我保护，自我调节，以尽快恢复自己的情绪。这是个体维护心理健康不可缺少的心理过程。挫折防卫机制有：①建设性防卫机制，是指个体在遭受挫折时将痛苦转化为建设性的动力，使情感和精力得以升华。这是一种积极的挫折防卫机制。②替代性防卫机制，是指个体受挫后，以新的目标或活动取代原来的目标或活动，进而获得心理上的平衡，包括补偿、认同、抵消等形式。所谓“失之东隅，收之桑榆”就是补偿作用。③掩饰性防卫机制，是指个体受挫后，常以某种借口、态度、理论和行为来掩饰自己，以达到心理上的平衡，如文饰、反向、幽默等。我们平常所说的“找借口”“酸葡萄心理”就是文饰作用。教育者要引导职校生建立成熟的挫折防卫机制，提高抗挫折的能力。同时也要告诉职校生，心理防御有积极和消极之分。升华、补偿、认同、合理化、幽默等是积极的防御方式，这些方式的适度运用，能释放消极情绪，利己又利人。但也有一些消极的心理防御方式，如逃避、文饰、压抑、迁怒、否认等，这些方式往往带有自我欺骗的性质，不利于受挫者正视现实，有时还会增加挫折心理冲突的程度。因此，职校生遭遇挫折后，一定要找到适合自己内心缓解压力的方式，以积极的心态去面对人生的挫折。

6. 提高挫折耐受力

不同的职校生，面对同样的挫折情境，反应大不相同，这与职校生的挫折耐受力有关。目前，职校生普遍存在耐挫能力差的问题。而影响个体挫折承受力大小的一个很重要的因素就是个体挫折经验的积累，也就是说经历过挫折情境的人，再次遇到挫折时其挫折承受力要大。因此，教育者可创造一定的挫折情境，如利用多媒体手段设置一些自然灾害的场景，让职校生置身其中，体验并学会战胜来自内心的恐惧；组织开展对抗性的竞赛活动，让职校生体验失败的感受，享受成功的喜悦。以此积累挫折经验，提高挫折承受能力。此外，知识、能力、心理准备等也与挫折耐受力有关。职校生要加强自身的知识储备、能力培养，为提高挫折耐受力打好基础。同时，要做好随时应付挫折的心理准备，这样，即使学习、生活中真正碰到了困难，也不会有很大的压力和挫折感。

7. 培养积极乐观的人生态度

积极心态是指个体对自身、他人或事物的积极、正向、稳定的心理倾向，是一种良性的、建设性的心理准备状态。积极的心态，就是心灵的健康和营养，是人生宝贵的智慧财富，这样的心灵能吸引财富、成功、快乐和健康。

积极乐观的态度不是天生的，是通过自身的学习和后天良好的环境，慢慢陶冶培养和塑造起来的，积极德育的一个重要任务就是要培养职校生积极的心态，这样他们在面对困难时，能从逆境中求得发展，进行积极认知，采取切实的行动，化被动为主动，把失败转变为成功。

小结：本章是全书的重点，主要分析研究积极德育的实施策略。共分两节，第一节主要从如何实施的角度介绍职校生积极行为支持策略。第二节阐述职校生心理调适指导策略，主要包括职校生自我意识调适策略、人际关系构建策略、人格完善策略、学习心理调适策略、恋爱与性心理调适策略、职业生涯规划心理调适策略、网络心理调适策略和挫折心理调适策略等，结合案例说明，有很好的指导意义。

第六章

职业学校积极德育研究的实践探索

理论的效果需要实践的检验。职业学校实施积极德育没有多少现成的成功经验，我们以阜宁中专为例，从校本研究出发，通过实践探索，反思积极德育在德育目标、德育途径和方法、德育过程、教育者与受教育者的主体性等方面存在的问题，有助于总结经验教训，改革德育途径和方法，营造积极的育人环境，不断增强积极德育对职校生的吸引力和感染力。

第一节　职业学校积极德育研究的路径选择

职业学校开展积极德育研究，一方面要注重选题论证和理论探究，通过文献查阅、资料收集、数据调查、小组讨论，就职业学校积极德育的实施原则、途径、方法、策略进行深入的研究；另一方面要坚持实践导向，以积极德育的基本理念指导具体德育工作，通过具体的德育工作丰富积极德育的内涵，佐证积极德育研究的成果。

一、积极德育研究的选题思考

首先看一则经典案例：怎样才能铲除旷野里的杂草[1]。

---

[1] 张万祥. 德育智慧源何处——心灵感悟德育经典案例［M］. 北京：中国轻工业出版社，2010：14－16.

古希腊哲学家柏拉图带着他的一群学生漫游世界，他们游历了所有的国家，拜访了所有有学问的人。后来他们回来了，个个都满腹经纶。在进城之前，柏拉图在郊外的一片草地上坐了下来，对他的学生说："经过几年的游历，在座的都已经是饱学之士。现在学习就要结束了，我们上最后一课吧。"

弟子们围着柏拉图坐了下来。柏拉图问："现在我们坐在什么地方？"弟子们回答："现在我们坐在旷野里。"柏拉图又问："旷野里长着什么？"弟子们说："旷野里长满杂草。"

柏拉图说："对，旷野里长满了杂草。现在我想知道的是如何除掉这些杂草？"弟子们非常惊愕，他们都没有想到，一直在探讨人生奥妙的老师，最后一课问的竟是这么简单的一个问题。

一个弟子首先开口说："老师，只要有一把铲子就够了。"柏拉图点点头。

另一个弟子接着说："用火烧也是一种很好的办法。"柏拉图微笑了一下，示意下一位。

第三个弟子说："撒上石灰，就可以除掉所有的杂草。"

接着讲的是第四个弟子，他说："斩草除根，只要把根挖出来就行了。"

等弟子们都讲完了，柏拉图站了起来，说："课就上到这里了。你们回去后，按照各自的办法除去一片杂草。没除掉的，一年后再来相聚。"

一年后，他们都来了，不过他们发现原来相聚的地方已不再是杂草丛生了，它变成了一片长满各种谷子的庄稼地。弟子们在谷地前的空地上坐下，等待柏拉图的到来，可是柏拉图始终没有来。

几十年以后，柏拉图去世，弟子们在整理他的言论时，在书的最后补了一章："要想铲除旷野里的杂草，方法只有一种，那就是在上面种上庄稼。同样，要想让灵魂无忧，唯一的方法就是用美德去占据它。"

张万祥对这则经典案例的心灵感悟是：用美德占领心灵。他认为，学生作为发展变化的、具有主观能动性的个体，在成长过程中，出现一些不良品行，完全是可以理解的。关键是学生表现出了不良的言行，我们的教师应该如何应对呢？首先，我们的教师应该教育感化学生，在学生的心灵上播撒爱、感恩和温情的种子。怎样除掉野草，柏拉图的弟子提出了各种各样的方法："用铲子铲""用火烧""用石灰烤""连根拔掉"。这些方法都可以达到目的，但是为什么它们不是最有效的方法呢？一是，他们忽略了"野草"的特点——"野火烧不尽，春风吹又生"。按照这些弟子的方法，只能暂时地除掉野草，却无法从根本上解决问题。二是，即使用这些方法除掉了野草，地上也会出现或深或浅的伤害的痕迹，一块完整的土地也会因此而变得满目疮痍。因此，最好的方法是在草地上种上庄稼，精心呵护庄稼的成长，茁壮成长的庄稼剥夺了小草生长所需要的阳光、水分、土壤，导致小草干枯而死。同理，当学生出现了不良品行时，教师的强制和暴力可能起到暂时的压制效果，但是同时也可能会伤害学生的情感、引起学生的抵触情绪、影响师生关系。因此，一劳永逸的方法就是教育和感化学生，在学生的心田上播撒爱、温情和感恩的种子，用优秀的品行引导不良的品行。

其次，"一两的预防胜过一磅的治疗"，教师应该引导学生尽早拥有丰富的精神生活。之所以野草杂生，是因为土地荒芜给它们提供了滋生的土壤；之所以品行不良，与学生精神的空虚密不可分。这就提醒我们教师引导学生尽早拥有丰富的精神生活，正如苏霍姆林斯基所说："休叫少年的心灵空荡荡，要在少年的心灵里确立起对某种神圣的和不可违背的原则的深刻信念，对某种唯一正确并与真理相符的原则的深刻信念。要让这些唯一正确的道德真理成为少年明亮的路灯，成为向他指引正确道路的星辰。"教育，要滋养美好的人性，要把人性中最善良、最美好、最纯真的东西植入孩子的心田……总之，教育就是要让美德占领青少年的心灵。

周围认为这则故事隐喻了德育的基本理念和思维方式，即德育要实现的教育宗旨和目标（不再杂草丛生），采用控制恶行、矫正问题的抑恶取向（铲、火烧、撒石灰、斩草除根）可能无法从根本上解决问题，相反，致力于培养美德、激励善行的扬善取向（种上庄稼）可能才是最有效的德育方式。当然，在扬善的过程中也需要适当抑恶。否则，杂草丛生，庄稼也长不好，所以德育是以扬善为主的扬善与抑恶的辩证统一。[1]

职业教育，关系国计民生。职业学校，是我国职业教育的主要形式。近年来，虽然党和国家非常重视职业教育的发展，但人们对职业教育的总体认识没有什么大的改变，职业教育的发展步履维艰。一方面，职业学校学生入学时文化基础相对薄弱，普遍存在理想信念滞后，价值取向失衡、感恩之情缺失、自律意识淡薄的状况，客观上给学校的德育工作造成困难。另一方面，教育者（主要是教师）缺乏先进的德育理念和思维方式，面对相对素质较差的职校生，他们普遍关注的是职校生身上存在的各种问题，而对他们身上的良好品德、发展潜能和积极愿望关注不够，因此，他们会更多采用挑剔、批评、惩罚等消极方式对待职校生。过多地采用惩罚等措施，虽然有时能让职校生的问题行为能够快速地停止，但这无助于提高职校生的行为能力水平，有时还会恶化师生关系，造成师生对立、降低教育者的威信和正面教育的影响力，有的甚至发展到更复杂的问题行为。这种“不好管”“不会管”“不敢管”的状况是职业学校德育普遍存在的问题。针对这种状况，联系上述经典案例的启示，我们认为，即使职校生身上存在这样那样的问题，哪怕是“杂草丛生”，我们也要树立正确的德育理念和思维方式，实现我们的德育宗旨和目标——培养学生良好品德，即在草地上种上庄稼，并精心呵护庄稼的成长让小草枯死，不再杂草丛生。

要形成这种理念，达到美德占据心灵的目标。第一，要确立正确的学生观，要相信职校生有积极发展的愿望和潜能，就像相信土地能长出杂草，也能生成庄稼一样，就看我们种的是什么，不种庄稼，就长杂草；不用积极的思想去占领学生的头脑，就必然会产生消极的思想。第二，要运用积极的方法。对杂草用铲子铲、用火烧、用石灰烤、连根拔掉，这些方

[1] 周围. 积极道德教育——积极心理学视域中的道德教育［M］. 北京：中国文史出版社，2014：2.

法都可以暂时达到目的，但可能无法从根本上解决问题。一是杂草会再生，二是土地会出现伤害。对职校生同样如此，教育者的强制和惩罚虽然可能起到暂时的效果，但会伤害学生的情感，影响师生关系，造成师生对立，有时还会造成更复杂的问题行为。因此，积极的方法就是在学生的心田上播撒爱的种子，激发学生的积极发展愿望和潜能，并根据学生的具体情况设计新的良好替代行为。第三，要积极主动干预。土地之所以杂草丛生，是因为土地荒芜给它们提供了滋生的土壤，职校生之所以出现这样那样的问题行为，是与他们精神的空虚密不可分。这就提醒我们对职校生要积极主动干预。主动干预不是干预职校生的问题行为，而是在他们身心尚未成熟，在他们尚未有道德需要时或他们的道德认知水平还不足以判断道德是非时，教育者要采取积极主动的方法，一是激发他们潜在的道德发展愿望，二是提高他们道德认知能力，从而促使他们自我道德的发展，形成良好的品德。第四，教育者的反思。怎样除掉杂草，柏拉图的弟子们提出了各种各样的办法（铲、烧、烤、斩），但这些都是消极的方法，一年后，柏拉图通过种上庄稼而点化了他们。我们现在的一些教育者在对待受教育者身上的问题时，何尝不是跟柏拉图弟子当初相同的想法，用强制、惩罚，甚至暴力去对待。这就提醒我们，教育者不仅要用美德占领学生的心灵，同时也要反思自己之前的德育理念和思维方式，自己对学生的态度和方法，是否为职校生的发展提供了不宜的土壤和环境。谁来点化我们的教育者呢？如何让教育者形成先进正确的德育理念呢？如何让教育者在实践中促进自我发展呢？如何改变职校学生不好管、教师不会管、不敢管的现象呢？我们组织教职工进行广泛的讨论，让他们充分发表自己的看法，同时也进行适当的引导。最后大家同意选择《职校生心理需求与积极德育策略研究》这个论题，希望通过这个论题的研究和积极德育的实施，来点化我们的教育者，更新德育工作理念、改进德育工作方法、增强德育工作的针对性、实效性，努力构建具有职校特色的德育工作新格局。这不仅有助于更好得贯彻国家教育方针、弘扬社会主义价值观、提高职业学校学生的综合素质，而且有利于教育者特别是教师提升德育理念以及专业发展与成长，培养名师，磨炼名师，彰显名师，提高教师的幸福指数，更有利于职业学校的发展，增强职业教育的吸引力。

二、积极德育研究的行动实践

《职校生心理需求与积极德育策略研究》选题确定以后，我们及时选定主要研究人员，并根据分工，进行调查研究，查阅相关资料，制定研究方案，邀请专家组织论证。同时，在阜宁中专进行本论著的行动研究，将论著研究管理和阜宁中专德育工作管理有机结合，采取了如下措施。

（一）理念引领，找准德育工作定位

阜宁中专和本研究组针对传统德育模式存在的问题，根据积极德育的基本理念，确立了“重引导、重熏陶、重激励、重体验、重践行”的积极理念，立足校情，准确定位学校的德育工作。

1. 目标定位，知行合一

本着“高视点低起点”的目标定位原则，学校坚持以培养适应社会需要的“德技双馨”的高素质人才为目标，做到了“三个贴近”，即贴近学生、贴近实际、贴近社会，突出了“四个育人”，即“教书育人、管理育人、服务育人、环境育人”，确定了“理念为先、情感寓教、导管并举、活动创新、科研助跑”的德育工作思路。抓教育引导，使学生知荣知耻、明辨是非、有为非为，让学生在道德认知中收获；抓环境熏陶，使学生具备良好的行为习惯，在道德体验中受益；抓活动提升，使学生在活动中达到知、情、意、行的统一，让学生在道德行动中成长。

2. 措施定位，导管并举

全员导师制开始阜宁中专德育导师制的先河，学校形成了以专业系部、班主任和全体任课教师为主体的导师队伍，面向全体学生和学生的每个方面，全面实施导师制。导师的职责在于思想引导、学业辅导、生活指导、心理疏导。具体的实施办法是：合理搭配，分别承包；摸底调查，建立档案；家访联系，及时沟通；个别谈心，形成记录。期末按受导学生的成长档案、谈心记录与效果、所形成的教育案例与育人文章、受导学生的行为表现及控流成效、受导学生的满意测评和受导学生家长对导师的评价等指标，实行百分制考核奖惩，切实增强德育的主动性、针对性和实效

性，保持积极德育行动研究的成效。

根据积极德育倡导的全员育人、全过程管理和“三位一体”的大德育理念，阜宁中专强化过程管理和定量定性考核，形成了专业系部切块管理、班主任牵头管理、学生组织自主管理、家庭社会监督管理的校内校外德育管理网络。为发挥定性定量考核功效，学校及时成立了德育量化考核管理小组，让考核的杠杆撬动学校常规的板块，驱动了积极德育前进的车轮。

家庭教育与学校教育的密切合作是积极德育成功的基本保证，学校深深地认识到家长是教育的资源而不是惩治学生的工具，充分利用家长会、百名教师访千家等活动形式，整合教育资源，凝聚教育合力，通过这些平台向家长传播德育观念与德育艺术，同时也达到了和谐共进的效果。

3. 科研定位，与时俱进

学校审时度势，适时提出学校德育的切入口应是“积极德育”，组织了专题研究队伍，承接了国家社会科学基金规划德育课题研究任务，鼓励教师撰写德育方面的研究论文，并让之见诸报端。学校就是要通过论著研究和论文创作，增强德育的后劲，激发德育的活力。实践证明，阜宁中专德育研究队伍在寻找德育入口上思想是前瞻的，选择是睿智的，效果是显著的，反响是强烈的。过去学校不重视德育的研究，满足于现状，不注重德育的生活性、时代性和科学性，做了很多事倍功半的事，反思过去，学校倍感德育研究的重要。

（二）机制规范，形成德育工作网络

要实现积极德育的目标，保证论著研究的成果，就必须建立科学规范的德育管理机制，使学校德育工作走上科学化、规范化的轨道，最大限度地调动全员参与德育的积极性和人人为德育出谋划策的创造性。

1. 德润人心、文化熏陶是德育机制的一大核心

学校始终坚持以德育人，在培养学生的德性上动脑筋，通过创“感恩责任先进班级”“书香教室”“文明校星”等形式，让道德与学生同行，注重文化建设，强调精神文化、制度文化、行为文化和物质文化“四文”并举，创设良好的积极的校园文化情境，陶冶学生的情操，提高学生的道

德品质。

2. 建章立制、规范有序是德育机制的一大脉络

用制度看管校园，用制度规范人们的行为，让德育走上制度化轨道，学校制定并完善了《教职工道德规范细则》《学生行为规范细则》《文明班级评比细则》以及自修、就寝、考试等规章制度，让师生学习生活有章可循，有规可守，各种考核评定有依有据，为学校的德育工作有序、规范、高效提供了制度保障。在论著研究中，我们也同样制订了论著研究方案、论著执行计划、论著中期检查要求等，保证了论著研究与德育工作的密切配合。

3. 切块管理、重心下移是德育机制的一大创新

阜宁中专规模较大、人数较多，单靠职能部门很难管透，为此，学校提出切块管理重心下移的思想，实行扁平化、立体化管理，形成了“学校—专业系部—班主任”的管理网络，使管理更贴近学生。

4. 科学评价、严格考核是道德机制的一大杠杆

评价是德育的导向，考核是德育的杠杆，没有合理的评价就没有有效的德育，没有严格的考核德育就失去了驱动力，为此，学校根据积极德育的基本理念，致力于学生积极行为的评价。同时坚持了德育的全面评价和个性评价相结合，更侧重于个性评价；过程考核和终极考核并举，更侧重于过程考核的思想，以《班级量化管理考评细则》《班主任津贴考评方案》《学生德育千分制考核条例》等全面指导德育的评价和考核。目前，学校的各项工作井然有序，学生的行为端正皆得益于此。

5. 解捆松绑、提高绩效是德育机制的一大归宿

学校根据全员育人的原则，把班主任手中的很多事务交由量管小组去做、让学生的自管组织去完成，不少班主任都珍惜这个难得的机遇，钻研管理理论，写出了不少具有可操作性的班级管理个案。每周一次的班级主题班会展示和每月一次的班主任经验交流会上，不少班主任的经验成果非常出彩，彰显了班主任不凡的理论和实践功底。目前，学校绝大多数班级显现出蓬勃向上的良好态势。

（三）打造阵地，搭建德育工作载体

德育阵地是学校实现德育目标的重要载体和有效途径。阜宁中专和研究组都十分重视学校德育阵地的建设和研究，倾力打造规范校园、激情校园、活力校园、书香校园、诚信校园、和谐校园，营造充满生机活力的积极德育的大环境。

1. 精巧构思，营造积极德育的氛围

幽雅宜人的校园环境对师生有潜移默化的影响，“干净整洁的环境育文明规范的人”。学校校园规划科学，教学区、实训区、运动区、生活区布局合理，功能齐全。校园环境优美，绿茵点缀、曲径通幽、小桥流水、景点有致，陶冶情操，净化心灵。学校主体建筑分别冠以“立德、树人、鹏程、宏图、修远、博雅、谦行”等名称，其中综合实训大楼以“双馨楼”命名，喻“德技双馨”之意。学校横向道路以“敬业、勤业、乐业、创业”等命名，纵向道路则以“求真、求实、求新、求精”等命名。学生寝室都有自己的名称，如“琢玉室”“励志室”等。教室内布置有班级格言、图书角、习作园地等，教室外墙壁上悬挂全班同学每人一句的感恩箴言。实训室外悬挂技能大赛能手介绍，室内张贴宣传专业文化的图片。学校精心设计了多处景点，其中君子园以君子自强不息、厚德载物喻意，以梅、兰、竹、菊、松励志；师德园以陶行知雕塑和警句激励教师“德高为师、身正为范”；以“职教舞台天地宽”命名的职教大舞台，致力塑造“德厚、技精、体健的锦绣人生”，还有校风墙、争先台、师魂园、师表园、怡情园、激扬园、百草园、躬行桥、鲲鹏湖、心海喷泉、宏山瀑布等各有寓意，诗词歌赋、格言警句、美文欣赏等随处可见，做到了一草一木见精神，一砖一瓦都有情，每面墙壁会说话，每处景点都育人。

2. 立足课堂，提高积极德育的实效

课堂教学是德育的主渠道，是职校生树立正确人生观、世界观和价值观的主要阵地。因此，学校和研究组高度重视根据各专业、各学科的特点，施行不同专业各具特色的课堂德育。首先，根据国家德育课程实施方案开齐开足德育必修课程，同时还开设了《心理健康》《礼仪常识》《创业实践》等选修课程，并结合学校特点，编写了《德育读本》，供班主任

在班会中宣讲。其次，加强学科教学的“积极德育”渗透，把培养学生积极品德纳入学科教学中去，整合到课程中去，捕捉生活中可以利用的素材，让学生在课堂教学中得到积极德育的洗礼，实现学校德育在操作模式上的丰富性和多元化。最后，突出专业课教学的积极德育，无论是专业教室，还是实习车间，都要创设良好的“积极”氛围，通过严格要求和激发鼓励，培养学生敢于挑战自我的勇气；通过技能展示和成果展览，增强学生的自信。

3. 共建基地，拓展积极德育的空间

学生品德的养成、知识的获取、能力的提升，一方面来自课堂的濡养，另一方面需要在社会实践中锤炼。校内的素质教育基地、红色文化基地、创业园，校外的德育基地、企事业单位、社区都是很好的学习和实践基地，社会调查、劳动服务、工学结合、创业实践让学生回归生活、丰富体验，在实践中感悟、在奉献中提高。例如，学校发掘当地新四军活动的历史，打造以“弘扬铁军精神”为主题的红色文化基地，将新四军军徽、军歌、新四军军部迁到在阜宁的概况、历史故事等用汉白玉浮雕手法在文化墙中展示，突出新四军“铁的信念、铁的意志、铁的团结、铁的纪律、铁的作风”的铁军精神，激励全体师生自加压力、负重奋进、团结进取、奋发争先，不断创造新的业绩。再如与企业共建校内外实践基地，引进先进技术和企业文化，为学生搭建技能提升的舞台，为就业打好技能和品德基础。

4. 用好传媒，架设积极德育的桥梁

校园广播站、校园网站、宣传画廊等传媒是学校德育的重要载体，宣传画廊定期更换活动剪影、典型事迹报道，起着典型引路的作用，校园网站成了学生吸收知识、提高情操的“心灵氧吧”，心语小屋、咨询热线成了学生调节身心、愉悦心情的知心朋友，广播台、校报及时快捷地为学生送去精神大餐。学校还大力发现、总结、推介和树立各类先进典型，如学习标兵、文明校星、大赛精英、创业典型、见义勇为先进个人等，让身边的人说身边的事，以身边的事教育身边的人，使广大的学生见贤思齐，在潜移默化中接受思想观念、价值判断和道德情操的洗礼，充分发挥先进典型在塑造积极道德品质中的示范和引领作用。

（四）活动提升，彰显德育工作特色

寓教于活动之中是学校德育的重要抓手。学校和研究组坚持活动育人，让学生在活动中体验、在活动中养成、在活动中提高。力求每项活动都能做到“五要”，即目标定位要准、组织实施要实、活动形式要新、参与程度要高、活动效果要好。在搞好常规活动的同时，还在特色活动上做活文章。

1. 主题教育活动

学校和研究组大力开展以“积极德育”为主题的系列教育活动，一是把军训、升旗仪式、学校大会、专题教育讲座、晨词宣誓、弟子规诵读、唱红歌等作为实施积极德育的常规活动，并结合国庆节、教师节、文明礼貌月、清明祭扫烈士墓等重大节日时点，针对性开展积极德育的宣教活动；二是将主题教育活动形成系列，如“感恩教育、养成教育、责任教育、创业教育、诚信教育、美德教育”等，分年级、分班级、分阶段组织实施；三是开好以“积极德育”为内容的主题班会，每次都有新形式、新内涵，学校和研究组还组织主题班会竞赛，以提高主题班会的质量；四是对主题教育活动的实施进行跟踪落实，信息采集，扩大活动宣传，检查活动效果，深化教育影响。

例如，在实施感恩教育的过程中，学校和研究组本着“以人为本、贴近学生、贴近生活、感悟生命、重在体验”的思想，制订了以“感恩父母、感恩师长、感恩社会、感恩自然”为主线的感恩教育实施方案，充分利用画廊、板报、第二课堂、系列主题班会等教育宣传阵地，结合国庆节、教师节、母亲节、父亲节、感恩节等节日时点，广泛开展感恩宣教活动，激活众多学生业已“迟钝”的感恩之心。

2. 社团兴趣活动

兴趣是最好的老师，职校生兴趣爱好广泛，学校和研究组通过组织和指导学生社团兴趣活动，使学生的兴趣爱好普遍得以满足，学生的个性特长也得以充分发挥，促进学生的综合素质提高，让学生在和谐的校园环境中健康快乐地成长。

学校组织学生社团兴趣活动，坚持鼓励引导和学生自主选择相结合的原则，从人员、时间、制度等方面加强管理，做到计划、组织、辅导、活动内容的落实，活动项目确定符合“八个性”，即多样性、专业性、艺术性、健身性、趣味性、学科性、渗透性、教育性，促进学生多元化发展。现有各类学生社团如学科兴趣小组、创业项目小组、文学社、书画社、棋社、手工制作组、艺术团、舞龙队、腰鼓队、武术队、国旗班等40多个社团，社团建设已经成为学校德育工作的有效手段和重要内容。

3. 才艺竞赛活动

职校生具有多方面的才能和潜能，需要得到发掘、锻炼和展示。学校在校园大力营造“比、学、赶、超”的氛围，定期举办艺术节、技能节、体育节、社团节，积极开展演讲征文比赛、红歌演唱比赛、书法绘画比赛、摄影比赛、歌咏比赛、主题辩论会、技能汇报会、文明风采大赛、校园技能大赛、文艺汇演、田径运动会、文明校星评比等各类竞赛活动，激发学生对知识、技能和才艺的渴求，为学生提供展示自我的舞台，让更多的学生有获得成功的积极体验。

4. 特色德育活动

一所学校不能没有精神支柱，一个集体不能没有激情涌动，如何让学校精神撑起这片蓝色的天空，学校和研究组找到了一些支点。一是组织晨词宣誓和唱红歌活动，每周升旗仪式上和每天早读课前，进行3分钟的晨词宣誓，铿锵有力的誓词激励学生珍惜时间，勤奋学习，早日报效祖国。每天下午上课前5分钟，在统一播放的音乐中，各班学生全体起立，齐唱红色歌曲，雄壮的旋律极大地激发了学生的爱国激情。学校每年还组织一次红歌演唱大赛，将此项活动引向深入。二是组织集体跑操活动，跑操看似一个简单的活动，其实它催生的是一种精神，激发的是一种活力。为此学校对跑操的要求也极为严细：做到整齐进出场，步伐一致，节律明快；到达指定位置后，在司令员的指令下，排成方队，有序地跑操，集体统一呼号。整齐的节奏、嘹亮的口号，让职校生感受到激情的升华，精神在焕发，回味绵长。三是积极开展体艺“2+1”综合素质提升活动，在学校运动会开幕式上，学生进行了百人舞龙、百人腰鼓、百人武术、百人健美操表演，并进行了百名教师集体跑步活动，营造了阳光健身、热爱运动的环境氛围，既激励学生，也激励老师。

第二节　职业学校积极德育研究的实践成效

职业学校，是现代学校的重要类型，也是我国职业教育的主要形式。近年来，职业学校历经攻坚困难，在困境中闪亮转身，在曲折中奋步前行，在负重中实现跨越，高中阶段实现了“半壁江山”的规模。但受传统观念的影响，人们对职业教育的认识虽有所改变，但成效甚微。特别是成绩好的学生上普通高中、普通高校，成绩差的学生才上职业院校这种状况没有较大改变。因此，职校生是一批特殊的群体——“考试失败者”。除此之外，在他们身上还存在各种各样的问题行为。他们不被家庭重视、不被社会看好，在传统消极取向德育中，更是老师心目中的“差生”。面对这样一批特殊的群体，教育者（特别是家长、教师）往往关注的是他们身上存在的问题，因而会采用批评、惩罚等消极的方式对待他们。通过积极德育理论研究和实践探索，特别是将论著行动研究与阜宁中专德育工作紧密结合起来，积极探索积极德育实施原则、途径、方法策略等，在研究中探索，在探索中行动，在行动中总结提高，取得了一定的成效，但也存在一些不足。

一、积极德育研究取得的实践成效

（一）更新了积极育人观

有效的德育能对学生精神体验与生活实践产生正迁移的影响。传统德育模式下，职业学校德育的途径与方法过于单一，常常把德育区别于学校教育的其他工作，采取的途径与方法也不外乎开设德育课程、德育宣传、德育讲座等说教式的教育。学校针对传统德育模式存在的问题，按照《中等职业学校德育大纲》的要求，以培养适应社会需要的“德技双馨”的高素质人才为目标，以积极德育为抓手，主张面向每一个学生，尊重、关心、教育引导每一个学生，最大限度地满足每一个学生成长的需要，最大限度发挥学生的创造潜能，引导学生充满信心地生活、充满智慧地学习、充满快乐地成长。在积极德育的理念引领下，教师改变用挑剔的眼光、问题的视角看学生，反思自己习惯化的消极思维方式和一以贯之的消极教育行为，转变自己的德育理念和方法，代之以积极的德育理念和方法，一种和谐共生的新型师生关系正在形成，教师自觉发挥表率作用，以积极的态度看待发展中的学生，重视学生自我成长的经验，激发学生道德发展愿望和潜能，培养学生的积极心理，学生则学会生活、学会做人、学会交往、学会共处，增强集体荣誉感和凝聚力，共同为和谐校园的打造尽责尽力。

（二）增强了德育实效性

实施积极德育进一步提升了学校办学层次，凸显了学校的竞争力和内涵，推动了学校进一步的发展，全面提升了学校的社会品质，使学校尽快成为了人文校园、温馨家园、幸福心园、品牌名校。自从积极德育实施以后，教师师德修养全面提升，工作责任心明显增强；学生备受关爱，饱尝温暖，真正焕发出前所未有的学习、生活热情，现在校园里污言秽语少了，文明程度高了；迷恋网络游戏的少了，潜心学习苦练的多了；性格怪僻，怒目相向的少了，开朗活泼，谦让自责的多了……校园里到处洋溢着“老师，您好!”“同学们好!”等亲切的问候，一个和谐、团结的校园已然形成。值得一提的是该校 2012 届毕业生徐洋，年仅 19 岁，2013 年 10 月 11 日向中华骨髓捐献骨髓造血干细胞，成功救助了一名广东的患者，成为江苏省年龄最小的非血缘异体捐献者，他的事迹被多家媒体广为报道。2012 级农学班李婷婷，将自己几年来勤工俭学的收入 2 万多元，捐给流浪动物保护基金会，奉献了一份爱心。

（三）扩大了办学影响力

在积极德育的旗帜下，学校青春焕发，教育教学工作一路高歌。近三年来，在全国中等职业学校“文明风采”竞赛中获奖达 120 多人次，在省、市组织的各类专业师生技能大赛中获奖 256 人次；在市健美操大赛喜获一等奖；在县“红歌大家唱、激情献给党”演唱大赛中获一等奖和优秀组织奖；在县组织的“同在蓝天下，我们共成长”“珍爱生命，远离毒品”等演讲征文比赛中，捷报频传……学校连续多年无安全事故、无违法犯罪，先后被县、市评为综合治理先进集体、安全文明先进单位，并荣获了“全国德育管理先进学校”“江苏省职业教育先进单位”“江苏省诚信办学规范管理示范学校”“江苏省中等职业学校德育工作先进集体”“江苏省德育特色学校”等光荣称号。学校将再接再厉，精心打造德育工作品牌，不断探索职业学校德育工作的有效途径，让积极德育阳光洒满校园，让师生生命因积极德育而精彩。

二、积极德育研究实践存在的问题

在论著研究和具体实践中，由于我们条件有限，加之水平能力等问题，有一些研究内容还不够深入，主要表现为：①侧重于积极德育的行动研究，对积极德育的理论缺乏深入研究，掌握的有关文献资料也有限。②职校生心理需求调查的问卷设计有待提高，调查的职校生对象范围不广。③行动研究中，学校与家庭、社会“三位一体”的德育体系构建的研究不够深入。

第三节　职业学校积极德育研究的未来展望

实践是不断变化发展的，与实践相结合的理论也必须紧跟实践的脉搏，不断更新自己，不断随着实践的发展而有所创新。职业学校积极德育的研究也要与时俱进，才能不断焕发生机。

一、提高德育的实效性是职业学校德育研究的永恒话题

德育是培养学生品德的教育。自从有了人类，就有了广义的教育。自从有了学校，就有了狭义的教育，也就有了学校德育。人类的德育历程在不同的民族或文化演绎的轨迹并不完全相同。但总体上可分为习俗性德育、古代德育和现代德育几个阶段。[1] 习俗性德育是指人类社会早期以习俗性道德为教育内容并通过习俗与生活去实施的道德教育形态；古代德育

[1] 檀传宝．德育与班级管理［M］．北京：高等教育出版社，2007：9.

主要指奴隶社会和封建社会的学校德育，这是一个等级性、神秘性和经验性的德育发展阶段；现代德育与现代社会和现代教育相对应，是存在于现代社会以培养现代人为目的的德育，具有民主化、世俗化、科学化等特点。

20 世纪以来的学校德育，是现代德育的最新发展，称为当代学校德育。这一时期的学校德育除了继承、光大近代德育世俗化、科学化的传统之外，还产生了一些新的轨迹与特点。主要表现在：①理论与探索的时代；②寻求平衡的时代；③全球化德育的时代。21 世纪以来，学校德育的理论和实践更是百花齐放、流派纷呈，使学校德育取得了巨大的进展。但是学校道德教育至今仍然是世界级的难题。例如，美国校园近年来多次发生校园枪击事件，这些事件的特征都是青少年持枪杀害自己的老师或同学，美国教育界人士自己也坦承这是美国道德教育不足的表现。最发达的国家尚且如此，我们应该说，学校德育及其效果的提高问题，的确仍然是一个全球性的、亟须智慧投入的领域。

在我国，关于学校德育的研究也是百花齐放、百家争鸣。对德育概念的界定、德育过程的理解、德育模式的建构等呈现多种学说，众说纷纭。广大学校德育工作者也在实践中不断探索，进行了大量的工作，可以说，德育人员是越来越多，德育口号是越喊越响，德育效果却越来越差。学生的品德行为表现与社会规范要求距离越来越远，反差越来越大，而且问题越来越普遍，程度越来越严重，这是我们不能不反思的现象。如何破解德育困境，提高德育实效性，也就是如何对德育问题做出真实而正确的判断、进行清晰而理性的分析以及采取科学而有效的教育对策，这些需要教育者拥有先进的德育理念、理性的德育智慧和科学有效的德育策略，进行不断的探索和研究。积极德育是在积极心理学的启发下，反思德育现实和传统德育观念的基础上构想的一种德育理念和方式。积极德育倡导积极主动的干预原则，关注学生的积极品质和发展潜能，激发学生的积极体验，以培养学生积极人格特征为最终目标，它体现了积极的德育理念，创新的德育实践。我们相信，通过不断研究和探索，它的理论会不断丰富，对传统德育中消极的思维方法和消极的教育行为会有所纠正和转变，从而提高德育的针对性和实效性。

二、培养学生积极品德是职业学校德育研究的根本目标

德育的根本目标是培养学生良好的道德品质，使个体真正成为有道德的人，即形成美德。那么积极德育倡导的美德主要有哪些？这些美德的相互关系与形成机制是怎样的？目前积极心理学家在对特质的研究中，提炼出人类本性中的六大美德，即智慧、勇气、仁慈、正义、节制与超越。六大美德分别对应个体人格的24种优势，这些具体的人格优势是个体获得美德的途径（见表6－1）❶。这六大美德是人性中的正面力量，与人类历史上普遍存在的美好德性是一致的。美国哈佛大学心理学家威连特进行过一项追踪调查研究，历时70余年，结果发现，那些在各个生命阶段中经常表现出上述美德的人，当他们年老时，生活更幸福，身体更健康，寿命也更长久。❷

表6－1　人类六大美德24种优势

1. 智慧：认知层面的优势，涉及获得以及运用知识的能力。
（1）兴趣好奇：对于外界事物充满兴趣，爱好探索和发现。
（2）热爱学习：喜欢接触、掌握新的知识、技巧。
（3）创造才能：善于思索新颖独特且行之有效的解决方案。
（4）思维判断：考虑问题全面透彻，不妄下结论，不刚愎自用。
（5）洞察悟性：博闻强识，颇具见地，善为他人出谋划策。
2. 勇气：情感层面的优势，涉及克服困难、争取目标的意志。
（6）勇敢无畏：不惧挑战、危难甚至痛苦，身处逆境仍能坚持立场。
（7）坚持勤奋：善始善终，迎难而上。
（8）正直诚实：坦荡无私，敢于承担，毫不矫饰造作。
（9）生机活力：富有激情，能量充沛，感到人生无限精彩。
3. 仁慈：人际层面的优势，涉及建立亲密关系的品质。
（10）爱与被爱：拥有并珍惜与他人间的亲密关系，乐于分享，与人亲近。
（11）善良慷慨：与人为善，助人为乐，慷慨大方。
（12）社交智慧：关心体察自己与他人的情绪，懂得顾及他人感受。

❶ 刘翔平．当代积极心理学［M］．北京：中国轻工业出版社，2013：121.

❷ 刘翔平．当代积极心理学［M］．北京：中国轻工业出版社，2013：119.

续表

4. 正义：身为公民的优势，涉及扮演社会角色的品质。
(13) 公民责任：有归属感，忠于集体，恪尽职守。
(14) 公正平等：公平待人、一视同仁，不抱偏见与歧视。
(15) 领导才能：带领团队完成任务，维系成员之间和睦关系。
5. 节制：自持处世的优势，确保自己远离骄奢无度。
(16) 宽容宽恕：原谅他人，无报复心。
(17) 谦逊谦虚：不自夸自擂，不妄自尊大。
(18) 谨慎审慎：谨言慎行，不做鲁莽决定，不冒无谓风险。
(19) 自我控制：对自己的情绪与行为具有很强的调控力。
6. 超越：自我实现的优势，寻求超乎个体的生命意义。
(20) 美的领悟：善于发现自然、艺术、科学乃至生活点滴中的美好。
(21) 感恩感激：对自己拥有的一切心怀感激，乐于通过言行来向他人表达感谢。
(22) 希望乐观：对未来抱有积极的期待，相信美好的愿望会实现。
(23) 幽默风趣：愿为他人带去欢乐，擅长说笑逗趣。
(24) 信仰灵性：对生存的意义、生命的归宿有着自己的信念。

在这些美德和优秀品质中，哪些是更适合中国人的优势品质？哪些是适合职校生的优势品质？比如，幽默风趣是美国人的显著优势之一，但它在中国人身上的排序则比较靠后，这种差异反映了不同文化群体的人格特异性。中国人深受儒家思想影响，谨言慎行、知礼达人是儒家强调的社会交往规范。在历史上，幽默甚至被中国人视为心智或政治上肤浅幼稚、有失体统的表现。此外，中国人的显著优势大都为“心灵”优势，即情感层面的优势，而西方人的显著优势大多为“头脑”优势，即认知层面的优势。这种差异也能在文化比较中找到解释。再比如，中国人奉行集体主义，西方社会崇尚个人主义，而通常认为，个人主义的社会文化更有利于培养和激发个体的兴趣好奇、创造才能、批判思维以及经验开放性。对于职校生，应该具备哪些美德和优良品质？它们之间的关系如何？这是本论著今后需要继续研究和探索的主题和内容。

三、科学实施积极德育是职业学校德育研究的常新主题

1. 不同时代职校生会表现出不同的心理需求特点

德育致力于发展受教育者的品德，就不能不考虑受教育者的身心发展

规律和水平，尤其是品德心理发展规律和水平。在不同的社会，受教育者身心发展规律和心理需求是不一样的，即使是同一社会的不同时代，受教育者也会表现出不同的心理需求特点。比如，20 世纪网络没有出现前，我们根本不用考虑受教育者上网的心理需求，而在当前，如果不考虑受教育者网络心理需求，那我们的德育就不可能取得好的效果。因此，在职业学校，对职校生开展德育，就必须考虑职校生的心理需求特点和发展水平。如果不考虑职校生的心理需求特点开展德育，就等于盲人骑瞎马，无所适从，缺乏针对性。如果不考虑职校生心理发展水平开展德育，那制定出来的培养目标就不能对职校生的品德发展构成一定的超越性，如果低于职校生现有的品德发展状态，无法促进职校生的品德发展，如果大大高于职校生现有的心理发展水平，使他们无法达到这个标准，跳一跳也摘不到桃子，那也不能促进职校生品德发展。这两种情况中的德育都是无效的和不合理的。同时，也只有职校生认可了德育目的，才能主动参与德育，展开道德学习，发展品德。因此，职业学校的德育目的应该观照职校生的身心发展需要，尤其是品德心理发展需要，以便能够切切实实地激发他们参与德育的愿望。

因此，要培养职校生良好的品德，就必须不断研究职校生在不同时代的心理需求特点和发展水平，只有这样，才能提高德育工作的针对性和实效性。所以说，针对职校生心理需求开展德育是德育研究的常新主题。

2. 德育目的影响德育内容、方法策略的选择

人是特定历史时期和社会中的人，教育培养的人首先应该是能适应特定社会发展需要的人。因此，不同的社会发展状况对受教育者的品德发展有不同的需要和要求，这就决定了德育目的有不同的性质和内容。例如，社会本位的德育目的就是要使受教育者成为社会发展需要的人，而个人本位的德育目的是求得人的天性的自由和全面的发展；精英主义的德育目的是致力于培养具有卓越或完美道德人格的道德精英，而平民主义的德育目的则立足于普通个人的道德需要，致力于发展所有人所必需的品德；理想主义的德育目的就是发展完满生活所需的各种品质，而现实主义的德育目的主要关注当前现实生活的所需的品德。可见，立足于不同的价值取向，

就有不同的德育目的。我国的德育目的在不同时期也有不同的表述。德育目的体现了社会对培养人的品德状态的总体要求，要将其具体化为德育目标才具有针对性和可操作性。

德育目的规定了德育的根本方向，德育的诸多部分如德育内容、德育途径、德育方法策略等都服务于德育目的的实现。德育的根本目标是培养人的美德，虽说美德是人类共同认同的，但不同时代对美德的要求是不同的，不同文化背景对美德的优势品质还是存在差异的。因此要根据不同时代德育目的和德育目标的要求选择恰当的德育内容、培养途径和方法策略。

因此，职校生心理需求与积极德育策略研究，要根据不同时代的德育目的和目标的要求，不断研究职校生美德的形成机制、培养途径与方法策略。只有这样，才能有针对性地开展德育工作，提高职校生的道德品质。

小结：本章以阜宁中专为例，介绍了研究过程的管理、评价了积极德育研究的作用和取得的成效，反思研究中存在的问题与不足，并展望了未来积极德育研究的主题、目标与方法。书后的附录部分选辑了阜宁中专实施积极德育的部分案例，反映了来自德育一线老师的心路历程和深刻体会，供阅读参考。

附录

积极德育案例选辑

传承红色文化精气神　探索特色德育新途径

红色文化是穿透时空，滋润心灵的清澈河流。她源自烽火狼烟，源自壮士热血，是先辈留给我们的思想火花与精神遗产。如何传承红色文化，用红色文化精髓濡养学生？阜宁中等专业学校在这方面做出了探索和实践。学校充分发挥革命老区的优势，不断探索新形势下依托本地的红色文化资源发展具有本校特色的校园文化，将红色文化运用于学校德育，通过开展红色文化教育活动，打造“学生喜欢、家长满意、社会认可、个性鲜明”的特色品牌学校。

红色文化理念渗透学校各项工作，积淀红色校园文化。学校办学目标、理念、管理制度中蕴含红色文化，提倡学生树立铁的信念，执行铁的纪律，坚持铁的团结，磨砺铁的意志，树立铁的作风（新四军五铁精神）。致力营造红色文化氛围、构建红色文化环境。建设红色文化长廊，选择革命领袖、老一辈革命家的《沁园春·雪》（毛泽东）、《抗战五周年挽八路军阵亡将士》（朱德）、《梅岭三章》（陈毅）、《攻关》（叶剑英）、《出益州》（刘伯承）以及革命烈士诗抄等诗歌，读来让人顿觉浩气荡胸，心潮澎湃。

红色文化教育基地回溯历史进程，展示乡土红色文化。阜宁是革命老区，1928 年 1 月就成立了党的地下组织，1940 年 10 月黄克成率八路军挺进阜宁。1941 年 7 月，新四军军部和中央华中局移驻阜宁，此后一年多时间，刘少奇、陈毅、黄克成等老一辈革命家坐镇阜宁，指挥江苏、上海等六省一市的抗战工作，形成“北有延安，南有盐阜”的格局。学校投资百万元建设铁军文化素质教育基地和乡土阜宁文化教育基地，精挑阜宁历史沿革、文化名人、乡土风情等阜宁地方文化精髓制作成乡土阜宁片段 13 幅，让中职生了解阜宁、热爱家乡。精选新四军在阜宁战斗、工作和生活的 12 个片段，包括陈集战役、东沟会师、陈毅托子等，用汉白玉制作浮雕，再现铁军战斗历程、重温军民鱼水情、感受和传承铁军精神，让学生具体感受新四军“五铁”精神。

红色文化教育融进各个学科课程，以红色文化教育人。每班张贴一条红色宣言，每天读一首红色诗词。语文教师组织学生读红色诗词，背诵红色诗文，开展红色诗词朗诵会，组织红色诗文征文比赛；历史教师传承红色革命故事会，让学生收集红色故事或红色案例等逸闻逸事，开展红色考察活动；音乐教师教唱红歌，举行红歌比赛；体育教师要按照革命军人的标准对学生实施队列、跑步、形体、仪表、速度、纪容等六项训练；美术教师要安排红色书画展；微机教师要组织学生积极制作和开发红色文化课件，创建红色文化网页、论坛、博客、博客群、QQ 群等，并定期开展红色文化优秀课件、优秀网页、优秀博客的评选活动。其他学科的教师在教学中必须结合该科特点渗透红色文化的理念，有效落实红色校园文化建设。

红色文化活动成为德育活动主轴，以红色文化发展人。红色文化成为学校德育活动的主旋律。添置红色书籍，把红色经典诵读与读书活动结合起来。每学期开展一次红色文化演讲比赛、红色文化征文比赛，每班组织观看红色电影。充分利用五一、五四、十一、“一二・九”及传统节日开展丰富多彩的红色文化教育活动，通过各种蕴含红色文化的竞赛活动的开展和作品的展示丰富红色校园文化的内涵。

唱响红色旋律——学校每天下午第一节课，课前 3 分钟，全校组织唱红歌。每学期第三个月，组织红歌比赛。成立腰鼓队，编排红色歌舞，保障活动正常开展。大型舞蹈《红旗颂》，诗朗诵《扬帆远航》成为我校每年元旦文艺汇演保留节目。

确立人生格言——通过开展“我喜欢的革命志士格言”征集活动，让每一位学生确立一条人生格言，激励学生时常诫勉自己养成良好的道德情操。

发现心中英雄——开展“英雄在我心中”演讲比赛，让每一位学生在自己的心目中，确立起一位英雄人物，帮助学生找到自己的榜样，树立正确的人生观。

考察红色基地——每年新生军训期间，不仅以军人的标准对学生实施队列、跑步、形体、仪表、速度、纪容等六项训练，还要唱红歌，建军营，考察参观停翅港、益林战役纪念馆、芦蒲烈士陵园等。

走近红色模范——邀请县文史专家到校作《新四军在阜宁》专题报告，组织全校师生听我县先进典型王成女、戴元美等同志先进事迹报告会。感受他们为人民利益无私奉献的崇高境界，引导全校师生深刻感受中国共产党的先进性，让师生获得一次次心灵上的洗礼。

争做红色传人——每年清明节，学校都组织扫墓活动。根据新时代学生特征，与时俱进，不断变换着内容和形式，让扫墓活动始终保持感染力和教育力。在革命烈士纪念碑前，组织进行 18 岁成人仪式；进行“继承革命传统，争做时代先锋”主题教育活动。通过活动，学生深刻认识到今天的幸福生活来之不易，纷纷表示要继承革命传统，勤奋学习，报效祖国，争做红色传人。

开发本土红色资源，探寻红色渊源，挖掘不竭动力。目前，我们充分发动广大师生搜集红色盐阜方面的诗词、歌谣、名人传记、英雄人物故事、对联、图片等资料，编辑《红色盐阜》教育读本，丰富红色教育内容，努力开发本土红色资源，探寻红色渊源，探索红色文化教育的新途径、新方法。

（张虎、邹帅武）

不要吝啬你的爱

我们都知道职业高中阶段是学生即将离开学校踏上社会的最后一个阶段，在这个特殊的时期，学生的问题还是比较多的。这些问题来自各个方面，这些半大不大的孩子是否能够应付呢？我们不得而知。

我向来认为女孩子是比较脆弱的，而且都是高中生了，男生应该是比较坚强的，所以我对女生要关心一些，对男生则要忽视了一些。可我发觉我错了。

班上有一位男同学，成绩不是很理想，作业老是拖拉。在这学期的家长会上，他的母亲找到我，说要和我谈谈。她告诉我，因为一些原因这个孩子在家里是被宠坏了的，而且这个孩子有一个特点就是吃软不吃硬。她还告诉我，孩子在家里经常会跟家人讲班主任怎么说。她说这孩子有一个坏习惯，就是在做作业时一定要听随身听。她希望我能帮助她的孩子改掉学习上的坏习惯。当晚，我认真回忆了这个孩子平常的一些表现，确实是我忽视了他。

有一次，他举着他的手对我说："老师，我今天迟到了。"我当时很奇怪，迟到和手有什么关系呢？我仔细一看，他的手受伤了。我问他："要不要紧啊？路上慢一点儿，迟一点没关系的，安全第一啊！"他笑了笑，说："没事的。可是迟到了要挨骂的啊！"经过了解情况，我知道那天早上，他起晚了，一路上是急匆匆的，在快要到学校时和一辆摩托车相撞，受了一些皮肉伤，还好人没事。这孩子只是从小被惯坏了，心眼其实挺好的，只是还不怎么懂事啊！

经过和他母亲的交谈，我觉得他是个性格开朗、喜爱音乐和体育运动、有些懒散、被长辈宠坏了的学生。我具体分析了他的情况后，和他的母亲达成协议，共同帮助他。家长的心和教师的心如果能够真正紧密相连，并且能够和孩子好好沟通的话，我想有些工作开展起来也就会比较顺利了。

于是在平时我就会经常留意他的一些动向。我知道他比较喜欢音乐，而且歌唱得不错。在一次话题讨论的课上，我特地把他叫上讲台，让他给同学们露了一手。课后，我借机找他谈话，先对他的歌声表示肯定，然后问他是否特喜欢音乐。他其实是个很老实的学生，他告诉我其实自己也知道这个习惯不好，就是管不住自己。我告诉他，爱好音乐本身并不是坏事，只是要注意时间和场合。学要好好地学，玩也要痛痛快快地玩。作为一个高中生要有一定的自控能力。

在学习上，他也有拖拉的毛病。我知道他的脾气，所以很少和他来硬的，一般都是好好跟他讲，但有时也不免要发火。他毕竟还只是个孩子，总是不那么懂事，老有一些小错误冒出来。但我发觉，付出还是有回报的，这个学生从总体上来讲还是在不断进步的。

教师的指导、鼓励、赞美、欣赏和支持是教师博爱的基本形式，对于学生而言这样的博爱必不可少，它不仅会成为学生学习的动力，而且这种动力还会迁移到人格发展方面。作为教师，应该将一切爱献给学生，以化导学生的错误，启发他们身心的成长，让他们的心灵感受到安全和温暖。透过爱的鼓励和安慰，让他们祛除心中的不安，能够去面对生活中的各种挑战。学海并非苦海，学校并非地狱。让我们的孩子能够感受到一丝温馨，能够快乐地学习吧！

（薛海兰）

成功转化于无声处

光阴似箭，日月如梭，转眼已到年底，执教14客服班已近期末，对作为教师尤其是兼职最基层、最直接的班级管理者的班主任，深感自己肩上的教育责任愈加深厚，愈加重要，尤其是在德育方面更为明显，自己也越来越喜欢学生，对他们的感情也日益深厚。这种转变于不知不觉中出现，也该感谢这些可爱的学生，是他们的进步给了我成就感和工作的兴趣，他们跳动的青春让我真切地感受到教育的伟大现实意义。这个方面给我的感触最深的是班内的周某这个孩子。

身为独身子的周某从小就生活在父母的娇生惯养之中，其爷爷奶奶更是对他百般溺爱，恨不得把天上的星星摘给他。曾是让我异常头痛的顽皮叛逆男孩，初中时就早恋，学习就当是游戏，高兴了的时候才把书拿起来装模作样一番，中考成绩可想而知，经常性迟到早退不说，和许多后进生一样。其个性更是十足，思想叛逆，穿着前卫而又显娇气。正因为此，对于学校关于仪表的规定他是嗤之以鼻，经常违反校规。更有甚者，公然在同学们中叫嚣之所以这样完全是为了吸引女孩子们的注意，影响恶劣。对于他的这些表现，我苦口婆心地教育，但是收效甚微，通常是今天说，明天忘，后天外甥打灯笼——照旧，直至说服教育已被他当作耳旁风，当面唯唯诺诺，转眼就一切如故！而他内心对我的抵制是越来越明显的。终于，矛盾激化了。那一天，他又是奇装异服来上学，我气愤填膺，揪着他让他换掉。而他的脾气比我还大。当时的感觉：这个孩子已经无可救药了。最终，我决定把周某单独留在办公室内，花了整整一个下午的时间，有了意料之中的激烈辩论。不过，通过直率坦诚的交流，我也让他领略感悟到一个人的衣着会反映这个人内在的修养和教养，告诉他真正的美是在于内在的品质和良好修为。也许很多的道理他并没有真正地领悟，但是他感受到老师的真诚和关心，这之后，他的表现虽仍有反复，但逐渐好转起来。有一段时间，他生病住院，我组织学生去看望他。也许是言传身教与师生爱的关切双重作用，出院后，他明显懂事多了，学习也比以前用功，技能实践也比以前用心，特别是仪表方面基本已不用操心了。对于他的转变我及时地表扬和鼓励。对于我，他也明显地亲近了许多，不仅如此，他学习上的进步也很明显，不断在走向进步，这也是最让我感到欣慰的地方。

通过这件事，我意识到工作方法的重要性。他们渴望得到老师的尊重和关心，渴望得到老师的理解和认可。只有在尊重前提下，时时关注他们，鼓励他们，他们才会让你感到成功的喜悦。教育这样的学生，短期内不太可能见成效。虽然，现在的周某还存在着这样或那样的不足，还会暴躁，还容不得自已吃亏，还会做出一些让我失望的事情。但我肯定，他比以前更能体谅人的用心了，也更懂事，更冷静了。客观的事实是我不可能一下子让他变好，变成一个比肩圣人的好学生，要做的只能是慢慢地让他在潜移默化中改变过去那个幼稚冲动、叛逆乖张的周某。骐骥一跃不及驽马百步，哪怕是一点点的进步，也值得开心和鼓舞。

教师这个职业面对的是一个个鲜活的正在成长中的个体，任何一次过火的指责、无意的歧视，都会给学生的成长带来心理阴影。尤其是对个别学习成绩差、表现散漫的后进生，教师尤其是班主任更应关心和爱护他们，对他们不嫌弃、不歧视，不疏远。在处理班级事情时，面对后进生，应谨慎对待，不能简单粗野地呵斥和指责，也不能过早地“盖棺定论”，应以诚相见，循循善诱，和他们交朋友，促膝谈心，消除他们心中的隔阂，让学生对老师敞开心扉，心悦诚服地接受老师的批评和教育，自觉地去转变自己，迈向进步，走向成功！

（杨　勇）

放大学生的优点

人生匆匆数十载，转眼我已在教师这个岗位上工作 13 年了，一路摸爬滚打觉得真不容易。都说老师难做，我们职业中学的老师更难做，职业中学的班主任更更难做。

记得 2013 年秋，我接手了 12 机械班的班主任工作，这个班级都是男生。由于我是女班主任，学生和我相处还是比较客气的，但慢慢地问题都暴露出来了，通过仔细观察我发现了以下几个问题。首先，我们职业中学的学生都是文化成绩较弱的，似乎他们已经习惯了成绩不好，对此也不关心；其次，他们的自觉性也较差，总会不时地犯个小错，如上课讲话、睡觉，上学迟到，等等；最后，我们职业学校的学生学习的重点偏向技能学习，这其实也是我们的优势，但学生没有认识到这点，技能学习时也不积极。

针对以上这些问题我想了很多，初步做出以下几点思考：首先，改变心态。学生们的现状是思想懒散，得过且过的心态，心态决定行动，所以我首先要从根源着手，激发他们内心积极向上的一面。其次，进行感恩教育和责任教育，让他们时刻记得自己对自己、对父母的责任。最后，我要与学生们分析目前的就业形势，我们要为将来的就业做哪些努力。就以上几点我开展了一次感恩责任教育主题班会，让学生把自己心里想说的都说出来，激发他们心里最善良、最积极的一面。通过这次活动我感觉到学生是比以前积极了，改善了不少，班级的学习氛围好了很多，看着学生的改变我心里高兴多了。

但时间不长，有些学生兴致又不高了，虽然不犯错误，但没了学习的积极性了，这又怎么了？我找了班委几个私下谈话，了解到好多学生想学习，但基础较差，想听讲课听不懂，感觉无从下手，有劲使不上，好不容易鼓起的劲又泄了，所以想放弃，持久力不够。这使我认识到光靠鼓励是不行的，在学习方法、学习目标上也要给予帮助，学生的自制力也不够，所以我这个班主任还得在后面督促着才行。于是，我又做了以下调整：首先，在主观意识上提醒自己："我可以，我能行。"我们班每天的第一件事就是大声对自己说："我可以，我能行。"这大大地鼓舞了士气。其次，指导学生制定自己可以达到的短期目标，鼓励学生从简单的学起，当然我会定期检查他们的完成情况，不然计划再好不实施也没用。最后，我将班级学生分成6个小组，每个小组都由好、中、差三层学生组成，让好的起带头引领作用，带动整组学生学习，组与组之间还进行竞争，看哪个组进步较多，并给予表扬和奖励，这很好地活跃了班级的学习氛围。我们班车间实训的项目是车床加工，我还深入车间，检查学生的实训情况，和师傅交流各位学生的情况，对较懒惰的在课后找他们聊天，了解他们的想法，提出适当的建议，积极地做好思想工作。当然，仅靠鼓励还是不够的，人是有惰性的，坚持一段时间觉得累了就会偷懒，所以我时刻注意着学生的动向，发现有偷懒的会及时督促。

在学习之余我们还积极参加学校的各项活动，在学校举行的文明班级评比中，我班学生群策群力，取得了一等奖的好成绩。在学校举办的元旦晚会中，我班有一个小品和一段相声都入选了，这些成绩的取得都离不开我们全体师生的共同努力。

通过一年的努力和学习，我们班在学校的各项评比中均名列前茅，另外我班学生在省举办的技能考核中过关率达100%。看着学生的进步和成长，我是打心底地高兴，学生也和我这个班主任亲近了很多，在毕业时学生们都依依不舍。看到这些，我觉得我的一切努力都是值得的。

通过这些年的教学管理，我觉得我们应该积极发现学生的优点和不足，努力地放大他们的优点，缩小他们的缺点，让他们在积极的环境里学习、生活、成长，就会有意想不到的收获。

（张丽亚）

耐心等待成长的过程

来到这个学校已经 4 个多月了，以前我是一名学生，现在我是一名老师，角色的迅速转变，让我不知如何应对。怎样才能做好一名老师？怎样才能做好一名优秀的班主任？我也在跟随身边的有经验的老师学习着，自己摸索着。

我带的是数控班，全班 34 人，全部是男生，男生多了，打架、上网的情况也不时出现，这个让我很头疼，并且这个年龄的孩子，具有较强的叛逆心理。一个周末的晚上，照常进行晚自习，我点名发现王某某没有来，这个孩子去哪里了？家里人也没有给我打电话啊？我立刻拿出手机给其家人打电话，接电话的是王某某的妈妈，说孩子今天中午已经去学校啦！听到孩子妈妈的话，我忽然紧张起来，这个孩子去哪里了？不会出什么事情了吧！我又询问班级的学生，今天下午谁见到王某某了？33 名学生都说没有见到。我着急起来，天色已晚，怎么办？这时忽然看到一个身影从学校门口一瘸一拐地走来，我仔细一看，就是王某某。我非常生气地疾步走过去，问："王某某同学，你去哪里了？干什么去了？"看到我气愤的样子，他低下了头。我仔细一看，他脸上有伤痕，裤子有些刮破和泥土，明显是摔倒了，"苏老师，我被人家打了！"说完，他哭了起来，我立刻把他带到医务室进行伤口清洗、包扎，并且问明原因，原来是和社会上的小混混玩时被打的，听了我非常生气，告诉他："以后不许和那些小混混玩了，如果他们再找你，你就告诉老师，老师会保护你的。多和班级里面的学生玩，要好好学习，你是一名学生，怎么可以和社会上的小混混玩，他们会把你带坏的，知道吗？"在我的教育下，他擦干了眼泪，包扎完毕后回到教室上自习了。

一周后的一天晚上，下班后，我洗刷完毕已经 23：00 了，刚想睡觉，忽然教务处的老师打电话过来："苏老师，你们班级的两名学生翻围墙出去上网，被我们捉到了，麻烦您现在过来下吧！"我立即赶过去，到学校一看，又有王某某同学，我火气立刻上来了，真的是恨铁不成钢啊，真的想上去踢他们两脚，想想不能这样，这个年龄的孩子是很有叛逆心理的，这样对他们，反而是促成了他们变坏，自己要用耐心、细心感化、教育他们。“这么晚了，你们跑出去像个什么样子？如果发生什么事情怎么办？父母把你们送到这里来读书，你们就这样做，对得起父母吗？”两名学生不作声、低着头，我又说道：“你们两个学生老师都很喜欢，你们今天却做出这样的事情，尤其是王某某，我一周前怎么和你说的，连续犯错误，像话吗？”然后我把两名学生送回宿舍休息。几天后的晚上，又是到了深夜，学校老师打来电话：“苏老师，你们班的王某某同学没有在宿舍啊，听同宿舍的学生说，王某某同学去上网了。”我立刻往学校附近的网吧寻找，果然在网吧里找到了他，我没有说什么，说真的，我自己也觉得没有什么话可以对他说了，说了也没有用，对他我真的有些气馁了，我就这样默默地把他送回宿舍。到了宿舍门口，他没有立刻进去，而是回过头来，说了句：“老师，我错了，下次再也不会这样了！”听了他这句话，忽然我的心里没有那么沉重了。回去的路上刺骨的寒风吹来，我想我就是在寒风中行走的人，在教育事业上，我只是刚开始，以后路上再多的坎坷，我也要执着地前行！

自此以后，王某某同学有了明显的变化，我也经常在课堂上针对他主动积极回答问题提出表扬。他在班级里也变得活泼起来，经常积极参加集体活动，也经常帮助同学，真的和班级同学相处得非常好。上次，学校组织拔河比赛，王某某主动组织班级学生参加，在王某某同学的积极组织和带动下，我们数控班取得了第一名，他们高兴得不得了，满脸挂着汗珠在欢呼着。这时，王某某跑过来，兴奋中带着小心翼翼地说：“老师，您可不可以给我们每人买瓶可乐啊？”“好！”我跑出校园给这群可爱的孩子买可乐。

今年的圣诞节和以前一样那么寒冷，平安夜那天晚上晚自习我坐班，刚走进教室，我那群像淘气的小精灵一样的学生手舞足蹈，“老师，圣诞节快乐哦！”然后他们晃晃手中的苹果，听到这样的祝福，真的心里感到很温暖。看到他们那么快乐的样子，我想，他们那么可爱，今夜圣诞老人一定会给他们送去祝福。即将是新的一年，我也真心地祝愿我那群天真、可爱的学生平平安安，快快乐乐。

时光如梭，我已经代了4个多月的班主任了，回首这几个月的经历，我自己也不禁感慨。这期间，我有无奈过、气馁过，当然更多的是他们的慢慢成长带给我的快乐和欣慰，其实每个班级也都有那么几个调皮的、坏坏的孩子，可是作为老师，我们真的应该用自己的真诚、真情去包容、教导他们，当学生犯错误时，我们要多宽容，给他改正的机会，耐心地等待，帮助其自悟自醒，那么学生就会从“自甘落后”的阴影中走出来，自信地抬起头，一步步走向成功。每一个孩子摆脱幼稚，告别无知，健康地成长，都需要一个过程，让我们耐心等待，学会宽容，在等待中不忘播撒爱的阳光，让等待充满憧憬，寄托希冀。

“十年树木，百年树人。”植物的生长有其自然规律，需耐心等待，生根、发芽、开花、结果是一个漫长的过程。育人是长期系统、复杂的过程，更需要我们怀有一颗爱心，耐心等待。

（苏伟伟）

一个特殊学生的教育故事

（一）问题

朱某某，男，18岁，在离异家庭长大。该同学性格傲慢，有一种满不在乎的自由思想，不愿到纪律约束比较严的集体中去；学习懒惰，马虎不细心，作业极不认真，不遵守课堂纪律；在上课时，不论是同学说的还是老师讲的，都很喜欢茬话、接话，但思维比较敏捷，有一定的学习基础，期中考试成绩中等。由于有违纪现象N次，原是小学、初中皆知，现是我校皆知的“坏学生”。

（二）调查

1. 班级学生是否接纳朱某某同学

48位同学，有45位同学不同意，有3位同学同意。这3位同学是小学时的“同党”。怎么办？我想，3个同学同意，45个同学不同意是好事，而不是坏事，因为至少有45位同学不是他“道”上的。有风，浪掀不起来。我想可以接纳朱某某同学。

2. 班级同学的反映

朱某某同学学习态度差，兴趣淡漠。上课不认真听讲，回答问题专说些让人发笑气愤的话。作业不整洁马虎，有时干脆不做作业，更有时恶语伤人，同学关系不太好，易怒、好斗，故意捣乱课堂纪律，同学们都很讨厌他。

3. 教师反映

朱某某同学智商较高，属于聪明的孩子，但由于贪玩，任性，过于自信，目空一切，毅力不够，人际关系不善，有攻击性行为，不遵守纪律，学习品质差，成绩一般，行规、自理能力差。

4. 家长反映

不爱听家长的话，有抵触情绪。举例说明他的表哥也是如此。表哥在读初中和高中都是以老师为对抗，现在在国外读研究生，极聪明。朱某某同学与其表哥类似。

（三）从前人的观点和看法得到启示

陶行知：从打架学生中发现他的优点，给予肯定和奖励。

故事：陶行知在校园散步，发现有两名男生在打架，一个高个子手里拿着个尖石子，正准备向另一个同学砸去。陶行知急忙吆喝了一声，那"高个子"停下了。陶行知便问："你们为什么打架？""他欺负女同学！"高个子回答说。"那么今天是谁先打人？""我"，高个子说。"那好，你明天上午上课前到我办公室来一趟！"第二天，陶行知到办公室的时候，那个"高个子"正等着。陶行知笑笑说："你过来，我奖你一块糖，奖你很讲信用。我问你，你为什么打人？""他欺负女生！""好！我再奖你一块糖，奖你有正义感，不过，我也有同感，对待敌人应该狠狠地打击。但是……""老师，我错了，我打的是同学，不是敌人，以后我再也不敢了。""那么第三块糖奖你知错改错了。"

我想：朱某某同学现在没有打架的行为，只是行为规范、思想态度、学习品质较差，对事、对人很不在乎的样子，自以为是罢了。

（四）方法及过程

基本原则：对朱某某同学必须宽容，无论他有多少缺点，毕竟是未成年人，可塑性很大，这个学期或更长一点时间如果能转变，将会有益他一生。如果不能转变，那后患无穷。因此，作为班主任一定要以真诚和耐心爱待他，不能跟他斗气。

1. 心理学依据

（1）任何孩子的不良行为都是有原因的，要找到病根，对症下药。

（2）未成年人犯错误是正常的，错误是人成长的印记，从不犯错误反而是不正常的。只不过朱某某同学表现更突出罢了。

2. 解决过程

（1）与朱某某同学谈话。我与朱某某同学进行了多次的谈话，从他在家的情况谈到他在校的表现和学习品质方面及自身的素质，告诉他犯错误是不可避免的，并非不可原谅，不必因此自暴自弃。然后实事求是指出他也有不少的优点，如思维比较敏捷，学习知识有一定的悟性，身体素质、体育比较好，能吃苦……然后我给他分析形势，指出出路，好好学习，打好基础，将来当好某科的科代表或学习委员，通过自己的努力，考上当地的重点高中。最后，我说，你以前犯的错误，我们都既往不咎，你毕竟还小，不懂事，但现在你渐渐长大了，很快就要成人了，以后就要为自己的行为负责了，不然受害的只能是自己了。听了这些话，他的眼神不那么满不在乎了，且眼神也亮起来了，心中有一种愉悦的感觉，说话的声音也洪亮起来了。感觉到他很有自信，好像马上就要做好、做优秀的样子。

（2）观察他的言行，时时给予表扬。好学生是表扬出来的。对朱某某同学，只要他的思想行为比以前有好的地方我就及时给予表扬。

上课不讲话，有时发言——表扬：上课认真，发言积极。

为班级做了好事——表扬：关心班集体，为同学服务。

遇见老师说了“老师好”——表扬：尊敬老师。

卫生打扫干净——表扬：工作认真负责。

作业整洁——表扬：学习认真有进步。

……

使他感觉到表扬就在身边，批评就是这样离他而去的。

（3）帮他制订学习计划并制定行规目标。

（五）结果

真正开始教育朱某某同学将近一个月，所以现在还不好下结论。他近来的表现如下：听老师的话，服班主任的教育，上课违纪行为减少了，上课也很少接话了（不过有时候也有），作业按时做和交，会关心班级的事情，想有所作为。班级有什么问题，也主动会管管，如教室卫生不干净会去打扫，垃圾桶满了会去倒。但自习课还是控制不了自己，会讲话、下位，有时还会讽刺同学，课间有点打闹。散漫的思想还难以改变。

（六）引出的新问题

对朱某某同学我比较宽容，犯点小错误不计较。但这样一来其他同学不服，这就涉及如何处理个案与整体的问题，弄不好会影响全班的纪律和同学们的情绪。辛苦管理的班级很有可能就毁在他的手里。

（周士猛）

用“爱”育人 用“心”感人

2008 年 9 月，我有幸成为一名人民教师，走上三尺讲台，开启自己的另一幅生活画卷。时间过得很快，屈指一算，已快 7 个年头。班主任工作，也持续八个学期，谈起写一篇自己的教育故事，刚开始觉得一头雾水，总觉得没有什么可写，因为每天所做的事几乎差不多，一周又一周，一月又一月，一年又一年……但此时此刻，坐在这里细想一下自己这几年下来所做的教育教学工作，发现有很多可写的地方，也值得我去总结、去反思。

杨某，男，2013 级汽车运用与维修专业的学生。他在我所教的学生当中印象也较为突出。2013 年 8 月 21 日，那天因为学校开展新生军训准备前工作，我带了个老家的学生来校报名，准备军训。查了军训班级分配名单，来到了军训（4）班，和班主任简单聊了几句，就将老家的学生留下来了。此时我准备离开教室，走到门口时，一个学生家长右手托个行李箱，左手提着凉席、热水瓶，肩上还挎着个行李包，走进军训（4）班，而他的身后则跟着个学生，染着黄发，穿着所谓流行的服装，紧跟着那个中年男子一同进了班级。这一幕我印象极为深刻，我总觉得一个孩子应该有一种善良之心，看见自己的亲人提那么多行李，但凡有良知的人都会去帮助大人，肯定不会自己空着手，看着亲人疲惫的身躯走在自己前面。在下楼的过程中，突然间有个想法，希望这个学生军训后不要选择汽修专业，否则我有可能成为他的班主任，陪伴他度过三年的学习生活。

8 月底，按照学校工作的安排我成为 2013 级汽修班的班主任，在 31 日那天，到学校组织报名工作。看见一连串陌生的学生名单，我想随着时间的流逝，他们终会成为我熟悉的学生。在报名的过程中，一个看似眼熟的学生到我办公桌前报名，大脑飞快地进行检索，这个学生不正是前些天在军训（4）班见过的那个人吗？事与愿违，但我想这也是缘分吧，从那刻起我也记住了这个学生的名字——杨某。

在接下来的日常学习生活中，我也有意无意注意杨某，总体表现还可以，唯一不足的就是他的头发。在周四的晚上，我正好值班，把他叫到我的办公室，和他聊聊。一开始我也不是开门见山，而是和他交流学习、生活中有何感受，是不是有什么暂时的困难，等等，发现他可能由于和我不是很熟悉，不愿意和我多说什么，我想啊这也是正常的，每个学生的性格是不一样的。后来我也和他讲了，我们这是学校，按照学校的规定是不允许学生染发的，尤其是像你目前这样的状况，希望你利用周末放假的机会，回家把它染回原来的颜色。他当时没有立刻表态，后来我想就不要咄咄逼人，让他回去仔细回想下我和他所讲的，接着就回去了。

周末晚上，按照学校的要求，班主任老师到校检查学生是否按时返校等。进班级后，班长就和我讲，有一人没有来，一问是谁，班长说是杨某。后来我一想，他没有履行正常的请假手续，怎么会好端端地没来呢？接着我就回办公室，查了学生档案，找到他家长联系电话号码，拨通了电话。从和他父亲的通话中隐约感觉到杨某有不想念书的意味，后来我也和他说了，上周我和杨某谈了，希望他把头发颜色染回来，他父亲讲：“我早就和他说了，把颜色变回来，整个家族的人见到他都反感，觉得小孩不学好……”后来他父亲又和我讲了关于家庭的事情，我也对他的基本情况有了更清楚的掌握。接着我就让学生杨某听电话，我和他讲了，先到学校来，正常上课，所有的事情都好解决，希望他不要有什么心理负担。他答应我明天早上正常来学校。

第二天早上，我见到他了，让他先上课，晚自习的时候来我办公室。晚上的时候，我和他交流了一段时间，总体觉得他本性不坏，可能是被朋友带的，他也答应我第二天早上请两小时的假，出去染发，我同意了。后来觉得这次的交流很明显他把我当他的朋友了，愿意和我交流，我想只要用心融入学生的世界，他会接受你的。在接下来的日子里，我发现他明显地有精神了，愿意参与集体的活动，同时也愿意帮助别人。鉴于他的良好表现，我也让班长和他讲，让他做我们班级的劳动委员，参与班集体的管理，他很高兴，愿意接受这个任务。

后来，有一次他和我讲了，说开学初我打电话给他的父亲，如果不是我和他父亲交流的话，他真的可能退学了，到苏南和朋友打工。但他转念一想，还是接受父亲、老师的教诲，来学校继续读书，学会做人、学好技能。我就和他讲，人生的道路可以有很多的选择，但只要记住对得起亲人，对得起良心就行了，正如我动员你返校读书一样，倘若我不打电话和你家人交流，听之任之的话，你有可能真的成为一名流生，而我的内心也会不安的。事情证明，杨某同学后来的学习生活都很不错，多次受到学校的表彰，也得到了同学的认可。毕业后在上海从事机械制造业，待遇也可以，祝福他，也祝福毕业的所有学生……

班主任的爱是含有友情，又超越友情，含有母爱，却又高于母爱的教育之爱。我认为只要你心系班级，心中有爱，并讲究工作的艺术性，你就容易做好班主任工作。

（韩朝庭）

家校同携手，共铺成长路

做一个成功的班主任，除了处理好与学生、科任老师之间的关系外，还要注意搞好与学生家长的关系，这就需要和家长进行有效的沟通。如，学生的成绩下降了、学生经常违反校规或无故旷课，等等，很多事情沟通得好了，可以起到很好的教育效果，相反，如果沟通得不好，会引起家长的不满，严重了还会引起学生的叛逆行为，班主任的工作就不能顺利地开展。

父母是学生成长的第一任教师，父母的教育、关爱与引导，决定了学生的气质、素养与发展，同时，良好的家庭教育也为学校教育的成功奠定了坚实的基础。家庭教育对于学生的一生都具有极其重要的作用。作为教师如何引导家长对学生进行教育，将成为学生成才至关重要的一环。由于家长自身素质参差不齐，在与老师的沟通过程中，家长的表现也是多种多样，有的护短，有的配合，有的放纵，有的溺爱。

那么，怎样才能和家长有效进行沟通，建立良好的合作关系呢？多年的工作实践，使我觉得应该根据具体情况，对不同的家长，采取不同的谈话方法。大致可分为以下几种情况。

一、与护短型家长沟通

据我了解，一般情况，班主任与家长沟通的多是因为学生成绩不好或犯错误，有的电话交流，有的请家长到校。绝大多数家长都能接受老师反映的情况和批评意见，也有的家长明知自己孩子有错，甚至是积习，但他偏要说：不可能，我孩子以前不是这样的。这类家长是典型的护短型。他们包庇孩子，忽视孩子的缺点，纵容孩子的不良行为，不管孩子甚至不让别人管自己的孩子。一些家长一听到别人说自己孩子的缺点就不高兴，而且往往缺乏理智的判断，自觉不自觉地存在护短现象。这类家长一心只想着自己孩子的好处与优点，不管老师及他人的想法，姑息孩子的错误。如老师指出孩子的缺点，家长找理由为孩子开脱，设法为孩子“辩护”，甚至把责任揽在自己身上。对于这类家长，在谈话过程中，应注意以下几点：首先肯定孩子的优点，并不时把孩子在学校的良好表现告诉家长，让家长有面子，为进一步沟通做准备。在对孩子的肯定得到家长的赞同后，家长可能会对老师的想法与建议予以理睬，这时再选择适当的时间、地点指出孩子的一些不良习惯或缺点，并在沟通时多耐心听取家长的意见，同时也提出一些好的教育方法，建议其多用几种不同方法教育孩子，并进行对比，最后找出最适合的家庭教育方式。

二、与放任型家长的沟通

本学期开学，班里一个家长为孩子报名时，小声地对我说："老师，我家孩子在家老上网，我们看不住，没办法，只好把他送到学校，不指望他学习多少；另外，班级就他一个男生，老师你就对他要求松一些，一管严了他就会不念。"这是一个放任型的家长。这类家长什么都依着孩子，孩子想干什么就干什么，家长基本满足孩子的一切要求。与这类家长沟通往往也比较困难。我当时没有说什么，只是笑着请他坐下，笑着为他儿子注册，笑着开票，然后叫他儿子去缴费，他不放心，要跟他儿子一起去缴费。这时我没让他跟去，趁机跟他谈话。我说："你的儿子在家不光上网，还会吸烟是吧？"他说："没看他吸过烟呀？"我说："你闻闻他的衣服。你们平时对孩子照顾得不够细心。这不是把孩子送来读书的，是把他撂到学校里。学校是不会置学生于不管的，你们家长要与学校一起管理好孩子。你们是第一责任人，一定要和老师形成合力共同管理。有空多与学校联系。"他说："应该的，会的，我让他妈以后多打电话给你，麻烦老师了。"开学后不久，家长真的打过一次电话，也就一次。倒是因为该生有病请假，我打电话询问过几次。本学期，这个学生在校除了不做作业，倒也没犯什么错误。上次，跑操比赛，他表现特别好，我及时表扬了他。过几天，开家长会时，我打算以此为契机，与家长做进一步沟通。放任型家长，当老师和他们谈话，指出一些孩子存在的问题时，他们当面可能满口应承，完了一切照旧，对孩子存在的问题不闻不问。对于这种情况，作为班主任必须得有一定的沟通技巧。首先，要让家长明白家庭教育对孩子成长的重大意义，使家长对孩子的教育有足够的重视。其次，要对孩子有一个全面客观的认识，在和家长沟通时，就显得有话可说，有理可据。对孩子存在的问题分析得越透彻，就越可能打动家长，让家长认识到老师的一片苦心，能更好地配合班主任展开教学工作。

三、与配合型家长的沟通

这类家长对孩子比较关心，也比较明事理。因此，与此类型家长沟通比较简单，只要你说得有理有据，给家长一些好的建议，家长一般都会积极配合，难度不大。

四、与溺爱型家长的沟通

溺爱型家长过于关心孩子，一切事情都为学生安排好，并且认为孩子什么都是好的。首先，与这一类型的家长进行沟通，必须让家长明白，老师也是关心学生、为学生着想的。其次，要心平气和地跟家长解释：望子成龙是每个家长的心愿，但孩子毕竟是孩子，身心处于发展阶段，心理尚不完善、成熟，他们辨别是非的能力比较差，对自己的行为又缺乏控制，很容易犯错误。如果父母再不正确看待对孩子的教育，教育不当，孩子难免会存在这样那样的缺点、毛病。家长应对孩子全面了解，一分为二地看待，才能进行正确的教育。

五、与后进生的家长沟通

这类家长，一般来说都对学生有种恨铁不成钢的愤慨。与这类家长沟通，要多向家长说一些孩子除了学习之外在其他方面的长处与优点，如动手能力比较强、爱团结同学等，有利于家长对孩子有比较全面的认识，并配合学校与老师，共同找出孩子存在问题的原因，努力帮助孩子克服弱点与不足。

六、与气势汹汹的家长沟通

这类家长比较强悍，平时对孩子的学习生活不是特别重视，对学习也不怎么过问，只要老师有一点点意见或孩子受到一点点委屈，就气势汹汹地跑到学校，找老师或者其他人理论。孩子成绩不好，就推卸责任，还会对学校教育表示不满，有时甚至做出一些尖锐的、与事实有出入的批评。因此，作为班主任，与这类家长沟通，要有耐心，多虚心听取其建议，不与其争吵、争辩。当然，在听取意见和建议的同时，要有判断能力和心理承受力，冷静分析是非；同时，要有宽广的胸怀，较好的素质，虔诚而耐心地倾听这类家长对学校教育教学的意见和建议。

另外，在跟各类家长交流的过程中，要做到以下几点。

第一，与学生家长沟通，要选择适当的时机和地点。与家长沟通，应先间接地向学生了解其家中的情况，以便决定是否适合与家长交谈。

第二，与家长沟通，要善于倾听。家长有时会因孩子在校的一点表现而喋喋不休，追问不停。我们要时刻保持亲切的态度去面对他们，体谅做父母的心情，以一个教师特有的耐心去面对他们，通过换位思考去了解他们，使他们相信自己有能力，有信心把孩子教育好。

第三，与家长沟通，要讲究语言艺术。学生来自不同的家庭，每个家长的文化水平、素质、教养不同，难免会遇到一些“刁难”的家长，那就必须讲究语言的艺术。所以，班主任应该在家长心平气和的情况下，在实事求是的基础上，用征求意见的态度，与家长共同研究解决问题的办法。

学校教育与家庭教育结合起来，架起家校沟通的桥梁，班主任、科任老师与家长携起手来，共同为学生的成长铺就健康幸福成长的道路！

（高玉兰）

这是心的收获

题记：对待学生要有爱心，辅导学生要有耐心，教育学生要有诚心。只有一心一意善待每一个学生，才会在教育教学上喜获丰收。

燕子去了，有再来的时候；杨柳枯了，有再青的时候。而岁月却如流水一样一去不复返。多年来作为一名人民教师，在讲坛上不断地演绎自己的教育教学人生，许多都已随着时日的流逝而渐渐淡忘，可也有一些就如同树根一样深深地扎在了我的心上。虽不曾惊天动地，但仍历历在目，感悟至深。

上学期，学校给我安排了毕业班的班主任工作。这个班是按专业新组合的集体，学生对新环境有新奇感，在任何老师的课上都表现积极，唯恐自己在老师那儿没有留下什么好的印象。尤其在我这个既是班主任又是数学老师面前，同学们可以说表现得相当活跃。也正因为如此，我也就很快地掌握了本班学生哪些上课爱思考问题，哪些在学习上很用功，哪些上课喜欢调皮等基本情况。其中有一个叫小吴的学生引起了我的注意，分班时在班上他的成绩是中下等。对于一个上课不回答问题的学生，老师一般是不会去在意的，更何况一个成绩也不十分突出的学生。小吴就是这样一个学生，上课很少去回答问题。我估计，他在其他老师的心目中也是印象不深刻的。然而有一件事情，他让我不得不去注意了。在一次数学考试中，他考了 93 分，当时我在班级直接当着全班同学的面说他考试成绩有水分，他立即起身反驳说是他自己做的。我也当着全班同学说，如果你是真成绩的话，老师向你道歉。在以后的学习中，他表现一直较好，这是我道歉的力量。这是典型的性格孤僻。从我从教多年的经验来看，这个学生一定有什么心结，他的心里一定隐藏着许多东西，如果不打开这个心结，对他的发展是很不利的。我试着慢慢接近他，上课间隙，我问一问他是否听懂，有时候我也把他叫到办公室问问他对一些问题的看法。起初，他也只是默不作声，偶尔笑一笑罢了。后来，他对我有了一些了解，于是态度有了转变。我抓住契机，适时地和他交谈心里话。原来，他确实是有心结的。他说了他小时候身体不好，经常得病，一病就得去看医生，也因此导致成绩下滑。而他小学的班主任却不理解他，有时还当着全班学生挖苦他，打击他。所以在同学面前，他觉得抬不起头，在老师眼里他又觉得自己没用，久而久之，就不再说话了，独来独往，不愿再和任何人交流沟通，把自己封闭了起来。听了小吴同学所说，我半开玩笑地对他说：“你觉得我是不是也像你原来的班主任?”小吴同学想了想，摇了摇头说：“你不像，如果你也是那样的老师，我一定不告诉你这些。”“是的，那你现在感觉怎样?”“好多了，我会记住你的话，我也一定会去和同学搞好关系，相信我，我会把成绩赶上来的。”我肯定地点了点头说：“不需要怀疑，你本身就是很棒的。”是啊，又有谁会对别人的关心而弃之于不顾呢？小吴同学可以说是认同了我对他的关心，也因为我的无微不至的关怀，才化解了他心中的坚冰，才使他重新找回了自信。小吴在后来的数学考试中又名列前茅。

教育学生不是一朝一夕的事，是一项长期的工作，需要足够的耐心。在平时的工作中细心观察，发现学生的错误，坦诚地和他交流，学生是能够接受的。例如，我曾经教过的一个叫小曹的学生，平时上课下课很爱调皮捣蛋，上课时不是身子动过来扭过去，就是嘴巴说个不停。第一次找他谈话，他就很直爽地告诉我，他也想好好学习，但就是坐不住。这时，我知道要提高他的成绩，首先要解决他的思想问题，改变他的坏习惯。但这种根深蒂固的思想和习惯不是一朝一夕能改变的，于是我耐下性子多次找他谈话，只要他犯了错误，我就找他谈。次数多了，他也被我的诚心所感动，努力尝试改变坏习惯。后来，他基本能做到和老师积极配合上好课了，学习成绩也有了较大的提高。

三尺讲台，道不尽酸甜苦辣，二尺黑板，写不完人生风景。“捧着一颗心来，不带半根草去。”陶行知先生的真知灼言，言犹在耳。我深感一位人民教师的责任，教师的责任就是点亮学生心中的灯。也深感一位人民教师的光荣，作为一位人民教师，只有勇于进取，不断创新，才能赶上时代的步伐、取得更大的成绩。作为一位人民教师，只有爱自己的学生，像爱自己的孩子，尽情欣赏学生的创造，才能感受人生的幸福。

（顾敏祥）

参考文献

[1] [美] 劳拉·金. 劳拉·金普通心理学 [M]. 北京：中国人民大学出版社，2013.

[2] [美] 肖恩·柯维. 杰出青少年的6个决定 [M]. 北京：中国青年出版社，2006.

[3] 丁志平. 做最好的自己——高职学生心理健康教育读本 [M]. 北京：高等教育出版社，2014.

[4] 吴丽玫. 高职学生心理健康实训教程 [M]. 北京：中国人民大学出版社，2014.

[5] 陶爱荣. 快乐前行——高职生心理健康与发展 [M]. 南京：南京大学出版社，2014.

[6] 郑雪. 积极心理学 [M]. 北京：北京师范大学出版社，2014.

[7] 赖新元. 学校德育工作指导手册 [M]. 长春：吉林大学出版社，2011.

[8] 张万祥. 德育智慧源何处——心灵感悟德育经典案例 [M]. 北京：中国轻工业出版社，2010.

[9] 黄波. 有效德育三部曲 [M]. 北京：中国轻工业出版社，2013.

[10] 谢小庆，杨立谦，张治灿，何芳. 洞察人生——心理测量学 [M]. 济南：山东教育出版社，1992.

[11] 王定华. 新形势下我国学校德育调查与研究 [M]. 北京：教育科学出版社，2012.

[12] 昝飞. 积极行为支持：基于功能评估的问题行为干预 [M]. 北京：中国轻工业出版社，2013.

[13] 刘翔平. 当代积极心理学 [M]. 北京：中国轻工业出版社，2013.

[14] 乔建中. 班主任德育理论与操作 [M]. 南京：南京师范大学出版社，2007.

［15］黄正平. 班集体问题诊断与建设方略［M］. 北京：教育科学出版社，2007.

［16］俞文钊. 管理心理学［M］. 兰州：甘肃人民出版社，1993.

［17］胡金平，王雯. 中外教育史［M］. 苏州：苏州大学出版社，2004.

［18］檀传宝. 德育与班级管理［M］. 北京：高等教育出版社，2007.

［19］黄济，劳凯声，檀传宝. 小学教育学［M］. 北京：人民教育出版社，2006.

［20］孙峰. 当代中国德育价值观的变革［M］. 北京：教育科学出版社，2014.

［21］李季，贾高见. 中学德育问题与对策［M］. 北京：中国轻工业出版社，2014.

［22］张建林，姜峻. 中国职业教育——名校/名校长创新管理评析·特色德育卷［M］. 重庆：西南师范大学出版社，2012.

［23］杨青. 行为制胜［M］. 上海：文汇出版社，2013.

［24］陈家麟，顾飞凤，骆伯巍. 新编心理学教程［M］. 北京：教育科学出版社，1993.

［25］叶澜. 新编教育学教程［M］. 上海：华东师范大学出版社，1993.

［26］胡卫. 学生品德测评［M］. 上海：华东师范大学出版社，1992.

［27］周金虎. 教师不可不知的43种积极心态［M］. 天津：天津教育出版社，2012.

［28］单中惠. 西方教育思想史［M］. 太原：山西人民出版社，1996.

［29］隋岩. 心理的故事1：心理学就是这么有趣儿［M］. 北京：中国法制出版社，2014.

［30］李娟娟. 心理的故事2：改变心理学的53个关键案例［M］. 北京：中国法制出版社，2014.

［31］文德. 微心理——让你第一时间获得成功的N个心理学定律［M］. 北京：北京联合出版公司，2014.

［32］孙煜明. 动机心理学［M］. 南京：南京大学出版社，1993.

［33］周围. 积极道德教育——积极心理学视域中的道德教育［M］. 北京：中国文史出版社，2014.

［34］教育部. 中等职业学校德育大纲（修订）［R］. 北京：2014.

［35］崔景贵. 职校生心理状态与职校积极生命教育策略［J］. 河北师范大学学报，2015（3）.

［36］崔景贵. 职校德育工作的理念创新与范式变革［J］. 职教论坛，2011（10）.

后　记

职业教育是广大青年打开通往成功成才大门的重要途径，肩负着培养多样化人才、传承技术技能、促进就业创业的重要使命，必须树立正确的人才观，坚持立德树人，培养和践行社会主义核心价值观，着力提高人才培养质量，弘扬“劳动光荣、技能宝贵、创造伟大”的时代风尚。职业教育学校德育工作要永葆青春，活力四射，离不开德育的研究与创新，必须根据职业学校德育工作艰巨性、复杂性、针对性的特点，创新德育模式，建构育人平台，提高德育实效。江苏省阜宁中等专业学校作为一所国家级重点中等职业学校、全国德育管理先进单位和江苏省德育特色学校，该校审时度势，适时提出职业学校德育的切入口应是“积极德育”，确定了《职校生心理需求与积极德育策略研究》为研究课题，以积极心理学理论为指导，研究职校生的心理需求特点，构建相应的积极德育策略，并以积极德育的基本理念指导具体德育工作，不断增强德育对职校生的吸引力和感染力，取得了课题研究和德育工作的双丰收。

本书是国家社科基金项目《积极职业教育范式建构的实证研究》（BJA170089）子课题的相关研究成果。

在总结课题研究成果的基础上，我们编写了《职校生心理需求与积极德育策略》一书，以作为职业学校德育工作者和相关研究者的参考。本书由阜宁中专原校长、全国德育名师张虎担任主编，阜宁中专副校长、江苏省职业教育德育教科研中心组组员吴庆生担任副主编，盐城幼儿高等师范专科学校教授、盐城市心理学会副会长嵇维政担任顾问，阜宁中专德育工作领导干部及骨干教师张亚芝、邹帅武、胡广灯、陈宇容、曹卫、林玲等同志提供了大量的素材资料。

我们在编写过程中参考了同行的有关论文、著作和研究成果，附录收集了阜宁中专部分教师的积极德育工作案例，全书得到了江苏理工学院副院长、江苏省教育学会心理教育专业委员会副理事长崔景贵教授的大力指导，在此表示衷心的感谢。由于编著者水平有限，加之时间仓促，书中难免有不妥之处，诚请广大读者不吝指正，以便进一步修订完善。

编著者

2018 年 3 月